轨道交通职业教育"一带一路"系列教材

电气化铁路接触网基础

黄 绘 主编

西南交通大学出版社
·成 都·

图书在版编目（CIP）数据

电气化铁路接触网基础 / 黄绘主编. —成都：西南交通大学出版社，2020.1（2022.8 重印）
轨道交通职业教育"一带一路"系列教材
ISBN 978-7-5643-7349-8

Ⅰ.①电… Ⅱ.①黄… Ⅲ.①电气化铁道－接触网－高等职业教育－教材 Ⅳ.①U225

中国版本图书馆 CIP 数据核字（2020）第 014191 号

轨道交通职业教育"一带一路"系列教材

Dianqihua Tielu Jiechuwang Jichu

电气化铁路接触网基础

黄 绘 主编

责任编辑	黄淑文
封面设计	吴 兵
出版发行	西南交通大学出版社 （四川省成都市金牛区二环路北一段 111 号 西南交通大学创新大厦 21 楼）
邮政编码	610031
发行部电话	028-87600564　028-87600533
网址	http://www.xnjdcbs.com
印刷	四川森林印务有限责任公司
成品尺寸	185 mm×260 mm
印张	9.75
字数	244 千
版次	2020 年 1 月第 1 版
印次	2022 年 8 月第 3 次
定价	29.00 元
书号	ISBN 978-7-5643-7349-8

课件咨询电话：028-81435775
图书如有印装质量问题　本社负责退换
版权所有　盗版必究　举报电话：028-87600562

前　言

随着"一带一路"倡议的提出以及东盟经贸体的发展，中国与东南亚各国的合作越来越多，包括电气化铁路的建设。为了使初始接触电气化铁路的技术人员能快捷、易懂地了解电气化铁路接触网的基本知识，本书对接触网相关知识进行了合理的编排。

本书内容将理论知识与实践技能相融合，并采用接触网运营现场的技术规范和检修标准，不仅详细阐述了接触网基本理论知识，而且配套了常见的接触网检修任务的操作步骤、注意事项和考评标准等。

本书分为十一章，主要介绍了电气化铁路的基本知识、绝缘腕臂装配、线索的连接、吊弦的制作、拉出值的调整、锚段的检修、软横跨的检调、线岔的检调、绝缘装置的维护与检调、隔离开关的检调、电连接的检调等常见的接触网设备结构、检修标准和方法。

本书由柳州铁道职业技术学院黄绘主编，参加编写工作的还有柳州铁道职业技术学院程洋、方林、于燕平和中国铁路南宁局集团公司南宁供电段李振居、韦昭果、黄盛山。具体编写分工如下：黄绘负责前言和第二、三、五章的编写以及全书的统稿，李振居负责第六、八章的编写，韦昭果负责第七、九章的编写，黄盛山负责第四章的编写，程洋负责第一章的编写，方林负责第十章的编写，于燕平负责第十一章的编写。

由于编者水平有限，书中难免存在错漏，恳请广大读者特别是从事接触网技术、检修和施工工作的人员提出宝贵意见和建议。

编　者
2019 年 3 月

目 录

第一章 电气化铁路的基本认知 ·· 1
    第一节 电气化铁路简介 ··· 1
    第二节 接触网的基本认知 ·· 12

第二章 绝缘腕臂装配 ··· 21
    第一节 支　柱 ·· 21
    第二节 腕　臂 ·· 25
    第三节 定位装置 ··· 30

第三章 线索的连接 ··· 39
    第一节 接触线 ·· 39
    第二节 承力索 ·· 47

第四章 吊弦的制作 ··· 51
    第一节 环节吊弦 ··· 51
    第二节 弹性吊弦 ··· 52
    第三节 软横跨直吊弦 ··· 53
    第四节 滑动吊弦 ··· 53
    第五节 防风吊弦 ··· 54
    第六节 整体吊弦 ··· 54
    第七节 吊弦的计算 ·· 56

第五章 拉出值的调整 ·· 59
    第一节 拉出值的大小 ··· 59
    第二节 拉出值的检调 ··· 60

第六章 锚段的检修 ··· 65
    第一节 锚段关节的检调 ·· 65
    第二节 中心锚结的检修 ·· 72
    第三节 补偿装置 b 值的调整 ·· 78

第七章 软横跨的检调 ·· 90
    第一节 软横跨的结构 ··· 90
    第二节 软横跨的节点 ··· 92
    第三节 硬横跨 ·· 100

第八章　线岔的检调……………………………………………………………105
　　第一节　普速铁路的交叉线岔………………………………………………105
　　第二节　高速交叉线岔………………………………………………………109
　　第三节　无交叉线岔…………………………………………………………111

第九章　绝缘装置的维护与检调………………………………………………115
　　第一节　绝缘子的维护………………………………………………………115
　　第二节　绝缘器的检调………………………………………………………125

第十章　隔离开关的检调………………………………………………………138
　　第一节　隔离开关的作用……………………………………………………138
　　第二节　对隔离开关的基本要求……………………………………………139
　　第三节　隔离开关的类型和结构……………………………………………139
　　第四节　隔离开关的安装……………………………………………………140
　　第五节　隔离开关的操作……………………………………………………141
　　第六节　隔离开关的检调标准………………………………………………143

第十一章　电连接的检调………………………………………………………145
　　第一节　电连接的制作………………………………………………………145
　　第二节　电连接的分类………………………………………………………145
　　第三节　电连接检修的技术要求……………………………………………148

参考文献……………………………………………………………………………150

第一章　电气化铁路的基本认知

第一节　电气化铁路简介

一、电气化铁路概述

采用由外部供电的电力机车作为牵引动力的铁路称为电气化铁路。1879年5月，德国西门子公司在柏林举办的世界博览会上展出了世界第一条电气化铁路。

电气化铁路供电采用何种电流制，关系到许多重大技术问题和铁路运输的经济效益，是每个修建电气化铁路的国家必须首先考虑的问题。电流制是指牵引供电系统中牵引网的供电电流种类，主要有以下3种：

1．直流制

牵引网供给的电流为直流电流，称为直流制。电力系统将三相交流电送到牵引变电所，经降压、整流变成直流电，再通过牵引网供给电力机车使用。

直流制发展最早，目前在中国仅城市地铁、城市轻轨、工厂矿山采用。直流制的供电电压有600 V、750 V、1200 V、1500 V、3000 V等几种，地铁和轻轨一般采用750 V或1500 V，矿山运输一般采用1500 V。

直流制的缺点在于，直流牵引电动机额定电压因受到换向条件的限制而不能太高，使供电电压较低，为了保证电力机车足够的功率，供电电流会比较大，则需要导线截面足够大，这会使金属消耗增加，线路损耗增加，从而使牵引变电所之间的距离较短（一般只有20~30 km），变电所的数量相应增加，并且牵引变电所整流变得较复杂。因此，许多国家已停止发展直流制电气化铁路。

对于工矿企业、城市地铁和轻轨供电，由于距离较短，对供电的安全性要求较高，一般采用直流制供电更有优越性。

2．低频单相交流制

牵引网供给的电流为低频单相交流电流，称为低频单相交流制。电流频率为 $16\frac{2}{3}$ Hz（或25 Hz），供电电压为11~15 kV，电力机车采用整流式牵引电动机。

低频单相交流制的主要优点是供电电压提高，使供电电流较小，导线截面减小，牵引变电所之间的距离可相应增加到50~70 km。之所以出现低频单相交流制，是因为一些国家当时有低频的工业电力，并且低频的整流相对容易些，低频交流的电抗也较工频的小。但当电力工业采用标准频率50 Hz后，低频单相交流制的发展就很受限了。

3．工频单相交流制

牵引网供给的电流为工频单相交流电流，称为工频单相交流制。1929 年匈牙利试验成功了在电气化铁路上采用工频单相交流制，电压为 16 kV。1950 年法国试建成功 25 kV 的工频单相交流电气化铁路。

工频单相交流制的优点有：

（1）牵引供电系统结构简单。牵引变电所从电力系统获得电能，经过降压后直接供给牵引网，不需要在变电所设置整流和变频设备，使变电所结构大为简化。

（2）供电电压提高。既可保证大功率电力机车的供电，提高电力机车的牵引定数和运行速度，又使牵引变电所之间的距离延长，导线截面减小，建设投资和运营费用明显降低。

（3）交流制的地中电流对地下金属的腐蚀作用小，一般可不设专门的防护装置。

工频单相交流制的缺点有：

（1）单相牵引负荷在电力系统中形成负序电流。

（2）牵引负荷是感性的，功率因数低。

（3）牵引电流为非正弦波，含有丰富的谐波电流。

（4）牵引网的工频单相电流对沿线通信线路造成较大的电磁干扰。

二、电气化铁路的基本组成

电气化铁路由电力机车（电动车组）和牵引供电装置组成。牵引供电装置主要由牵引变电所和接触网组成。电力机车、牵引变电所和接触网称为电气化铁路的"三大元件"。牵引变电所相当于电源，接触网相当于供电导体，电力机车或电动车组就是负载，和普通电气设备不同的是机车负载是高速移动的。

1．电力机车

电力机车是由机械系统、电气系统和空气管路系统组成的，如图 1-1 所示。机械系统主要包括车体、机车转向架、车底架、车钩缓冲装置和制动装置等。电气系统的设备包括受电弓、主断路器、牵引变压器、整流柜机组、牵引电动机、辅助电机、司机控制器、接触器、继电器、转换开关、电空阀和制动电阻柜等。空气管路系统包括风源系统、控制气路、辅助气路和制动机 4 部分。

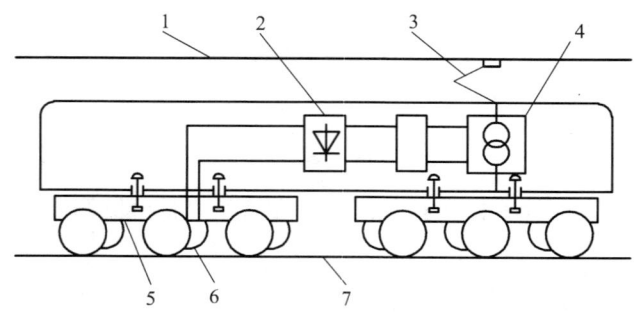

1—接触网；2—整流柜机组；3—受电弓；4—主变压器；
5—转向架；6—牵引电机；7—钢轨。

图 1-1 电力机车工作原理

电力机车靠其顶部升起的受电弓直接接触导线获取电能。每台电力机车前后各有一套受电弓,由司机控制其升降。受电弓升起工作时,以(70±10)N 的接触压力紧贴接触线摩擦滑行,将电能引入机车,经机车主断路器到机车主变压器,主变降压后,经整流器组整流供给直流牵引电动机,使牵引电动机产生转矩,将电能转变为机械能,牵引电动机通过齿轮传动驱动轮对使电力机车运行。

中国目前使用的电力机车主要是国产韶山(SS)系列电力机车和 HXD 系列电力机车,电动车组主要是 CRH 系列的和谐号动车组。

电力机车通过受电弓直接从接触线上滑行取流,其形式一般有单臂式和双臂式两种,如图 1-2 所示。目前一般采用单臂式受电弓。为了使接触线与受电弓良好接触并且磨耗最小,滑板固定在托架上,托架一般采用 2 mm 的铝板冷压制成。滑板材质主要材料有纯金属(铜、钢),粉末冶金,碳和浸金属碳等。根据接触线材质的不同选用不同材质的滑板。受电弓滑板材料和接触线线材的匹配,可以改善和减小接触线的磨耗状态。碳滑板特别适用于铜及铜合金接触线,在电气化铁路中应用最广泛。

 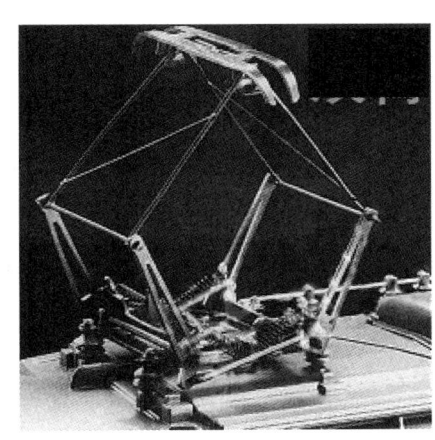

(a)单臂式　　　　　　　　　　(b)双臂式

图 1-2　受电弓形式

使用的受电弓从弓头长度上分为 2085 mm、1950 mm 两种,其弓头滑板长度即最大允许工作范围对应为 1250 mm、950 mm,如图 1-3 所示。将接触线布置"之"字形,以减少对受电弓滑板的磨损,并要求电力机车运行中,接触线始终与受电弓滑板接触滑行,不得出现瞬间离线或脱离受电弓的现象。

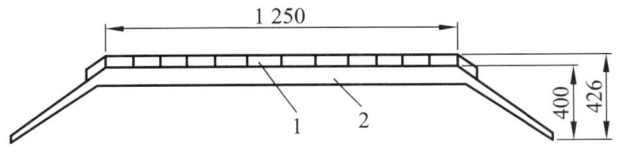

1—接触板条;2—滑板。

图 1-3　受电弓结构

2. 牵引变电所

牵引变电所是连接电力系统和牵引供电系统的重要环节。牵引变电所的主要任务是将电力系统 110 kV（或 220 kV）电能降压，经馈电线送至接触网供电力机车使用。变压过程靠牵引变电所里的牵引变压器来实现。电气化铁路属于一级负荷，为了保证正常供电，要求牵引变电所有两路高压输电线供电。我国电气化铁路接触网的额定电压为 25 kV。牵引变压器原边额定电压为 110 kV 或 220 kV。牵引变压器次边由于是对用电负载提供电源，同时考虑牵引变压器绕组和线路的电压损失，因此额定电压比接触网额定电压高 10%，一般为 27.5 kV。

我国目前所用的牵引变压器有单相式、三相式及三相-两相式 3 种类型。

1）单相牵引变压器

单相牵引变压器的接线形式，有纯单相接线、单相 V, v 接线和三相 V, v 接线 3 种，接线如图 1-4 所示。

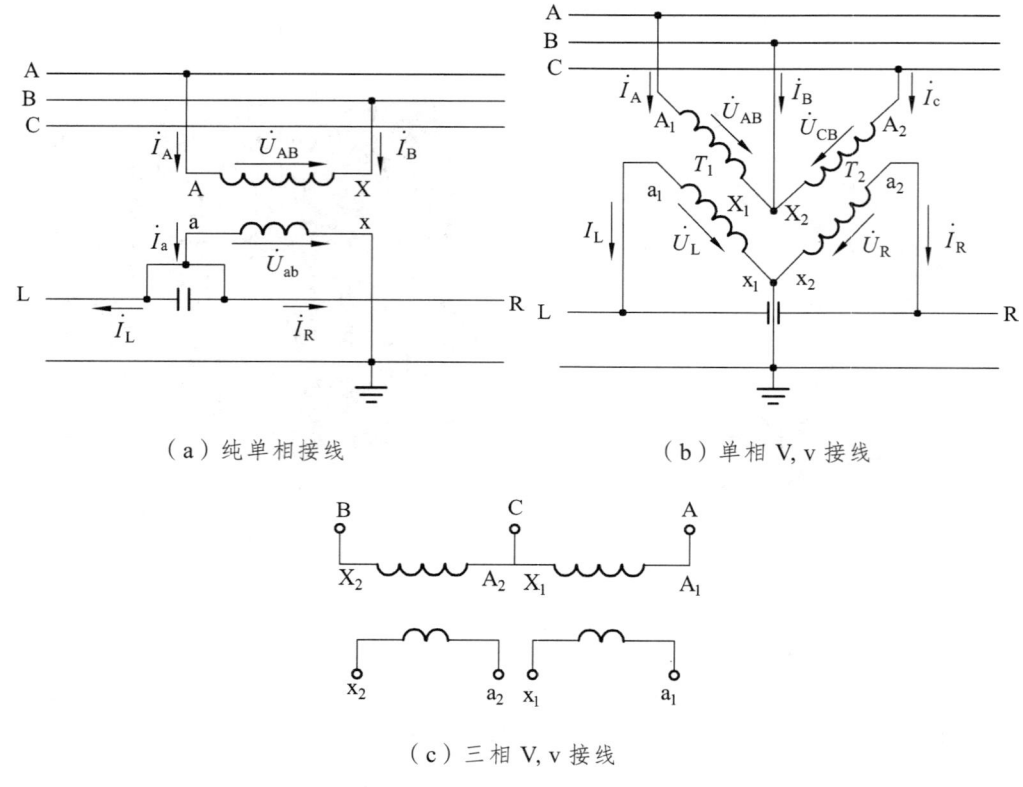

（a）纯单相接线　　　　　　　　（b）单相 V, v 接线

（c）三相 V, v 接线

图 1-4　单相牵引变压器接线形式

纯单相接线牵引变压器的优点是：变压器的容量可以充分利用，容量利用率达 100%；牵引变电所的结构和主接线简单，所内设备少，占地面积小，投资小。存在的缺点是：使电力系统三相负荷极不对称，在电力系统中形成较大的负序电流；牵引变电所无三相电源，所内自用电需由附近地方电网引入，或由所内劈相机、单相-三相变压器等方式供给；牵引网不能实现双边供电。

单相 V, v 接线牵引变压器的优点是容量利用率 100%；在正常运行时，牵引侧仍为三相，可以供给所内自用电及地区三相负荷；牵引网可实行双边供电；牵引变电所的设备较少，接线简单，投资小。缺点是使电力系统三相负荷不对称，但与纯单相接线比较，对系统的负序影响减小；当一台牵引变压器故障时，另一台必须跨相供电，即兼供左右两个供电臂的牵引负荷，这需要一个倒闸过程，在倒闸过程完成前，故障变压器原供电的供电臂将中断供电，倒闸过程完成后，地区三相电力供应也要中断，变电所的三相自用电必须由劈相机或单相-三相变压器供电，跨相供电时实际上已变成纯单相接线。

三相 V,v 接线牵引变压器是将两台单相变压器安装在同一油箱内，高压侧引出三个端子，低压侧引出四个端子，根据牵引供电的需要可接成正 V 形接线，又可接成倒 V 形接线。三相 V,v 接线牵引变压器既保持了单相 V,v 接线的主要优点，又克服了单相 V,v 接线的缺点，解决了单相 V,v 接线牵引变电所无固定备用及其备用变压器自动投入问题；并且油箱内的两台单相变压器磁路互相独立，其容量可以相等，也可以不相等；两台单相变压器的调压可分别进行；接线分析、容量计算、电压损失、电能损失、负序电流等都可参照单相 V,v 接线牵引变压器的方法。

2）三相牵引变压器

三相牵引变压器是双绕组油浸式变压器，采用 YN,d11 接线，如图 1-5 所示。三相 YN,d11 接线牵引变压器的优点是原边中性点接地，与电力系统匹配方便，原边绕组可按分级绝缘设计制造，变压器结构相对简单，价格便宜；变压器次边保持三相，有利于供应牵引变电所自用电和地区三相电力；三相变压器运用技术成熟，供电安全，可靠性高；牵引网可实现双边供电。三相牵引变压器的缺点是容量利用率不高，输出容量只能达到其额定容量的 75.6%；和单相牵引变压器相比，主接线比较复杂，设备多，占地面积大，工程投资大，而且维护检修的工作量和费用也相应增加；使电力系统三相负荷不对称。

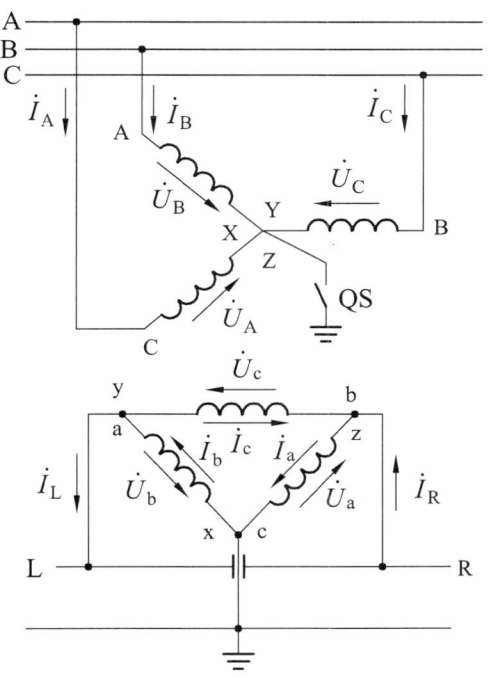

图 1-5 三相 YN,d11 接线牵引变压器

三相 YN,d11 接线牵引变压器容量利用率不高，可通过合理分配三相绕组的容量，构成三相不等容量牵引变压器以提高容量利用率。即将三相 YN,d11 接线牵引变压器的轻负荷绕组容量的一半平均分配给重负荷绕组，变压器的容量利用率提高，可达 94.5%，在变压器总容量不变的情况下，负载能力增强；在变压器负载能力不变的情况下，可降低变压器的安装容量，节约运营成本和基建投资。

3）三相-两相牵引变压器

三相-两相牵引变压器又称平衡牵引变压器，它能将原边电力系统的对称三相系统变换成次边相互垂直的两相系统；反之，只要牵引变压器次边的两相电压、电流相互垂直、大小相等，则原边的三相系统就能保持三相对称。三相-两相牵引变压器主要有斯科特（Scott）接线、阻抗匹配平衡接线、伍德桥（Wood Bridge）接线和非阻抗匹配平衡接线等形式，前两种接线如图 1-6 所示。

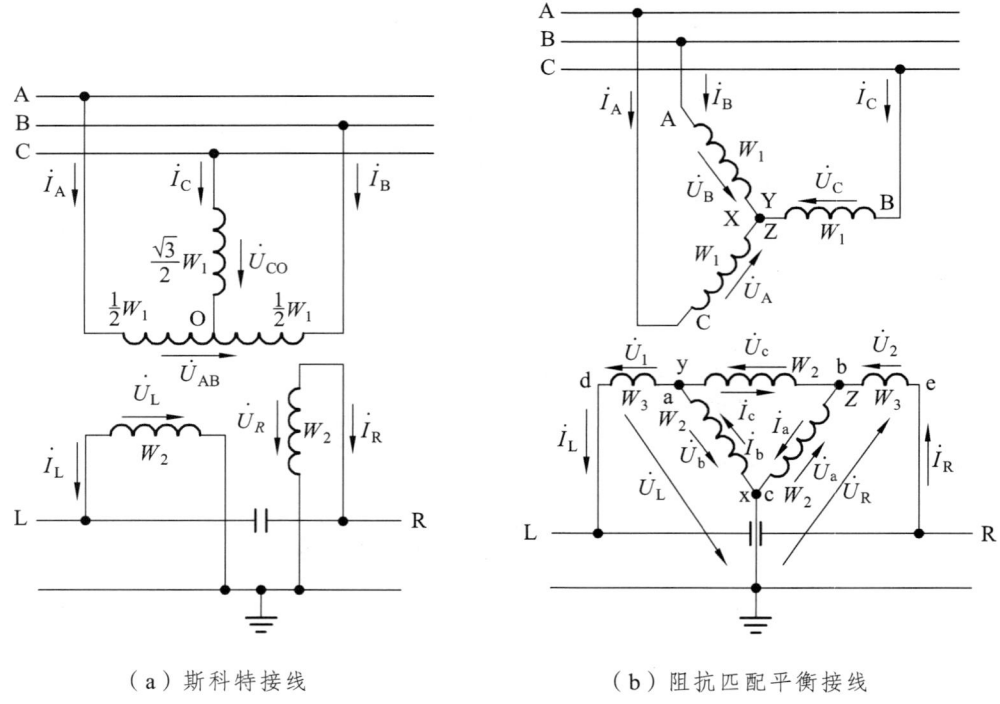

（a）斯科特接线　　　　　　　　（b）阻抗匹配平衡接线

图 1-6　三相-两相牵引变压器接线

三相-两相牵引变压器的优点是：当左右两个供电臂电流相等且功率因数相同时，原边三相电流对称，即使两供电臂电流不相等，仍可提高原边三相电流的对称度，使负序影响减轻；三相-两相牵引变压器容量利用率高；可利用逆接线的三相-两相变压器产生三相对称电压供牵引变电所的自用电和地区三相电力；对牵引网可实现双边供电。存在的缺点是：三相-两相牵引变压器制造工艺繁杂，制造难度大，造价较高；变压器主接线复杂，设备较多，工程投资较大；日常的维护、检修工作量及费用都相应增加；两供电臂馈线间的电压升高，为 $\sqrt{2}$ 倍牵引网额定电压，需加强牵引变电所出口分相绝缘器的绝缘。

3．接触网

接触网在牵引供电回路中起着十分重要的作用，直接影响着电气化铁路的运行可靠性，为了满足铁路运输需要，接触网必须全天候不间断供电。接触网作为一种露天设备，要经受风、雨、雪和温度的考验及环境污染对接触网性能的影响；接触网作为无备用的供电设备，必须保证很高的可靠性；电力机车的受电弓与其高速滑动接触，要求接触网和受电弓之间有严格的机电匹配关系和寿命；接触网电负载具有很大的波动性，接触网系统应该有充足的过负载能力和承载短路电流的能力。同时，接触网的高电压在附近空间产生高压电场，接触网中流通的交流电流将在周围空间产生很强的交变磁场，会对邻近的通信线路和其他弱电线路和设备产生严重影响，破坏这些线路的正常工作，甚至危及设备和人身安全，因此必须采取有效防护措施。

三、供电方式

1．接触网的供电方式

牵引变电所从电力系统获得电能，由变电所主变压器降压，经馈电线将电能送到接触网上，由接触网向电力机车供电，再经钢轨、大地和回流线流回牵引变电所，如图 1-7 所示。

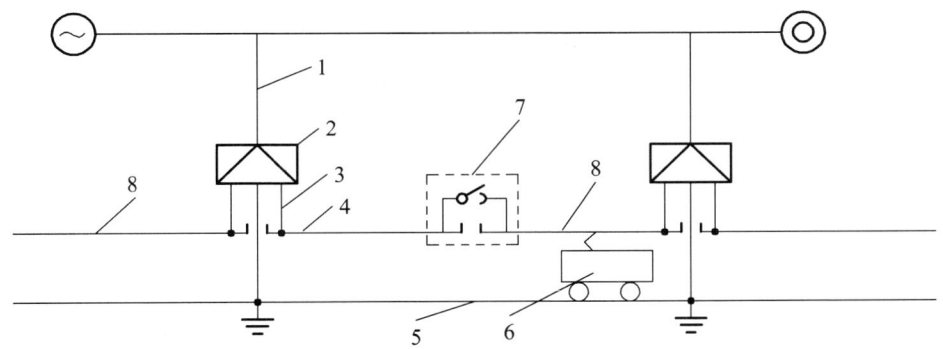

1—输电线；2—牵引变电所；3—馈电线；4—接触线；5—钢轨；
6—电力机车；7—分区亭（所）；8—供电臂。

图 1-7　牵引供电系统示意图

相邻两牵引变电所之间的接触网在中间位置是断开的，将接触网分成两个独立的供电分区，这些供电分区称为供电臂。在接触网断开处设置开关设备，可将两供电臂连通，此处称为分区亭或分区所。

我国接触网的额定电压为 25 kV，最高允许电压为 29 kV，因接触网自身阻抗会产生一定电压损失，则牵引变电所牵引侧母线的额定电压定为 27.5 kV（AT 供电方式为 55 kV）。当供电距离较长时，在输电线路和接触网中会产生电压损耗，使接触网末端电压降低。接触网末端电压不应低于电力机车的最低工作电压即 20 kV，在供电系统非正常（检修或事故）情况下,电压不得低于19 kV。因此两牵引变电所之间的距离一般为40~60 km,若采用AT供电方式则为90~100 km。

牵引变电所向接触网供电分两种状态,正常工作状态有单边供电和双边供电两种供电方式;非正常工作状态有越区供电。

1) 单边供电

如图1-7所示,每一个供电臂的接触网只从一端牵引变电所获得电能,这种供电方式称为单边供电。采用单边供电时,相邻供电臂电气上独立,运行灵活;接触网发生故障时,只影响本供电分区,故障范围小;牵引变电所馈线保护装置较简单。

复线单边供电的接触网,用断路器把上下行接触网接通,实现上下行接触网间的并联供电,降低电能损耗,提高接触网的供电质量。当上行(或下行)接触网发生短路事故时,断路器自动跳闸,切断上下行接触网在电路上的连通,从而保证下行(或上行)接触网的正常工作。

2) 双边供电

若两个供电分区在分区所处通过开关设备在电路上连通,两个供电分区可同时从两个牵引变电所获得电能,这种供电方式称为双边供电。双边供电可提高接触网电压水平,减少电能损耗,但馈线及分区所的保护及开关设备都较复杂。

3) 越区供电

在某一牵引变电所发生严重故障造成全所停电的情况下,故障变电所担负的供电臂经分区亭开关设备与相邻供电臂接通,由相邻牵引变电所进行临时供电,这种供电方式称为越区供电,如图1-8所示。越区供电时,由于供电距离大大增长,很难保证供电臂末端电压不低于电力机车允许的最低工作电压,且增大了相邻牵引变电所主变压器的负荷,对电气设备安全和供电质量影响较大,因此,越区供电只是保证客车或重要货车通过,在较短时间内避免中断运输的临时性措施。

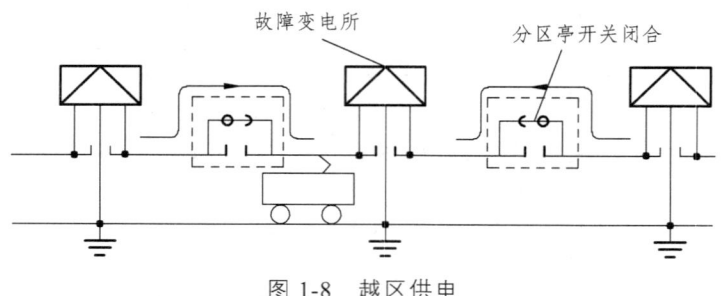

图1-8 越区供电

2. 牵引供电系统的供电方式

牵引供电回路是高电压、大电流回路,必然在线路周围空间产生较强的电场和磁场,会在邻近的通信线路上产生静电感应和电磁感应,这些感应电流和感应电压会对邻近通信线路的通信、广播设备等产生杂声干扰和危险影响。为了减少电气化铁路对沿线通信线路的干扰影响,保障设备、人身安全及正常工作,在牵引供电系统中采取了许多防干扰措施,形成了不同的牵引供电方式。

1）直接供电方式

直接供电方式是指接触网由承力索、接触导线（包括加强导线）组成，牵引网由接触网、钢轨、大地组成，牵引回流由钢轨、大地返回牵引变电所的供电方式，如图 1-7 所示。采用直接供电方式时，牵引变电所与接触网间不设置任何防干扰设备。这种供电方式的馈电回路结构简单，造价低，但对邻近通信线路干扰较大。该供电方式仅适用于通信线路较少的电气化铁路区段，或将通信线路改迁至远离电气化铁路的地区。

2）吸流变压器供电方式（简称 BT 供电方式）

在牵引供电系统中加装吸流变压器-回流线装置的供电方式，称为 BT 供电方式，其工作原理如图 1-9 所示。

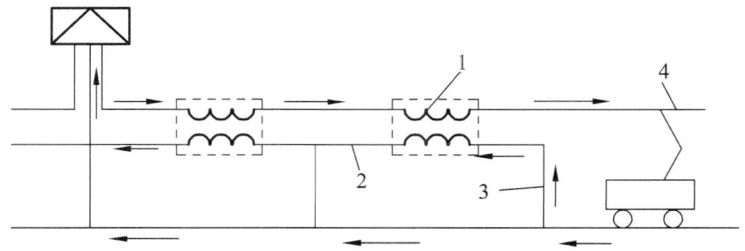

1—吸流变压器；2—回流线；3—吸上线；4—接触线。

图 1-9　吸流变压器和回流线工作原理图

接触网每隔 2~4 km 的距离装设一台吸流变压器，吸流变压器是变比为 1∶1 的特殊变压器。回流线与接触网同杆架设，吸流变压器原边串入接触网，次边串入回流线，每两台吸流变压器之间有一根吸上线，吸上线一端与轨道相连，另一端与回流线连接。

接触网上的牵引电流流经吸流变压器原边绕组，经电力机车流入钢轨。通过吸流变压器，将钢轨回路中的牵引电流经吸上线吸引至回流线并返回牵引变电所。在理想情况下，接触网与回流线上的电流大小相等、方向相反，它们在周围产生的电磁场互相抵消，从而消除了对邻近通信线路的电磁干扰。但实际上，回流线的电流总是小于接触网上的电流，所以仍有少部分牵引电流经钢轨和大地返回牵引变电所。

另外，当电力机车位置在吸流变压器附近时，从机车到吸上线之间的半段距离中，牵引电流基本上流经钢轨，在这段距离内，接触网中的电流和回流线中的电流所产生的感应影响不能相互抵消，对通信线路仍有一定的干扰影响，这种情况称为"半段效应"。

BT 供电方式中，吸流变压器原边、次边绕组串入接触网和回流线，使牵引网阻抗增大，导致供电臂末端电压降低，牵引变电所间距减小，馈电回路结构复杂、造价较高。

3）自耦变压器供电方式（简称 AT 供电方式）

自耦变压器供电方式具有良好的防干扰性能，这是由自耦变压器本身的性能决定的，自耦变压器利用其耦合原理进行防护。AT 供电方式工作原理如图 1-10 所示。

牵引变压器将 110 kV（或 220 kV）三相电降至 55 kV，经自耦变压器两端分别接到接触网和正馈线上。正馈线与接触网同杆架设，每隔 10~15 km 在接触网与正馈线之间并联接入一台自耦变压器，自耦变压器中心抽头与钢轨相连。则钢轨与接触网间的电压正好是自耦变压器两端电压的一半即 27.5 kV，与正常接触网工作电压相同。

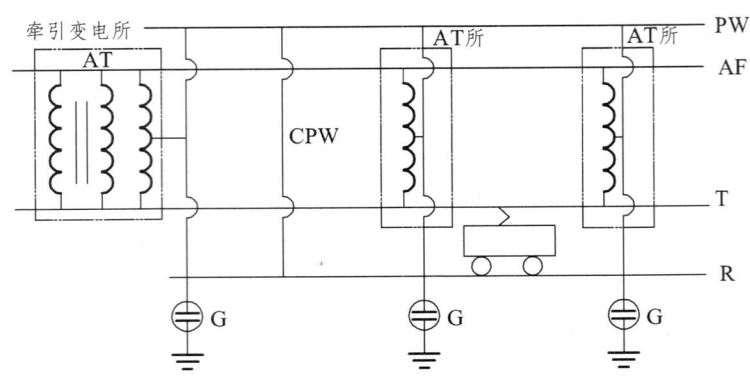

图 1-10 AT 供电方式示意图

机车正常运行时，接触网与钢轨及正馈线与钢轨间的自耦变压器线圈上的电压相等，因此接触网和正馈线上各通过一半的牵引电流，且大小相等、方向相反，从而消除了对邻近通信线路的干扰，同时减少了电能损耗。

在 AT 供电方式区段，与接触网同杆架设在田野侧的还有一条保护线（PW）。它相当于架空地线，通过保护线连接线（CPW）和 AT 变压器的中点相连。保护线电位一般在 500 V 以下，正常情况下无电流通过。当绝缘子发生闪络时，短路电流可通过保护线作为回路，提供金属性短路，使继电保护装置可靠动作，以减少短路对铁路信号轨道电路的干扰。同时，保护线对接触网起屏蔽作用，也减少对架空通信线路的干扰，另外也可以起到避雷线的作用，雷电可通过接在保护线上的放电器入地。

采用 AT 供电方式使牵引网电压增高，电流减小，牵引变电所间距增大，提高了接触网电压水平，减少了投资，防护效果好。AT 供电方式的缺点是接触网结构复杂，保护方式烦琐，电力损耗较大，需要增设 AT 所等。

4）直供加回流线供电方式（简称 DN 供电方式）

直供加回流线的供电方式，是在接触网支柱田野侧架设一条回流线，不设吸流变压器，钢轨和回流线之间每隔一段距离连接一根吸上线，回流径路为钢轨和大地、吸上线-回流线。与直接供电相比，流经钢轨和大地的回流减少了 50% ~ 55%。这样既保持了供电回路结构简单的特点，又能起到一定的防护效果。在设计回流线时应设法使回流线尽量靠近接触线，以增加二者之间的互感作用，迫使更多的牵引电流沿着回流线流回牵引变电所，以降低对通信线路的感应影响。总体来说，这种方式的防护效果要比吸流变压器方式差些，但是经济性好、可靠性高、故障率低、维修工作量小，且防干扰性能不随负荷电流改变。同时，这种方式馈电回路简单，回路阻抗较小，一次投资及运营费均较低，是可推广的方式之一。其工作原理如图 1-11 所示。

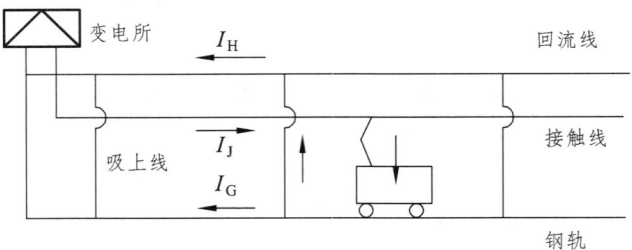

图 1-11 直供加回流线供电方式原理图

【任务实施】

一、任务描述

掌握接触网和牵引供电系统的供电方式分别有哪些，并能够区分和比较各种供电方式的优缺点。

二、实施步骤

1. 完成本任务相关的理论知识学习。
2. 在掌握相关理论知识的基础上，结合牵引供电系统模拟沙盘进行综合认知。
3. 完成考核评价。

【自我评估】

1. 电气化铁路由哪几部分组成？
2. 我国接触网的额定电压等级为_____kV。
3. 接触网的供电方式有几种？比较各自的特点。
4. 牵引供电系统的供电方式有哪几种？
5. AT供电方式基本工作原理是什么？相比于BT供电方式有什么优点？
6. 目前中国为什么广泛采用直供加回流的供电方式？

【评价标准】

一、考核内容

1. 能否正确区分接触网和牵引供电系统的供电方式？
2. 是否掌握了接触网的供电方式类型和各自的特点？
3. 是否掌握了牵引供电系统几种主要供电方式的特点和工作原理？

二、评价比例

1．个人评价

学生根据个人在查阅、讨论过程中对本组提供资料的多少和质量，给自己评分，占总分比20%。

2．小组评价

每组的组长对组员在查阅、讨论过程中对本组提供资料的多少和质量给予评分，占总分比30%。

3．老师评价

老师根据每个组的讨论结果，对内容的深度和广度进行评分，占总分比50%，分值对该组全体成员有效。

第二节　接触网的基本认知

一、接触网的组成

接触网是沿铁路上空架设的向电力机车供电的一条特殊形式的输电线路，也称为架空式柔性接触网，由接触悬挂、支持装置、定位装置、支柱与基础等4部分组成，如图1-12所示。

 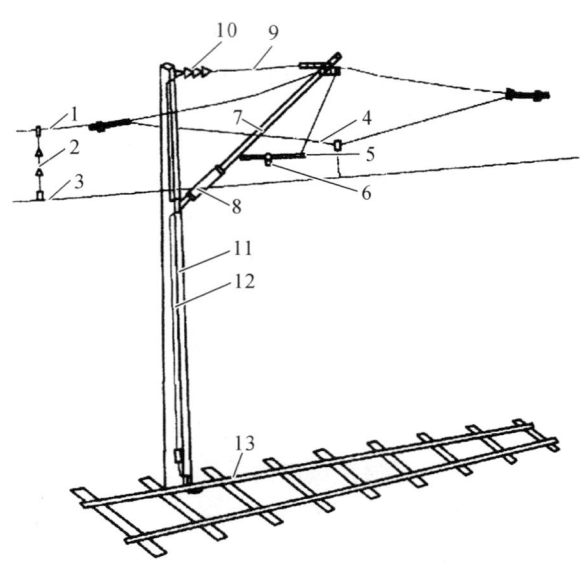

1—承力索；2—吊弦；3—接触线；4—弹性吊弦；5—定位管；6—定位器；7—腕臂；
8—棒式绝缘子；9—水平拉杆；10—悬式绝缘子；
11—支柱；12—地线；13—钢轨。

图1-12　接触网组成

1．接触悬挂

接触悬挂包括接触线、吊弦、承力索、补偿器及连接零件。接触悬挂通过支持装置架设在支柱上，其作用是将从牵引变电所获得的电能输送给电力机车。电力机车运行时，受电弓顶部的滑板紧贴接触线摩擦滑行取流。

为了保证滑板的良好取流，接触悬挂应达到下列要求：

（1）接触悬挂的弹性应尽量均匀，且接触线应力求消灭硬点。

接触悬挂的弹性是指接触悬挂在受电弓抬升力作用下，每单位垂直力使接触线升高的程度。接触悬挂的弹性是其质量优劣的主要标志。衡量接触悬挂弹性的标准：一是弹性大小，取决于接触线的张力；二是弹性的均匀程度，取决于接触悬挂结构、悬挂类型和某些附在接触线上的集中负载的集中程度等。接触悬挂的弹性均匀，即指悬挂点间的接触线，在受电弓抬升力不变的情况下，接触线抬高一致。

接触网的硬点是指接触线自身不平直而出现小弯，或在接触线某一位置存在较大的集中负载，或悬挂零件不符合要求凸出接触面。在硬点处会增加接触线和受电弓的机械磨损及容易发生电弧烧伤而影响取流，严重时会造成弓网故障。

（2）接触线对轨面的高度应尽量相等。当受悬挂条件限制时，接触线高度变化产生的坡度应符合要求。

接触线坡度是指一个跨距两端的支柱悬挂处，接触线距轨面高度差与跨距值的千分比。我国《接触网运行检修规程》规定，120 km/h 及以下区段接触线坡度不能大于 3‰；120 km/h 以上区段接触线坡度不能大于 2‰；200 km/h 区段接触线坡度不能大于 2‰，坡度变化率不大于 1‰；200～250 km/h 区段接触线坡度不能大于 1‰，坡度变化率不大于 1‰。

（3）接触悬挂在受电弓抬升力及风力作用下应保持良好的稳定性。即电力机车运行取流时，接触线不发生剧烈的上、下振动。接触线要有足够的张力，在风力作用下不发生过大的横向摆动。

（4）接触悬挂的结构及零部件应轻巧简单，做到标准化，以便检修和互换，缩短施工及运行维护时间。

（5）接触悬挂具有一定的抗腐蚀能力和耐磨性，以延长使用年限。

（6）要结合国情尽量节省有色金属及钢材，降低接触悬挂造价。

2．支持装置

支持装置包括腕臂、平腕臂（或水平拉杆、悬式绝缘子串）、棒式绝缘子及接触悬挂的悬吊零件，如图 1-13 所示。支持装置用以支持接触悬挂，并将其机械负荷传给支柱。

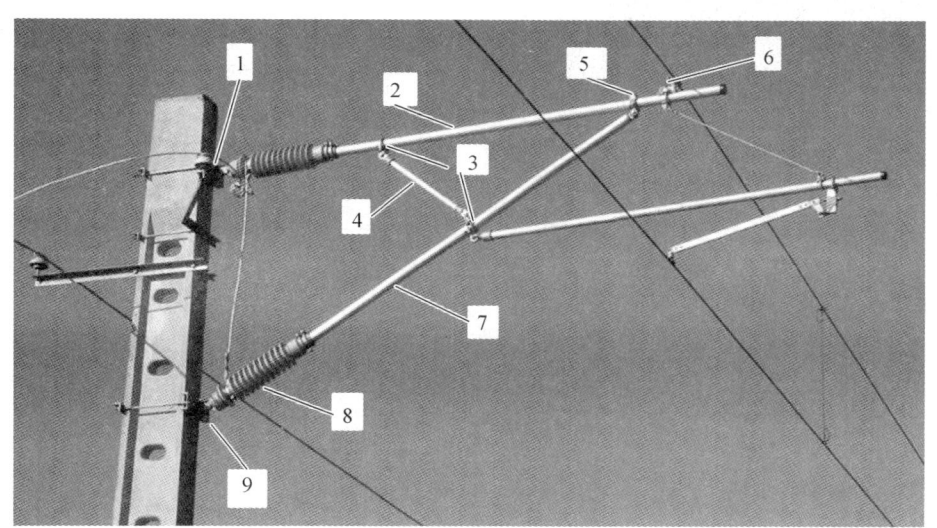

1—上腕臂底座；2—平腕臂；3—套管单耳；4—腕臂支撑；5—套管双耳；
6—承力索底座；7—斜腕臂；8—棒式绝缘子；9—下腕臂底座。

图 1-13　接触网支持装置

根据接触网的结构形式、悬挂形式不同，以及所在区间、站场和大型建筑物需要的不同，支持装置表现为不同的形式，如：腕臂结构、软横跨、硬横跨及隧道、桥梁和其他大型建筑物上的特殊支持结构。支持装置结构应尽量轻巧耐用，有足够的机械强度，方便施工和检修。

3．定位装置

定位装置包括定位管、定位器、定位线夹及其连接零件等，如图 1-14 所示。其作用是固定接触线的位置，在受电弓滑板运行轨迹范围内，保证接触线与受电弓不脱离，使接触线磨耗均匀，同时将接触线的水平负荷传给支柱。

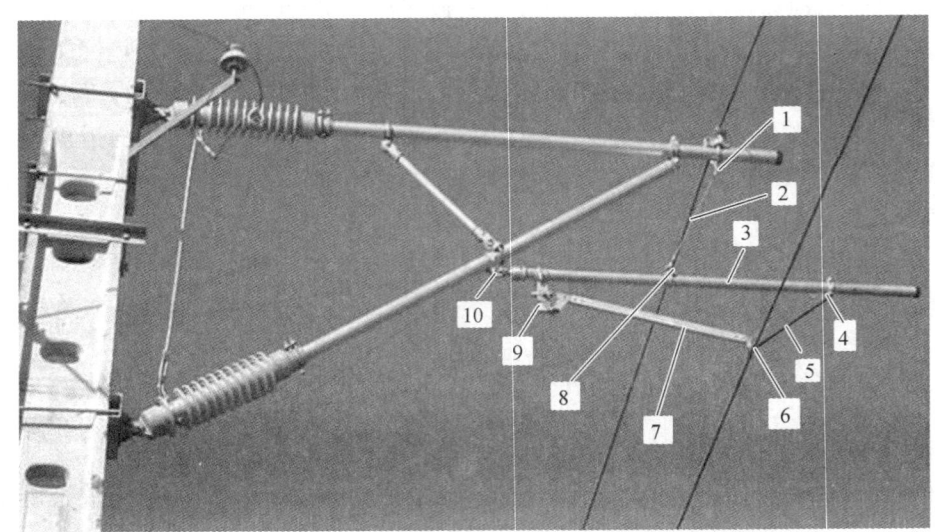

1—斜拉线固定钩（承力索座）；2—定位管斜拉线；3—定位管；4—防风拉线定位环；
5—防风拉线；6—定位线夹；7—定位器；8—定位管斜拉线固定钩；
9—定位支座；10—定位环。

图 1-14　接触网定位装置

4．支柱与基础

支柱与基础用以承受接触悬挂、支持和定位装置的全部负荷，并将接触悬挂固定在规定的位置和高度上。

接触网主要采用预应力钢筋混凝土支柱和钢柱。基础用来承载支柱负荷，由基础承受支柱传给的全部负荷，并保证支柱的稳定性。预应力钢筋混凝土支柱可不设单独的基础，支柱直接埋入地下，其地下部分起到基础的作用。钢柱的基础大多为钢筋混凝土浇制而成。

二、接触悬挂的类型

接触悬挂的种类较多，一般根据其结构的不同分成简单接触悬挂和链形接触悬挂两大类。

1．简单接触悬挂

简单接触悬挂（以下简称简单悬挂）是由一根接触线直接固定在支柱支持装置上的悬挂形式。

接触线（或承力索）终端同支柱的连接称为线索的下锚。下锚分两种方法：一种是将线索终端同支柱直接固定连接,称为硬锚或未补偿下锚;另一种是加装补偿装置,以调整线索的弛度和张力,称为张力补偿下锚。

简单悬挂具有结构简单、施工与维修方便、对隧道净空要求低、投资少、造价低等优点。其缺点是弛度大、弹性不均匀,导致高速运行的电力机车取流质量较差。因此,简单悬挂只用在电力机车运行速度较低、取流较小的线路上。

简单悬挂按其结构的不同,可分为以下几种形式。

1)未补偿简单悬挂(见图1-15)

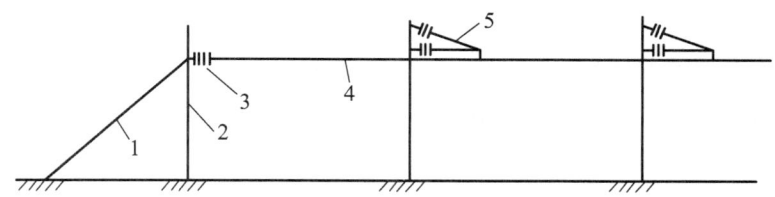

1—拉线;2—支柱;3—绝缘子串;4—接触线;5—腕臂。

图 1-15　未补偿简单悬挂

未补偿简单悬挂的接触线终端采用硬锚方式,当温度发生变化时,由于接触线热胀冷缩的物理特性,使接触线的张力和弛度的变化很大。电力机车受电弓在这种状态下接触滑行,各跨距内接触线各点弹性很不均匀,特别是高速滑行的受电弓在通过支柱悬挂定位点时,很容易脱离接触而产生电弧,从而烧伤接触线和受电弓。未补偿简单悬挂一般用于车速较低的线路。

2)带补偿简单悬挂(见图1-16)

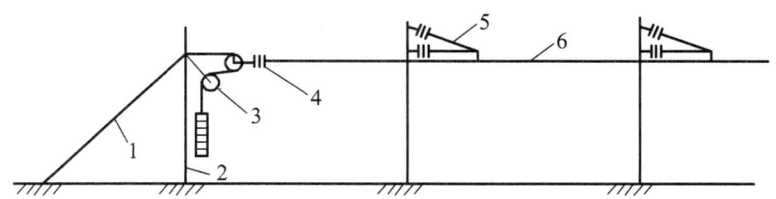

1—拉线;2—支柱;3—补偿器;4—绝缘子串;5—腕臂;6-接触线。

图 1-16　带补偿简单悬挂

带补偿简单悬挂的接触线两端都采用张力补偿下锚,使接触线能随温度的变化沿线路方向自由伸缩。但是由于支柱间的跨距不能太小,接触线的弛度还是较大,接触线在支柱定位点处仍是个硬点,跨距内接触线的弹性也不均匀,故也不能用于高速运行的线路。

3)带补偿的弹性简单悬挂(见图1-17)

带补偿弹性简单悬挂在接触线下锚处装设了张力补偿装置,以调节张力和弛度的变化。在悬挂处加装 8~16 m 长的弹性吊索,通过弹性吊索悬挂接触线,增加了悬挂点,减小了悬挂点处产生的硬点,改善了取流条件。另外跨距适当缩小,增大接触线张力的同时改善弛度对取流的影响。

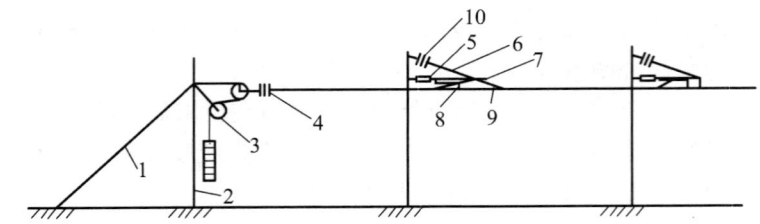

1—拉线；2—支柱；3—补偿器；4、10—绝缘子串；5—棒式绝缘子；6—拉杆；
7—腕臂；8—定位器；9—弹性吊索。

图 1-17　带补偿的弹性简单悬挂

根据试验，带补偿弹性简单悬挂在行车速度为 90 km/h 时，弓线接触良好，取流正常，可以用于多隧道的山区和行车速度不高的线路。例如，干线铁路机务段机车库线、整备线和地铁车辆段内可以采用这种简单悬挂形式。

2．链形悬挂

链形悬挂是一种运行性能较好的悬挂形式，其接触线通过吊弦悬吊于承力索上的悬挂形式，承力索通过钩头鞍子、承力索座或悬吊滑轮等悬挂在支持装置的腕臂上。它的结构特点是接触线通过吊弦悬挂在承力索上，使接触线在不增加支柱的情况下增加了悬挂点，可以通过调节吊弦长度使接触线在整个跨距内对轨面的高度基本保持一致，减小了接触线在跨中的弛度，改善了接触线弹性，增加了接触悬挂的重量，提高了稳定性，可满足电力机车高速运行时取流的要求。

由于链形悬挂具有高度一致、弹性均匀、稳定性好等优点，所以电力机车有较好的取流条件，可用于运量大、速度高的干线上。但其与简单悬挂比较，存在着结构复杂、投资大、施工和维修任务量增加等缺点。

1）链形悬挂按照悬挂链数分类

链形悬挂按悬挂链数的多少可分为单链形、双链形和多链形。目前我国主要采用单链形悬挂。

（1）单链形悬挂。

单链形悬挂只有一根承力索。单链形悬挂根据悬挂点处吊弦的形式不同，分为简单链形悬挂和弹性链形悬挂两种，如图 1-18 所示。

简单链形悬挂结构简单，造价较便宜，运行、检修经验丰富。

弹性链形悬挂在支柱悬挂点处增设了弹性吊弦。由长 15 m 的辅助绳和一根（或两根）短吊弦构成 Y 形或 Π 形弹性吊弦。弹性吊弦的作用是增加支柱处接触线定位点的弹性，使其弹性均匀，有利于机车受电弓取流。

弹性链形悬挂和简单链形悬挂相比，有更好的弹性均匀性，但接触悬挂的施工检调比简单链形悬挂复杂。弹性链形悬挂和简单链形悬挂两者都能够适应高速电气化铁路的受流要求。目前，在设计时速小于 200 km 的电气化线路上，简单链形悬挂是我国使用的主要悬挂类型。在高速电气化线路上，简单链形悬挂适用于单弓取流、跨距缩小、接触线张力加大的接触网系统，如设计时速为 350 km 的京津城际高速铁路就采用了简单链形悬挂；弹性链形悬挂适用于双弓或多弓的高速取流，可使弹性不均匀度尽可能低。目前，弹性链形悬挂是我国高速铁路接触悬挂的主要形式,京沪(北京—上海)、武广(武汉—广州)、石武(石家庄—武汉)、郑西(郑州—西安)等正线都采用了这种形式。

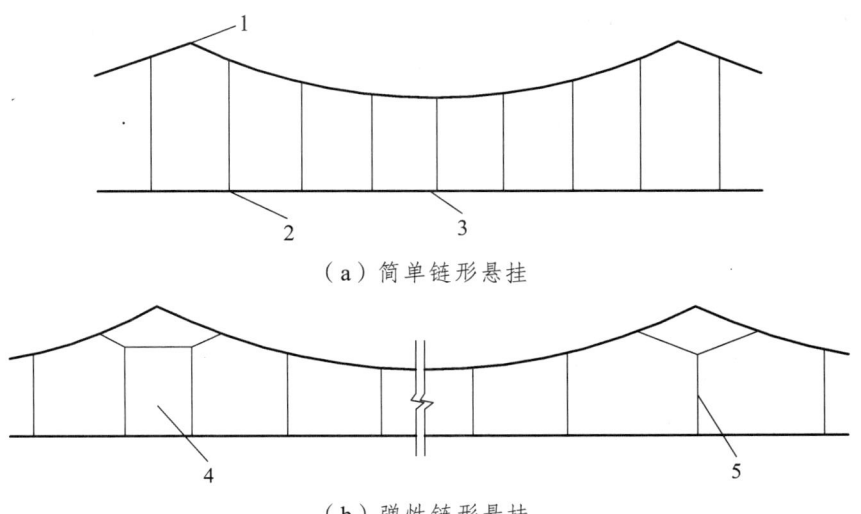

1—承力索;2—吊弦;3—接触线;4—Π形弹性吊弦;5—Y形弹性吊弦。

图 1-18 链形悬挂

(2)双链形悬挂。

双链形悬挂的接触线经短吊弦悬挂在辅助吊索上,辅助吊索又通过吊弦悬挂在承力索上,如图 1-19 所示。

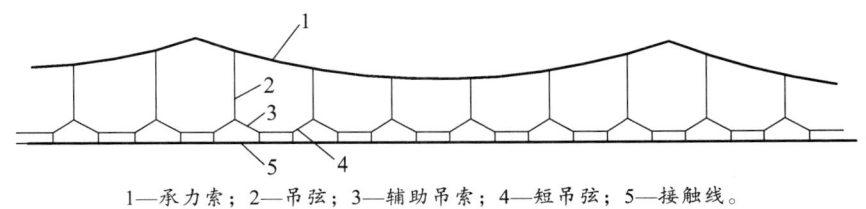

1—承力索;2—吊弦;3—辅助吊索;4—短吊弦;5—接触线。

图 1-19 双链形悬挂

双链形悬挂接触线弛度小,受流稳定性和风稳定性都比较优越,弹性均匀度好,有利于电力机车高速运行取流。但双链形悬挂单位长度质量较大,造成波动速度无法提升,影响列车速度提高,造成接触线较大的波状磨耗,影响使用寿命,结构较复杂,投资及维修费用高。中国仅在个别地段试验时使用。

(3)多链形悬挂。

多链形悬挂及其他悬挂类型由于结构复杂、不易施工、维修困难、设计烦琐、造价高等原因,目前中国没有使用。

2)链形悬挂按照线索的锚固方式分类

(1)未补偿链形悬挂。

未补偿链形悬挂的结构形式如图 1-20 所示,其承力索和接触线两端没有张力补偿装置,均是硬锚。在大气温度变化时,因为承力索和接触线的热胀冷缩,承力索和接触线的张力、弛度变化较大，造成受流状态很不好，一般不采用。

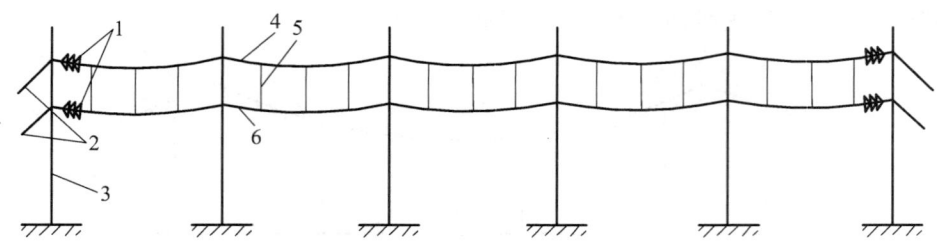

1—绝缘子；2—拉线；3—支柱；4—承力索；5—吊弦；6—接触线。

图 1-20　未补偿链形悬挂

（2）半补偿链形悬挂。

在半补偿简单链形悬挂中，接触线两端设张力补偿装置，承力索两端为硬锚，如图 1-21 所示。

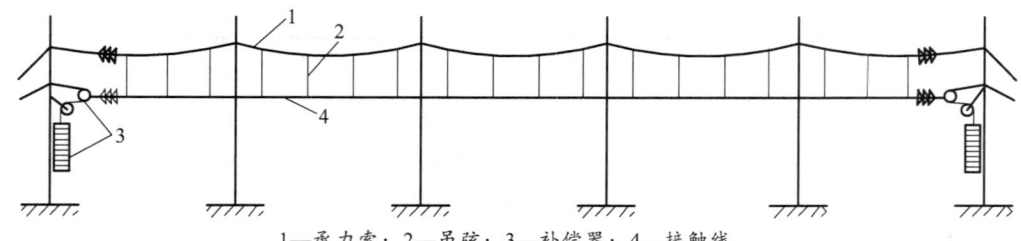

1—承力索；2—吊弦；3—补偿器；4—接触线。

图 1-21　半补偿链形悬挂

半补偿链形悬挂由于承力索为硬锚，当温度变化时，承力索的张力和弛度随之发生变化，对接触线产生一定影响。同时，在温度变化时，承力索的弛度变化使吊弦上端产生上、下位移，而吊弦下端随接触线发生顺线路方向偏斜。由于各吊弦的偏斜，造成接触线纵向张力不均匀，特别是在极限温度下，使接触线在锚段中部和下锚端之间出现较大张力差。接触线张力和弹性不均匀，在支柱悬挂点处产生明显的硬点，不利于电力机车高速运行取流。因此，这种悬挂形式一般用于行车速度不超过 100 km/h 的线路上。

（3）全补偿链形悬挂。

全补偿链形悬挂即承力索和接触线两端下锚处均装设张力补偿装置，如图 1-22 所示。

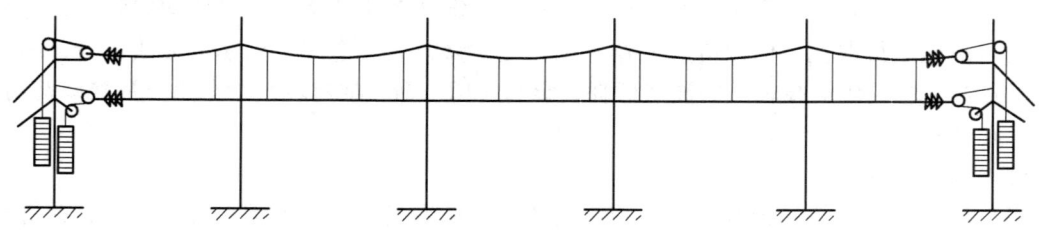

图 1-22　全补偿链形悬挂结构

在温度变化时，全补偿链形悬挂由于补偿装置的作用，承力索和接触线的张力基本不发生变化，弹性比较均匀，承力索和接触线均产生同方向纵向位移，因而吊弦偏斜大大减小（接触线和承力索为相同材质时，偏斜度几乎为零），有利于机车高速取流，因此，全补偿链形悬挂得到广泛使用。全补偿链形悬挂是目前中国电气化铁路使用的主要悬挂类型。

3）链形悬挂按其承力索和接触线在平面投影上的相对位置分类

（1）直链形悬挂。

直链形悬挂的承力索和接触线布置在同一垂直平面内,它们在水平面上的投影是重合的,如图 1-23 所示。

直链形悬挂的缺点是风稳定性较差,在大风作用下接触线易产生横向摆动,造成接触线与受电弓脱离而发生脱弓事故;优点是便于吊弦长度计算(采用整体吊弦后,吊弦长度计算非常重要),提高施工精度,避免接触线在吊弦存在纵向倾斜时出现接触线偏磨甚至是线夹与受电弓的碰撞。

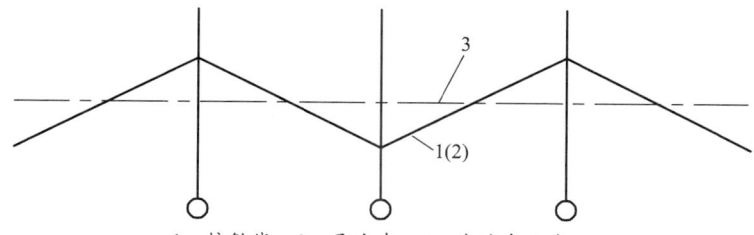

1—接触线；2—承力索；3—线路中心线。

图 1-23 直链形悬挂

（2）半斜链形悬挂。

在半斜链形悬挂中,承力索沿线路中心线布置,接触线被布置成"之"字形,承力索与接触线不在同一垂直平面内,它们在水平面上的投影有一个较小的偏移,如图 1-24 所示。

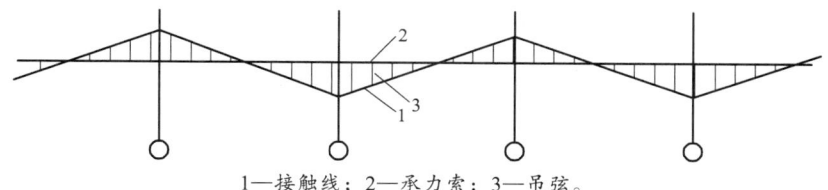

1—接触线；2—承力索；3—吊弦。

图 1-24 半斜链形悬挂

半斜链形悬挂优点是风稳定性好,施工方便;缺点是较难确定吊弦长度,吊弦存在纵向倾斜易出现接触线偏磨甚至是线夹与受电弓的碰撞。

（3）斜链形悬挂。

斜链形悬挂的接触线和承力索被布置成方向相反的"之"字形,接触线和承力索在水平面上的投影有一个较大的偏移。在直线区段如图 1-25 所示。

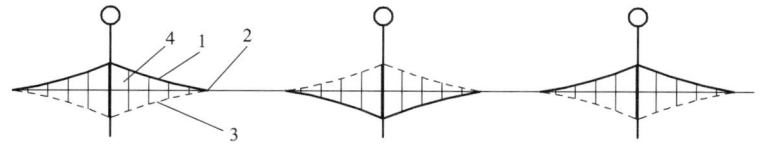

1—承力索；2—线路中心线；3—接触线；4—吊弦。

图 1-25 斜链形悬挂

斜链形悬挂的优点是风稳定性好,可增大两支柱之间的距离;缺点是吊弦的倾斜角较大,结构复杂,设计计算烦琐,施工和检修困难,造价较高。这种悬挂在我国没有应用。

我国目前在直线区段一般线路(列车速度 < 160 km/h)采用半斜链形悬挂,高速铁路(列

车速度≥160 km/h）采用直链形悬挂。在曲线区段均采用直链形悬挂。

【任务实施】

一、任务描述

1. 掌握接触网的组成部分，认识并熟悉各个部分的结构和作用。
2. 熟悉接触悬挂的几种分类，并能判别接触悬挂的类型。

二、实施步骤

1. 完成本任务相关的理论知识学习。
2. 在掌握相关理论知识的基础上，结合接触网实训场地和接触网沙盘进行综合认知和识别。
3. 完成考核评价。

【自我评估】

1. 接触网由哪几部分组成？
2. 接触网各组成部分的作用是什么？包括哪些主要的设备？
3. 对接触悬挂的基本要求是什么？
4. 如何区分半补偿和全补偿链形悬挂的结构？
5. 链形悬挂按承力索和接触线在平面投影上的相对位置可分为哪几种？如何进行区分？

【评价标准】

一、考核内容

1. 能否准确划分接触网的组成部分？
2. 能否识别接触网各部分的作用、结构和主要部件？
3. 能否正确区分简单悬挂和链形悬挂？
4. 能否正确区分半补偿和全补偿链形悬挂结构？
5. 能否正确区分链形悬挂按承力索和接触线在平面投影上的相对位置进行的分类？

二、评价比例

1．个人评价

学生根据个人在查阅、讨论过程中对本组提供资料的多少和质量给自己评分。个人评价占总分的比例为20%。

2．小组评价

每组的组长对组员在查阅、讨论过程中对本组提供资料的多少和质量给予评分。小组评价占总分的比例为30%。

3．老师评价

老师根据每个组的讨论结果，对内容的深度和广度进行评分。老师评价占总分的比例为50%，分值对该组全员有效。

第二章　绝缘腕臂装配

第一节　支　柱

支柱是接触网的支撑设备，它在接触网中应用最广泛。支柱用来承受接触悬挂和支持设备的负荷，并将接触悬挂固定在规定的高度上。

一、支柱按材质分类

接触网支柱按照材质可分为预应力钢筋混凝土支柱和钢支柱。

1．预应力钢筋混凝土支柱

混凝土抗拉能力不足，但抗压能力较好，因此多采用配筋的方法来提高混凝土支柱的强度。选配高强度的钢筋，采用预应力技术，在制造时预先使钢筋承受拉力，再用混凝土进行浇筑，可以进一步提高支柱强度。这种支柱在安装使用之前，混凝土处于受压状态，而钢筋则处于受拉状态。当支柱承受负载以后，混凝土里将出现拉应力，它等于弯矩引起的拉应力与预压应力之差，这样，采用混凝土的负载能力就可使支柱的负载能力大大提高。受拉层里的钢筋的总张力等于预拉应力和弯矩作用引起的拉应力之和。但是这不会使支柱承受负载的能力受到什么限制，因为此时钢筋还远没有达到满载。

我国电气化线路广泛采用预应力钢筋混凝土支柱。与钢柱相比，它减少了金属材料的使用量、成本较低，使用寿命长，使用中无须进行维修。钢筋混凝土支柱的缺点是比较笨重，且经不起碰撞，损坏后不易更换，因此在运输装卸和安装工程施工中应小心谨慎，在用吊车作业繁忙的站场上，也不宜采用钢筋混凝土软横跨支柱。

钢筋混凝土支柱从外观形态上可分为矩形横腹杆式支柱和等径圆支柱两种。

矩形横腹杆式支柱截面呈工字形，采用带腹孔的横腹结构。这种结构便于上下攀登，利于维修和检查。同时针对接触网负载的方向性（一般垂直于线路方向承受一定弯矩），在支柱受拉一侧配筋多，提高了高强度钢筋的利用率，在各种支柱中造价较低。其缺点是质量大、安装不便、外观不太美观，且其非工作面承载力较小，生产比较复杂，运输中容易损坏。矩形横腹杆式混凝土支柱是我国电气化线路使用最为广泛的支柱类型，主要用作腕臂柱和软横跨支柱，也可兼作打拉线下锚柱使用，但悬挂方向的弯矩与下锚所产生的悬挂方向附加弯矩之和应不大于支柱悬挂方向的标准设计弯矩。

等径圆钢筋混凝土支柱是一种上下直径相等的圆形支柱。这种支柱加工制造较容易，当支柱围绕自身的纵轴旋转时，利用离心力的作用，混凝土浆喷洒到模型面上并能较好密实凝结。这种支柱表面平滑，便于运输，圆截面钢筋混凝土支柱的钢筋是按整个圆周均匀分布的，安装时不受方向性的限制，且受力均匀，运输方便，损耗率低，制造长度比较灵活。其缺点是钢筋材料的利用率较低，攀登支柱较困难，不利于维修，在实际使用中存在纵裂问题。现在生产的主要有 350 mm 和 400 mm 两种直径的等径圆支柱。这种支柱目前在中国电气化铁路提速改造区段使用，主要用作受力较大的锚柱、转换柱和硬横跨支柱，也用作时速 200～250 km 线路的中间支柱。

钢筋混凝土支柱的地下部分起基础的作用，埋置深度一般为 3 000 mm 左右。

横腹杆式预应力钢筋混凝土支柱型号如下：

$$H\frac{78}{8.2+3.0}$$

式中　H——钢筋混凝土支柱；
　　　78——垂直线路方向支柱容量，单位为 kN·m；
　　　8.2——支柱地面以上部分长度，单位为 m；
　　　3.0——支柱埋入地下部分的长度，单位为 m。

用于下锚的横腹杆式钢筋混凝土支柱符号如下：

$$H\frac{48-250}{8.7+3.0}$$

式中　48——垂直线路方向支柱容量，单位为 kN·m；
　　　250——顺线路方向支柱容量，单位为 kN·m。

其他部分含义同前。

等径圆支柱型号如下：

$$\phi 400\frac{60}{11+3}$$

式中　$\phi 400$——支柱直径，单位为 mm，分数部分含义同横腹式预应力钢筋混凝土支柱。

2．钢　柱

钢柱具有重量轻、容量大、耐碰撞、运输及安装方便等优点，但用钢量大、造价高、耐腐蚀性能差，需定期进行除锈、涂漆防腐，且维修不便。从节约钢材及方便运营维护的角度出发，要求尽量少采用钢柱。现在涂漆防腐已改为热镀锌防腐，提高了防腐性能，延长了维修周期。钢柱主要用于跨越股道比较多、需要支柱高度较高、容量较大的软横跨、硬横跨支柱和作为桥梁墩台上安装的桥支柱。其中钢管柱和 H 型钢柱断面尺寸小，外形美观，在客运专线和城市轨道交通中得到了广泛应用。

钢柱根据结构形式主要有格构式钢柱、钢管柱、H 型钢柱等几种。

格构式钢柱是用角钢焊接成的立体桁架结构式支柱。这种结构可根据具体使用场合设计成不同的结构形式，方便灵活。立杆时一般在柱底各主杆处设法兰盘，通过地脚螺栓与基础连接，安装方便。其容量跨度范围很大，任何场合均可使用，尤其适用于大跨度软横跨和硬横跨。但其外形尺寸较大，占用较大空间，在线间距较小时，使用受限。杆塔由于组合杆件多，所以下料、放样、焊接、防腐等制造工艺比较复杂。

钢管柱主要分为等径钢管柱和锥形钢管柱，为了连接金具的通用性，一般采用等径钢管柱或者锥度较小的锥形钢管柱。钢管柱外形美观，截面尺寸小，制造简单，机械化程度高，质量容易控制。这种支柱采用杯型基础时，可直接埋入基础中；采用预置地脚螺栓基础时，支柱底设法兰盘，螺栓对称布置，安装方便。其抗弯及抗扭强度和刚度较大，作锚柱时可不打拉线。

H 型钢柱的截面形式有 5 种，各截面相关参数见图 2-1 和表 2-1。H 型钢柱使用 H 型钢材加工而成，制造简单，采用预置地脚螺栓基础，安装方便，支柱上下截面一致，装配简单，外形美观，抗弯强度和刚度较大，抗扭强度与刚度较小，用作转换柱及锚柱时应特别注意。支柱高度较大时稳定性相对较差。钢管柱和 H 型钢柱比格构式钢柱的用钢量大。

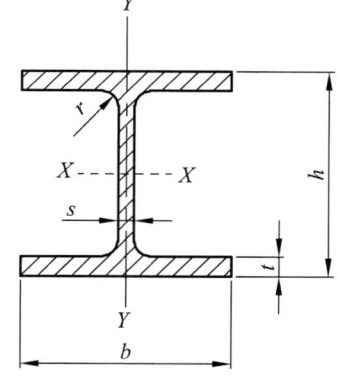

图 2-1 H 型钢柱截面

表 2-1 H 型钢柱截面参数

截面形式	h/mm	b/mm	s/mm	t/mm	r/mm
GH240	240	240	10	17	21
GH260	260	260	10	17.5	24
GH280	280	280	10.5	18	24
GH300	300	300	11	19	27
GHT240	270	248	18	32	21

钢柱立在以钢筋混凝土预制的基础之上，基础用以稳定钢柱不倾斜及下沉。不同支柱类型及土壤性质，配以不同基础类型以适应不同悬挂受力要求。钢柱通过埋入在基础当中的螺栓与基础连接，然后再用混凝土封住连接部分（称为基础帽）。

格构式钢柱型号如下：

$$G\frac{150}{13}、G\frac{450-250}{15}$$

式中　G——格构式钢柱；

150、450——垂直线路方向支柱容量，单位为 kN·m；

250——顺线路方向支柱容量，单位为 kN·m。

13、15——钢柱的高度，单位为 m；

格构式钢柱代号还有 G_s 表示双线路腕臂柱；G_f 表示分腿式下锚柱；G_x 表示斜腿钢柱；G_z 表示窄型柱；G_q 表示直腿桥钢柱；G_m 表示打拉线下锚钢柱等。

钢管柱型号如下：

$$G_g\frac{60}{10}\phi350、G_{gz}\frac{80}{9}\phi300$$

式中　G_g——等径钢管支柱；

G_{gz}——锥形钢管支柱；

ϕ350——钢管柱外径,单位为 mm;

ϕ300——锥形钢管柱底径,单位为 mm。

其他部分含义同前。

H 型钢柱型号如下:

$$GH260A/7.8、GHT240B/11$$

式中　GH——H 型钢柱;

　　　GHT——加强型 H 型钢柱;

　　　260、240——截面标称宽度(即图 2-1 中 b 值),单位为 mm;

　　　A、B——法兰盘代号;

　　　7.8、11——H 型钢柱高度,单位为 m。

H 型钢柱代号还有 GHd、GHs,分别表示符合国标 GB/T 11263—2005 的单 H 型钢柱、双 H 型钢柱。法兰盘代号常用的有 A、B、C 等多个型号,对应不同的柱底弯矩和地脚螺栓的数量为 6、8、10 或者更多。常用的 H 型钢柱高度范围为 7.8~11 m,强度主要有 GH240~GH300。

二、支柱按用途分类

支柱按其用途可分为中间支柱、锚柱、转换支柱、中心支柱、定位支柱、道岔柱、软横跨支柱、硬横跨支柱等,如图 2-2 所示。

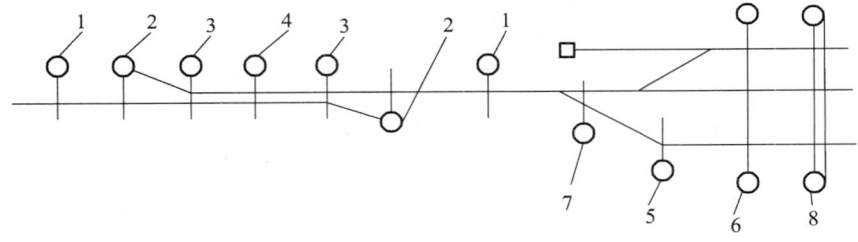

1—中间支柱;2—锚柱;3—转换柱;4—中心支柱;5—定位支柱;
6—软横跨支柱;7—道岔定位柱;8—硬横跨支柱。

图 2-2　支柱位置

1. 中间支柱

中间支柱在区间和站场上广泛使用,布置在两相邻锚段关节之间,通过腕臂等支持结构承受一支接触悬挂。中间支柱承受一组工作支接触悬挂的重力及作用于悬挂上的水平分力。中间支柱能承受的力矩比较小,是电气化铁路中最常见的支柱类型。

2. 锚柱

在接触网锚段关节处或接触网其他线索下锚的地方需设锚柱。锚柱承受两个方向的负荷,在垂直线路方向起中间支柱的作用,在顺线路方向,承受接触悬挂下锚的全部拉力。

根据平衡锚柱承受的线索顺线路方向张力的形式不同,锚柱分为带下锚拉线和不带下锚拉线两种。要设置下锚拉线的锚柱,拉线的固定有两种方法:一种是埋设锚板固定,另一种是混凝土现浇地锚。

分腿式钢柱、等径圆钢柱用作锚柱时可不带拉线,其余锚柱均带拉线。在一些重要站场为美观需求,采用不带拉线的锚柱形式。

3．转换支柱

转换支柱位于锚段关节处的两根锚柱之间。转换支柱同时支持两组接触悬挂,其中一组为工作支,另一组为下锚支(也可称为非工作支),电力机车受电弓在两转换支柱间进行两个锚段线索的转换。转换支柱承受一组下锚支和一组工作支线索的重力和水平力。

4．中心支柱

在四跨锚段关节处,位于两根转换支柱中间,通过腕臂等支持结构承受两组工作支接触悬挂的支柱称为中心支柱。中心支柱承受两组工作支接触悬挂的重力和水平力。两组工作支接触线在中心支柱定位点处呈等高状,且两接触线线间距应符合技术要求。

5．道岔支柱

在站场两端道岔处,为使接触线线岔符合技术要求所规定的位置,该处往往需要设立道岔支柱,根据计算所得道岔支柱容量选择支柱类型。道岔支柱通过腕臂等支持结构承受两支接触悬挂,并确保这两支接触悬挂满足线岔处接触线定位要求。道岔支柱承受两组工作支接触悬挂的重力和水平力。

6．定位支柱

当接触线由于某些原因对受电弓中心偏移过大时,为确保电力机车受电弓正常接触取流不发生脱弓事故,而专门设立定位支柱,它在水平方向对接触悬挂起定位作用而不承受其重量。定位支柱通常仅承受接触线水平分力而不承受接触悬挂的垂直分力,一般多设于站场道岔后曲线处,由于受力较小可采用中间柱。

7．软横跨支柱

软横跨支柱一般用于跨越多股道的站场上,由于受力较大,多选用容量较大的支柱,跨越五股道及以下的软横跨支柱可选用预应力钢筋混凝土支柱,跨越五股道以上的软横跨支柱采用钢柱。软横跨支柱承受软横跨上悬挂的各线索传来的所有负载。

8．硬横跨支柱

硬横跨也称为硬横梁,在提速区段,为了提高站场接触网的稳定性和可靠性,采用硬横跨代替软横跨作为站场接触网的支持装置。在某些特殊地段,如站场伸入高架桥梁上时,用双线路腕臂支柱或软横跨都不方便时,可考虑采用硬横跨,硬横跨支柱为钢柱。硬横跨支柱承受硬横跨结构中各部件的重力和水平力及各股道接触悬挂的重力和水平力。

第二节　腕　臂

腕臂安装在支柱上部,一般使用圆形钢管或用槽钢、角钢加工而成,用以支持接触悬挂,并起传递负荷的作用。

一、腕臂的分类

腕臂按其与支柱之间是否绝缘分为绝缘腕臂和非绝缘腕臂两类。

1．绝缘腕臂

目前在接触网上普遍采用绝缘腕臂，其结构如图 2-3 所示。由于腕臂通过绝缘子与支柱绝缘，故称为绝缘腕臂。

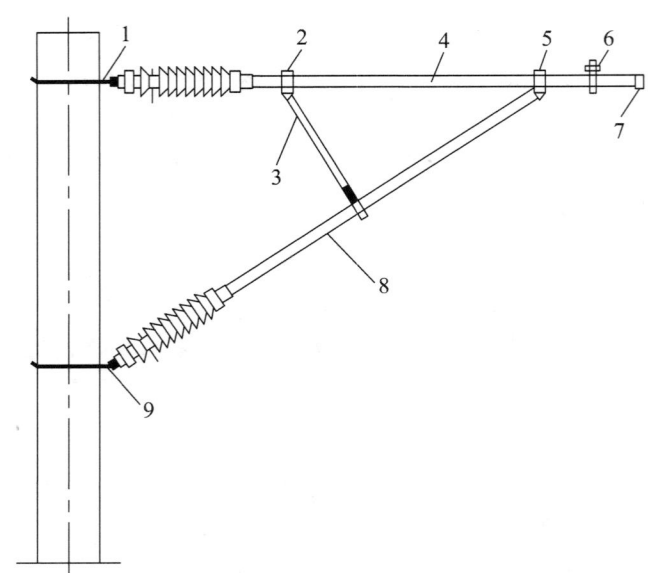

1—腕臂上底座；2—套管单耳；3—腕臂支撑；4—平腕臂；
5—套管双耳；6—承力索座；7—管帽；
8—斜腕臂；9—腕臂下底座。

图 2-3 绝缘腕臂的结构

绝缘腕臂一般由平腕臂、斜腕臂、腕臂支撑、套管单耳、套管双耳、承力索座、棒式绝缘子、腕臂底座、管帽等组成。平腕臂一端通过承力索座支撑承力索，另一端与棒式绝缘子相连。斜腕臂一端通过套管双耳支撑平腕臂，另一端与棒式绝缘子相连。两棒式绝缘子分别通过腕臂上底座和下底座与支柱连接。腕臂支撑两端均通过套管单耳分别与平腕臂和斜腕臂相连。

固定在平腕臂一端的承力索座用于支撑正线及站线承力索（线夹内带有承力索保护衬垫），承力索座中的托线夹能绕水平轴自由转动，安装承力索的线槽有适应承力索悬挂支撑的悬垂弧角及喇叭口，承力索座下部带有单耳结构。除正线中心锚结柱处采用双槽承力索座外，其余均采用单槽承力索座。腕臂顶端的管帽是为了防雨水或雪水流入，防止管内生锈。

绝缘腕臂结构灵巧简单，技术性能好，施工维修和安装方便，由于绝缘子安装在靠支柱侧，减少了对支柱容量和高度的要求，从而降低了成本，同时在内电混合牵引区段不易被污染，减少了清扫和维护绝缘子的工作。

2．非绝缘腕臂

非绝缘腕臂是通过悬吊在腕臂上的绝缘子串来悬挂承力索。腕臂和支柱间不绝缘，因此称为非绝缘腕臂。非绝缘腕臂结构笨重，要求支柱高度和支柱容量大，安装维修困难，绝缘子容易脏污，不便开展带电作业，应尽量减少使用。非绝缘腕臂目前多存在于 2~3 股道受限不能为每条线路单独布置支柱时使用（也称为跨线腕臂），其结构如图 2-4 所示。

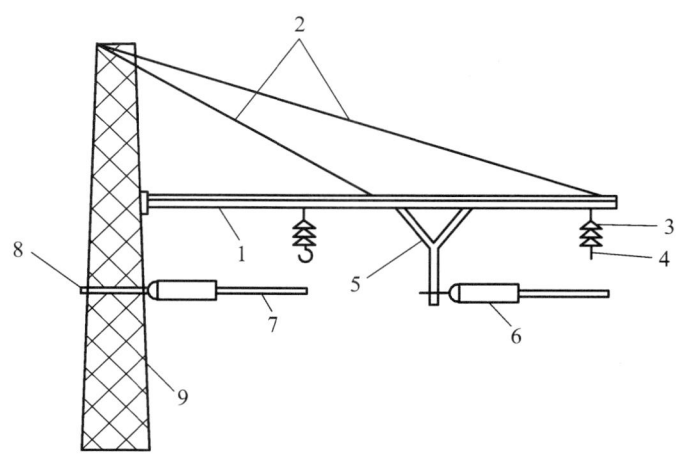

1—直腕臂；2—斜拉杆；3—悬式绝缘子；4—承力索；5—定位支架；
6—棒式绝缘子；7—定位器；8—定位肩架；9—钢柱。

图 2-4 非绝缘腕臂的结构

二、影响腕臂支柱装配的参数

腕臂既要有足够的机械强度，结构尽量简单、轻巧，易于施工安装、维修更换，还要满足一定的技术要求：如腕臂跨越线路股道的数目、接触悬挂的结构高度、接触线高度、支柱侧面限界和支柱所在位置（即支柱设在直线区段还是设在曲线区段，是在曲线内侧还是在曲线外侧）等。腕臂跨越股道数目越多，接触悬挂结构高度越高，支柱侧面限界越大，则腕臂就应越长些。

1．导　高

导高是接触线悬挂点高度的简称，是指接触线无弛度时定位点（或悬挂点）处接触线距轨面的垂直高度，又称为接触线工作高度，一般用 H 表示。

接触线的最高高度，是根据受电弓的最大工作高度确定的。设计规范规定接触线最高高度不应大于 6500 mm。

接触线的最低高度，应考虑带电体对接地体之间的空气绝缘距离及通过超限货物的要求。接触线最低高度应符合下列规定：

① 站场和区间（含隧道）接触线距轨面的高度宜取一致，其最低高度不应小于 5700 mm；编组站、区段站等配有调车组的线、站，正常情况可不小于 6200 mm，确有困难时不应小于 5700 mm。

② 既有隧道内（包括按规定降低高度的隧道口外及跨线建筑物范围内）正常情况不应小于 5700 mm；困难情况不应小于 5650 mm；特殊情况不应小于 5330 mm。

③ 开行双层集装箱列车的线路，接触线距轨面的最低高度应根据双层集装箱的高度和绝缘距离计算确定，一般采用 6450 mm 导高。

2. 支柱侧面限界

支柱侧面限界是指轨平面处，支柱内缘至线路中心的距离，一般用 C_X 表示。电气化铁路接触网是沿铁路架设的，为了确保行车安全，要求接触网支柱及其他电气装置的建筑不得侵入根据《铁路技术管理规程》规定的铁路接近限界。

在直线区段，支柱侧面限界在通过超限货物列车的正线或站线必须大于 2440 mm；在不通行超限货物列车的站线（比如机车走行线）必须大于 2150 mm。

曲线区段，受外轨超高的影响，上述距离应按现行国家标准《标准轨距铁路建筑限界》的规定加宽，如表 2-2 所示。

表 2-2　曲线区段支柱侧面限界选用表

曲线半径/m	200	300~599	600~1000	>1000	∞
曲线外侧界限/m	2.850	2.70	2.60	2.60	2.50
曲线内侧界限/m	3.10	3.10	2.80	2.70	—

采用大型机械化养护的路基路段，接触网支柱侧面限界应满足大型机械作业的需要：不应小于 3000 mm，一般取 3100 mm。

牵出线处支柱侧面限界一般不应小于 3500 mm，困难情况下不应小于 3100 mm。

站场上软横跨支柱的侧面限界一般为 3000 mm，基本站台上的软横跨柱为 5000 mm。软横跨支柱的侧面限界较大是为了照顾车站的美观以及行人的方便。

中间站台上支柱的内缘距站台边缘应有不小于 1500 mm 的轻型车通道。

3. 结构高度

链形悬挂的结构高度是指接触网悬挂点处承力索和接触线的垂直距离，用符号 h 表示。结构高度一般取 1100~1700 mm。目前采用钢承力索的既有线，结构高度多为 1100 mm；既有线提速区段为 1400 mm；高速铁路中，为了改善定位点接触线弹性，结构高度一般取值比 1400 mm 大，比如中国的高速铁路结构高度为 1600 mm。

既有线隧道内的结构高度一般为 450~550 mm，不得低于 300 mm。结构高度过小，会在吊弦处形成硬点，甚至在受电弓通过时，在跨中使接触线与承力索相碰撞。同时，结构高度偏低，欲改善悬挂工作状态，必然会增加滑动吊弦的使用数量。因此，在条件许可时，增大结构高度会相应地改善悬挂的运营条件。高速铁路隧道断面大，采用和非隧道区间一样的结构高度 1600 mm。

三、常见腕臂支柱装配

以中间支柱为例，说明不同类型的腕臂装配形式。

在中间支柱上，只安装一个腕臂，悬吊一组接触悬挂，并把承力索和接触线定位在规定的位置上，称为中间柱腕臂装配。

1. 直线区段中间柱定位装配

当接触线拉出值方向为支柱侧时，采用正定位，如图 2-5；拉出值方向为支柱位置反侧时,采用反定位,如图 2-6;选择应以定位器处于受拉状态为原则。

在线路的直线区段,支柱一般立于线路的同一侧,但是接触线需要按"之"字形布置,其拉出值一般在支柱定位点处变换方向,所以正定位和反定位交替布置,以保证定位器处于受拉状态。

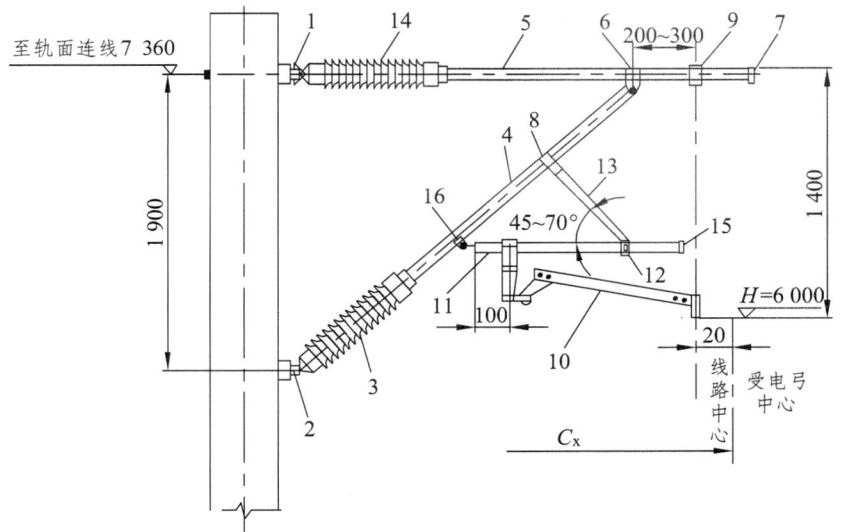

1—腕臂上底座;2—腕臂下底座;3、14—棒式绝缘子;4—斜腕臂;5—平腕臂;
6—套管双耳;7,15—管帽;8,12—套管单耳;9—承力索座;10—定位器;
11—定位管;13—定位管支撑;16—定位环。

图 2-5 正定位

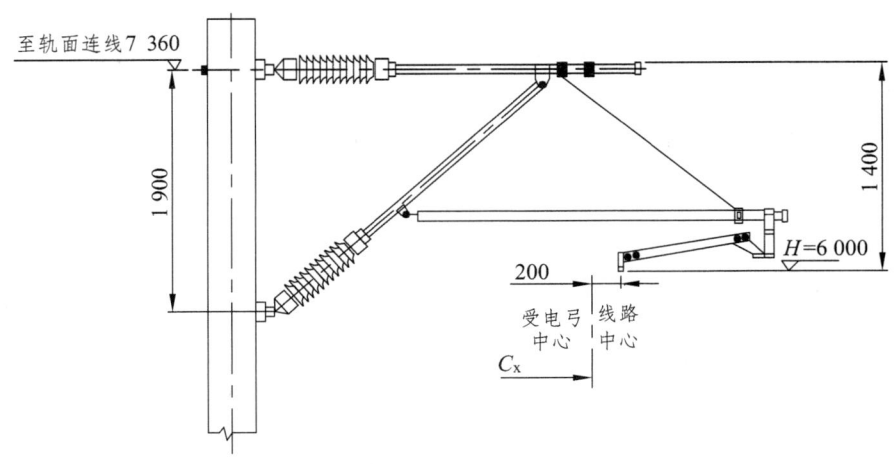

图 2-6 反定位

2. 曲线半径 R 为 1200～4000 m 的曲线区段外侧中间柱定位装配

支柱一般选择正定位装配方式。

3. 曲线半径 $R \leqslant 1000$ m 的曲线区段内侧中间柱定位装配

由于曲线半径小,接触线曲线水平力较力,需采用软定位装配,如图 2-7 所示。

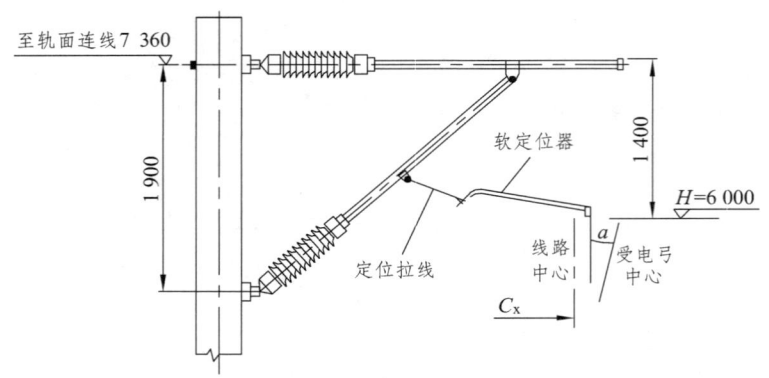

图 2-7 软定位

4．曲线区段内侧中间柱定位装配

支柱一般选择反定位装配方式。

第三节　定位装置

定位装置是支持结构中的主要组成部分，它是在定位点处实现接触线相对于线路中心线进行横向定位的装置。定位装置的作用即根据技术要求，把接触线进行横向定位，保证接触线始终在受电弓滑板的工作范围内，保证良好受流，使受电弓滑板磨耗均匀；同时，定位装置要承担接触线水平负载，并将其传递给腕臂。

对定位装置的技术要求：

（1）定位点处弹性良好，受电弓通过时，使接触线均匀抬高，不形成硬点，且不与该装置碰撞。

（2）在温度变化时，定位装置不影响接触线沿线路方向的自由伸缩。

（3）具有一定的风稳定性，在受风时，保证定位状态的稳定性。

一、定位装置结构

定位装置由定位管、定位器、定位线夹及连接零件组成。

1．定位管

定位管有两种类型，即普通定位管和特型（T型）定位管。

普通定位管是用镀锌钢管加工而成的，尾部焊有定位钩，以便通过定位环连接在腕臂上使用。定位管安装后应呈水平状态，为保持其水平，可将其端部用 $\phi 4.0\ mm$ 镀锌铁线悬吊，现在多用定位管支撑代替铁线保证定位管稳定性。

设置普通定位管的目的是为了定位器在水平方向和坡度方向便于调节，使定位装置结构较灵活，增加定位点的弹性。定位管的长度和外径的选用是根据支柱所在位置和定位管受力情况而确定的。普通定位管结构如图2-8所示。

T型定位管又称套管式定位管，它与普通定位管仅尾部不同，其尾部加焊了一段套管来代替定位钩，便于与棒式绝缘子配套并增加其尾部的机械强度。T型定位管多用于隧道定位和多线路腕臂支柱装配。T型定位管结构如图2-9所示。由棒式绝缘子、T型定位管、支持器、定位线夹及其他连接零件构成了特殊定位装置，如图2-10所示。

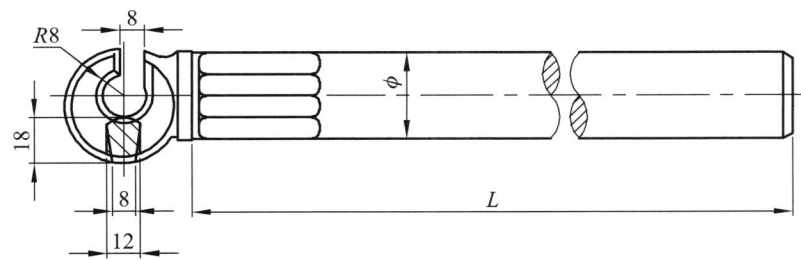

图2-8　普通定位管结构图

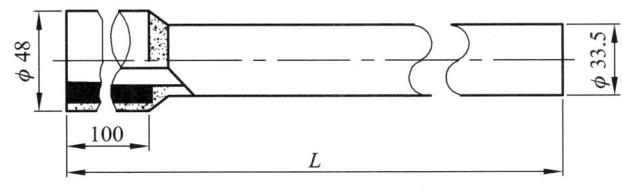

图2-9　T型定位管结构图

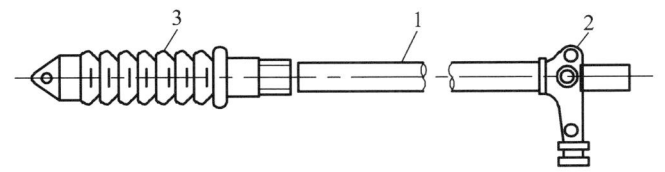

1—T型定位管；2—长支持器（或支持器）；3—棒式绝缘子。

图2-10　带支持器的定位管

2．定位器

定位器是定位装置中的关键部件，其作用是通过定位线夹把接触线按设计标准拉出值的要求，把接触线固定在一定位置，保证接触线工作面平行于轨面，并承受接触线的水平力。

定位器从材质上分为铝质定位器（用L表示）和钢质定位器（用G表示）；定位器从形状上可分为普通定位器、T型定位器、软定位器等几种常用的定位器，如图2-11所示。

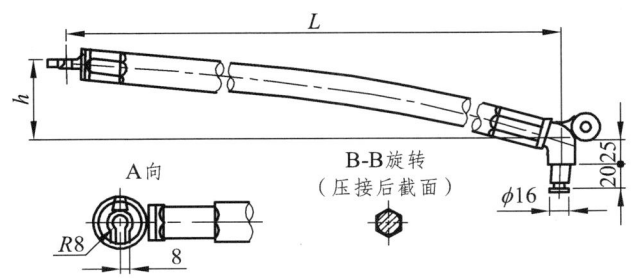

（a）普通定位器

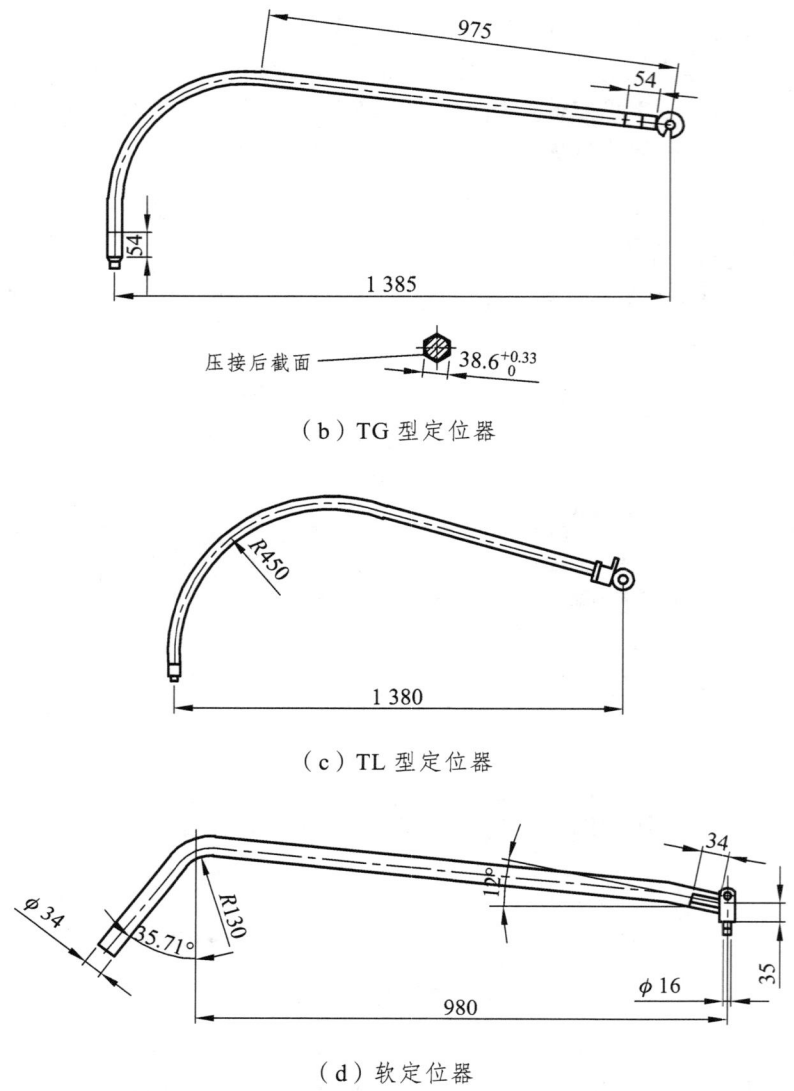

图 2-11　常见定位器类型

为了避免定位器碰撞运行中的电力机车受电弓，特别是在曲线区段，由于电力机车车身随线路的外轨超高而向内轨侧倾斜，机车的受电弓也呈倾斜状，为了防止定位器碰撞受电弓，要求定位器安装后应有一定的倾斜度（也称定位坡度），即定位器根部在安装后要适当抬高一些，其倾斜度要求为 1∶5～1∶10。

在平均温度时，定位器应该垂直于线路中心线；温度变化时，沿接触线纵向偏移，在极限温度下，不得超过定位器管长的 1/3。

3．定位线夹

定位线夹结构如图 2-12 所示，定位线夹由两片铜合金夹板和连接螺栓、止动垫圈等组成，其中有环夹板上带有环孔，通过定位器的固定销穿入和定位器连接起来。

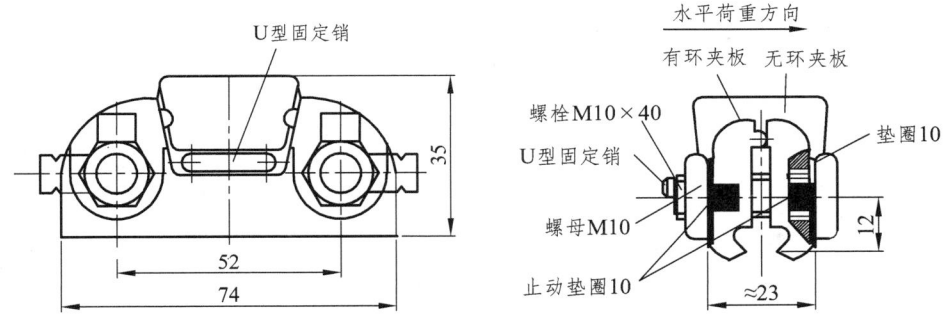

图 2-12 定位线夹结构

定位线夹安装前,需用钢刷对线夹表面、夹持接触线的部分进行清除灰尘及氧化物处理,涂导电油脂。还要注意定位线夹的受力方向,定位线夹主要承受接触线水平力,其主要荷重应该由有环夹板承担,不能装反。受电弓滑板与定位线夹之间的夹角必须小于 20°,以避免受电弓滑板与线夹螺栓头相接触。

二、定位方式

根据支柱所在位置不同及受力情况,定位装置采用不同形式,一般有正定位、反定位、软定位、双定位及特性定位方式。

1. 正定位

在直线区段或曲线半径 $R > 1200\ m$ 的区段外侧采用正定位。该定位装置由直管定位器和定位管组成。定位器的一端利用定位线夹固定接触线;另一端通过定位环与定位管衔接,定位管又通过定位环固定在腕臂上。其结构如图 2-13(a)所示。此定位方式只能承受较小的拉力。

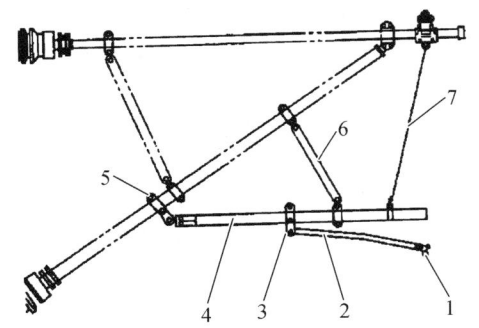

1—定位线夹;2—定位器;3、5—定位环;4—定位管;
6—定位管支撑;7—定位管吊线。

(a)正定位

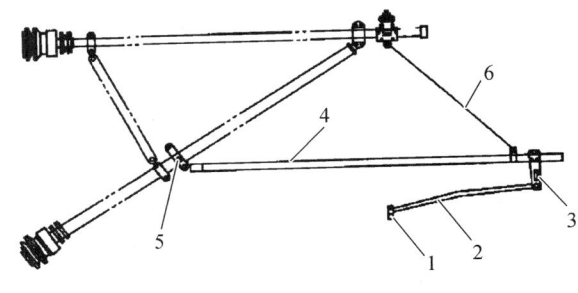

1—定位线夹;2—定位器;3、5—定位环;
4—定位管;6—定位管吊线。

(b)反定位

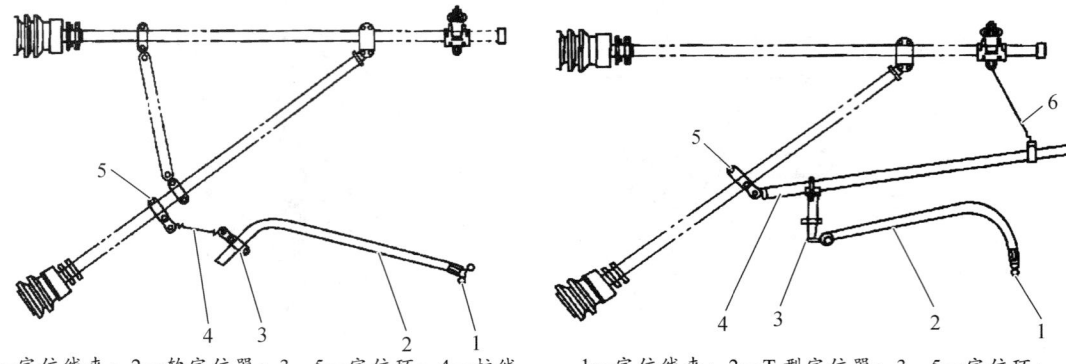

1—定位线夹；2—软定位器；3、5—定位环；4—拉线。　　1—定位线夹；2—T型定位器；3、5—定位环；
　　　　　　　　　　　　　　　　　　　　　　　　　　4—定位管；6—定位管吊线。

（c）软定位　　　　　　　　　　　　　　（d）特性定位

图 2-13　定位方式

2．反定位

反定位一般用于曲线内侧支柱或直线区段"之"字值方向与支柱位置相反的地方。定位器通过定位环衔接在较长的定位管上，定位管受压力较大。为了使定位管保持水平，一般用两条斜拉线将定位管吊住，固定在承力索上。其结构如图 2-13（b）所示。

3．软定位

软定位采用弯管定位器，通过两股 $\phi 4.0$ mm 镀锌铁线拧成的定位拉线固定在绝缘腕臂上的定位环里，如图 2-13（c）所示。软定位只能承受拉力，且承受拉力较大，但不能承受压力。为了防止在某些特殊情况下拉力过小定位器下落，要经过计算，在曲线力抵消反方向的风力之后，拉力需保持 0.2 kN 以上方可使用这种方式。软定位一般用于曲线半径 $R \leqslant 1000$ m 的曲线区段外侧支柱。

4．特性定位

在有两支工作支时，定位器须跨过另一支接触悬挂，不影响其抬升或者保持绝缘时采用特性定位，比如道岔和锚段关节处。其结构如图 2-13（d）所示。

5．组合定位

组合定位用于锚段关节的转换支柱、中心支柱及站场线岔处的道岔柱，站场线岔处软横跨的定位，这些地方均有两组接触悬挂在同一处需要分别固定在要求的位置上。

组合定位的方式较多，各种组合定位的作用也不相同，这主要是由不同的地形条件及悬挂条件决定的，其结构如图 2-14 所示。其中图（a）为道岔使用的拉（L）型定位，所谓拉型定位，就是两组接触悬挂都采用正定位，使定位管受到拉力。图（b）为道岔使用的拉压（LY）型定位，两组接触悬挂其中一组采用正定位，使定位管受拉力，另一组采用反定位，使定位管受到压力。第三种形式是压（Y）型定位，即两组接触悬挂都采用反定位，使得定位管受压力。图（c）为非绝缘转换柱使用的组合定位，其中一组接触悬挂为工作支，另一组接触悬挂为非工作支，其抬高下锚；图（d）为中心柱使用的组合定位。

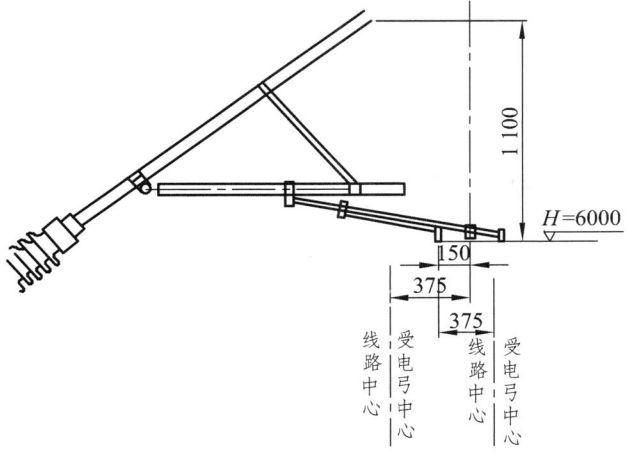

（a）道岔使用的 L 型组合定位

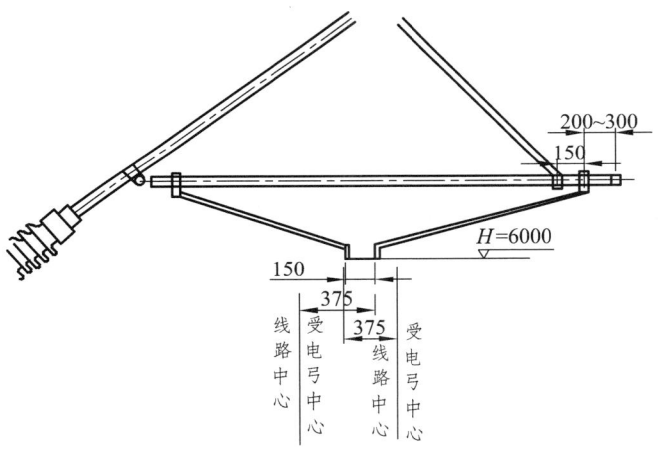

（b）道岔使用的 LY 型组合定位

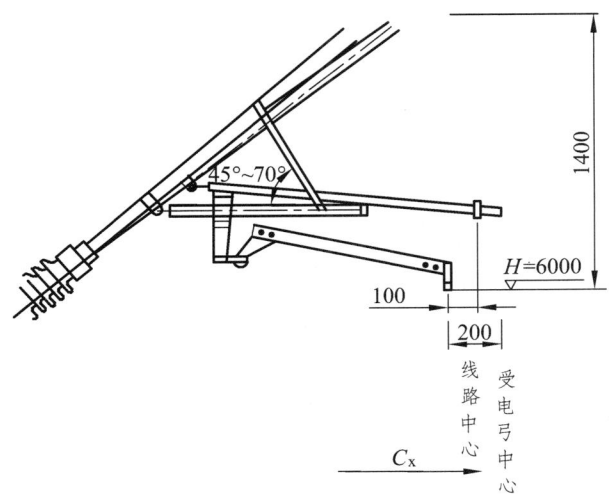

（c）非绝缘转换柱使用的组合定位

电气化铁路接触网基础

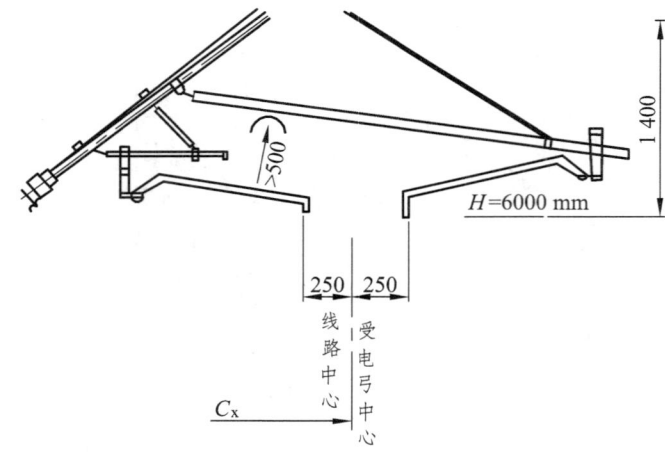

（d）中心柱使用的组合定位

图 2-14　组合定位

【任务实施】

一、任务描述

掌握腕臂地面组装方法，了解腕臂支柱装配注意事项，能按要求完成腕臂支柱装配。

二、实施步骤

1．腕臂地面组装

（1）依据安装图确定腕臂底座到拉杆底座的距离。

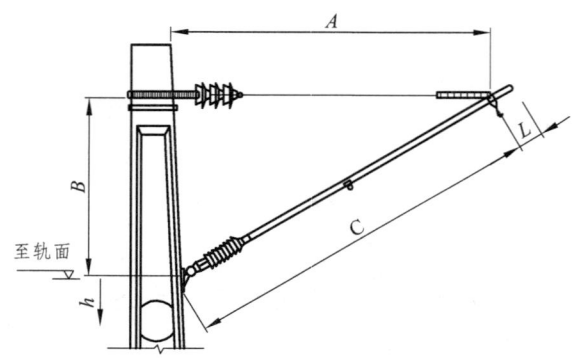

图 2-15　腕臂预配计算示意图

（2）用公式计算支柱线路侧的斜率 f。

对于钢筋混凝土支柱：$f=(a_{轨}-a_{上})/H$

对钢柱：$f=(a_{轨}-a_{上})/2H$

式中　$a_{轨}$——轨平面处支柱高度；

$a_{上}$——支柱上部端宽度；

- 36 -

H——轨平面以上支柱高度。

（3）以斜腕臂预配计算为例，腕臂预配计算示意图见图2-15，计算 A 值和 C 值：

$$A = C_x + h \times f$$
$$C = \sqrt{A^2 + B^2}$$

式中　h——腕臂底座到轨平面的距离；
　　　A——腕臂结构的水平尺寸；
　　　B——拉杆底座到腕臂底座的距离；
　　　C——套管绞环至腕臂底座处支柱内缘的距离；
　　　C_x——支柱侧面限界。

（4）依据 A 值画出线路中心线，然后由拉杆底座处画出水平直线与线路中心线交点为确定的套管绞环安装的位置。

（5）确定 a、b、c 值，量出 x 值和 y 值，以及 L 值。

$$L = y + b - c$$

式中　a——拉杆底座与双耳连接器及悬式绝缘子连接长度；
　　　b——棒式绝缘子长度；
　　　c——杵环杆（拉杆）长度；
　　　x——调节板有效长度；
　　　y——腕臂的有效长度；
　　　L——套管绞环距腕臂端部的距离。

（6）利用确定的尺寸将定位环安装到腕臂上。

（7）将棒式绝缘子与腕臂连接，压板在上，紧固 U 形螺栓。

（8）将套管绞环安装于腕臂标记处。

（9）将四片悬式绝缘子组装后与拉杆连接，安上弹簧销。

（10）将调节板分别与拉杆和套管绞环连接，组装成腕臂。

2．腕臂支柱装配

（1）用小钢钎、手锤将拉杆底座、腕臂底座预留孔打通，然后将拉杆底座、腕臂底座固定到支柱上。

（2）将悬式绝缘子串与拉杆底座用双耳连接器连接牢固，然后用棕绳以管子扣将腕臂系牢，并用铁线将拉杆与腕臂临时绑住。

（3）在棒式绝缘子上绑牢晃绳后起吊腕臂，同时拉动晃绳，防止棒式绝缘子碰伤。

（4）支柱上作业人员取开临时绑固铁线，将棒式绝缘子耳环与腕臂底座用销钉连接紧固，然后拉杆底座处作业人员抓住拉杆，腕臂起吊人员缓松棕绳，支柱上作业人员托起悬式绝缘子串后将拉杆杆头放入绝缘子杆座中，安上弹簧销。

（5）松开棕绳，确认各部受力无异后，撤除工具。

三、注意事项

（1）在预配时，应检查各零件是否良好，严禁使用有裂纹的铸件，应使定位环缺口朝下，套管绞环缺口朝上。

（2）腕臂预配后，应检查各部螺栓是否紧固，套管绞环双耳与棒式绝缘子压板是否在同一平面上。

（3）腕臂安装时，上、下层工作人员应分别位于支柱的两侧，下层人员应戴安全帽，防止坠物伤人。

【自我评估】

1. 接触网支柱按材质分为哪几类？
2. 分别举例说明预应力钢筋混凝土支柱、格构式钢柱、钢管支柱、H型钢柱型号各参数的意义。
3. 接触网支柱按照用途分为哪几类？各支柱主要适用于何处？
4. 绝缘腕臂和非绝缘腕臂的区别是什么？各适用于何种场合？
5. 什么是接触网的导高、侧面限界、结构高度？
6. 简述腕臂安装的方法。
7. 定位装置由哪些部分组成？各组成部分的作用是什么？
8. 有哪几种定位方式？不同定位方式用于何种支柱定位装配？
9. 定位装置有哪些技术要求？

【评价标准】

内容	评分标准	操作情况	扣分情况	得分
时间	规定时限 40 min，每超时 1 min 扣 1 分，超过 5 min 失格			
料具准备 10 分	要求工具符合要求，用前须做绝缘摇测，否则扣 10 分			
质量要求 60 分	1. 底座是否在预定位置，是否呈水平，位置不正确扣 10 分，不水平扣 5 分			
	2. 棒式绝缘子排水孔是否朝下，不朝下扣 5 分			
	3. 水平腕臂低头是否满足要求（200 mm），不满足扣 10 分			
	4. 承力索至轨面的距离是否满足要求，施工偏差超过 ±20 mm 扣 10 分			
	5. 承力索和接触线应在同一垂直面内，施工偏差超过 ±30 mm 扣 10 分			
	6. 完毕组装各零部件应正确，每错一处扣 10 分			
安全要求 20 分	备注：扣完配分失格			
	1. 作业中出现一般违章现象每次扣 5 分			
	2. 作业时用手及其他金属物件短接绝缘测量杆有效部分扣 20 分			
	3. 测量时短接轨道电路每次扣 5 分			
文明作业 10 分	1. 作业时必配的个人工具、劳保用具、安全用具每缺一件扣 5 分			
	2. 作业中出现不文明语言或动作每次扣 5 分			
	3. 作业完毕，料具有一件不归位扣 2 分			
总分				

第三章　线索的连接

第一节　接触线

接触线又称为电车线,是接触网的重要组成部分之一。电力机车通过受电弓滑板与接触线摩擦接触,接触线负责安全良好地向电力机车输送电能。因此接触线既要有足够的机械强度,又要有良好的电气性能。

接触线截面形状参见图 3-1,接触线制成两侧带沟槽的圆柱状,沟槽是为了便于安装固定接触线的线夹,同时又不影响受电弓取流。接触线底面呈圆弧状与受电弓滑板接触,称为工作面。

一、接触线的分类

接触线按照材质不同主要分为铜接触线、铜合金接触线和钢铝接触线。

1. 铜和铜合金接触线

铜和铜合金接触线在电气化铁路中的应用非常广泛,在国标 GB/T 12971.1—2008《电力牵引用接触线　第 1 部分：铜及铜合金接触线》中,其型号表示为：

型号中：

C—接触线；

材料：铜—T；铜银合金—TA；高强度铜银合金—TAH；铜锡合金—TS；铜镁合金—TM；高强度铜镁合金—TMH；

规格：标称截面积（mm^2）。

在旧国标 GB/T 12971.2—1991《电力牵引用接触线　第 2 部分：铜接触线》中,型号表示为：TCG-数字。

其中：T—材质为铜；C—电车线；G—沟槽型；数字—截面面积单位为 mm^2。

铜接触线的主要型号有 CT110、CT100、CT85。CT110、CT100 截面积较大,有较大的载流量,主要用于站场正线和区间；CT85 主要用于站场侧线。

铜接触线具有导电性能和施工性能好的优点,但是存在抗拉力差、耐磨性能差和高温易软化等诸多缺点，无法适应更高速度、更大载流量的要求。20世纪90年代末以来陆续研制成功的铜银合金接触线、铜镁合金接触线、铜锡合金接触线和铜铬锆合金接触线都有比较优秀的性能指标。铜合金可以提高接触线机械强度、软化点、耐磨性能等。但是在铜内不管掺进什么金属，都会相应提升其电阻率，所以研制高强度耐磨性能好的铜合金接触线，是以有限地牺牲导电性能为代价的。各种常见接触线线材的截面形状及合金识别沟槽如图 3-1 所示。

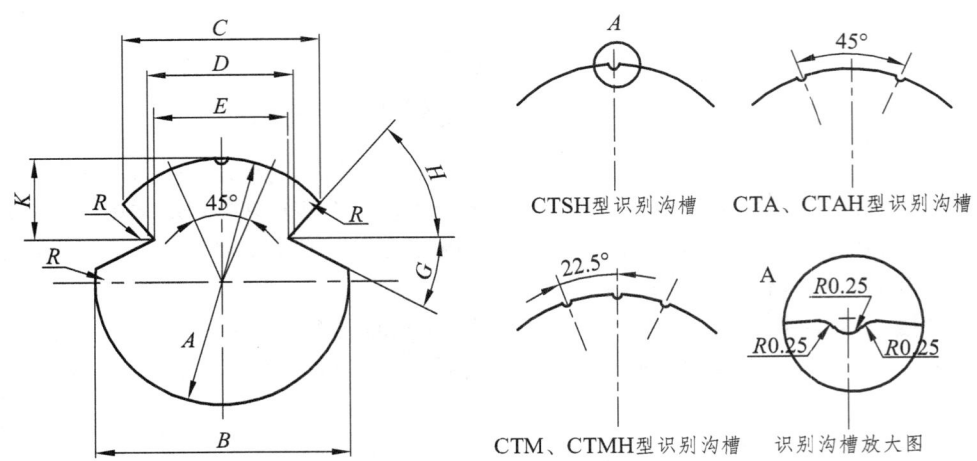

A—截面直径（高度）；B—截面宽度；C—头部宽度；D—（沟）槽底间距；E—（沟）槽尖间距；
K—头部高度；R—圆角半径；H—上斜角；G—下斜角。
注：铜接触线（CT 型）不做识别沟槽。

图 3-1　铜及铜合金接触线截面形状及合金识别

2．钢铝接触线

为了减少有色金属铜的使用量，20 世纪 70 年代中国研制了以铝代铜的外露式 GLCA$\frac{100}{215}$ 型和 GLCB$\frac{80}{175}$ 型钢铝接触线，以及内包式 CGLN195、CGLN250 型钢铝接触线。钢铝接触线的截面形状如图 3-2 所示，其型号中各字母和数字的含义如下：

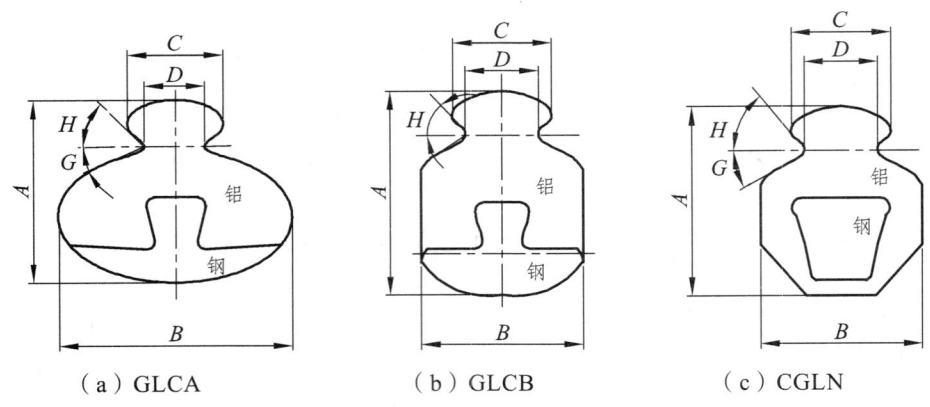

图 3-2　钢铝接触线的截面形状

G—材质为钢；

L—材质为铝；

C—电车线；

A、B—截面形状；

N—内包；

100、80—相当于截面面积为 100、80 mm² 的铜接触线导电能力；

215、175—导线的几何截面积，单位为 mm²。

钢铝接触线是由导电性能较好的铝和机械强度较高的钢滚压冷轧而成，钢的部分用于保证应有的机械强度和耐磨性能，与受电弓滑板接触摩擦受流，铝的部分用于导流。它具有很好的机械强度，不容易断线，线密度低、安全性较好，导电性能好，并具有价格便宜、材料来源广泛的优点。缺点是其刚度和截面面积较大，形成的硬弯和死弯不易整直，影响受流。另外，钢的部分耐腐蚀性能差，特别是在气候潮湿或酸雨地区，接触线与受电弓滑板接触的摩擦面易锈蚀，若有电弧烧伤，锈蚀速度更快，且会形成恶性循环。内包钢式钢铝接触线是钢铝接触线的改进型，在库存和施工时，铝覆钢的结构可以有效防止钢材料的氧化，解决外露式钢铝接触线在电气化线路送电开通初期因接触线锈蚀，受电弓滑板摩擦取流时形成"火龙"的问题。在运行过程中，受电弓将钢铝接触线下部的铝磨耗后，开始发挥钢材料的耐磨性，这种结构有效地防止了非工作支钢铝接触线中裸露钢材和接触线钢材侧面的氧化。

20 世纪 90 年代之前，中国有色金属比较紧缺，对采用铜接触线较为谨慎，因此钢铝接触线应用较多。但运营经验表明，钢铝接触线的安全可靠性较差，且其本身回收再利用价值较低。随着经济和技术的不断发展，钢铝接触线的应用在逐渐减少。

常用接触线的规格和物理参数见表 3-1～表 3-3。

表 3-1　常见接触线规格

接触线型号		标称截面/mm²			尺寸规格及允许偏差/mm				单位重量/(kg/km)
					A	B	C	D	
GLCA$\frac{100}{215}$		215	148	67	$16.5^{+0.66}_{-0.33}$	$19.6^{+0.78}_{-0.39}$	$8.4^{+0.4}_{-0.2}$	$5.7^{\pm 0.25}$	925
GLCB$\frac{80}{173}$		173	119	54	$16.7^{+0.66}_{-0.33}$	$13.2^{+0.32}_{-0.26}$	$8.05^{+0.20}_{-0.40}$	$5.7^{+0.20}_{-0.40}$	744
CGLN250		250	188	62	$18.5^{+0.65}_{-0.30}$	$18.5^{+0.80}_{-0.40}$	6.85	$7.27^{+0.40}_{-0.20}$	994
CGLN195		195	140	55	$16.2^{+0.65}_{-0.30}$	$16.0^{+0.55}_{-0.30}$	6.85	$7.27^{+0.40}_{-0.20}$	807
铜及铜合金接触线	85	86			$10.80 \pm 1\%$	$10.76 \pm 2\%$	$9.40 \pm 2\%$	$7.24^{+4\%}_{-2\%}$	769
	110	111			$12.34 \pm 1\%$	$12.34 \pm 2\%$	$9.73 \pm 2\%$	$7.24^{+4\%}_{-2\%}$	992
	120	121			$12.90 \pm 1\%$	$12.90 \pm 2\%$	$9.76 \pm 2\%$	$7.24^{+4\%}_{-2\%}$	1082
	150	151			$14.40 \pm 1\%$	$14.40 \pm 2\%$	$9.71 \pm 2\%$	$7.24^{+4\%}_{-2\%}$	1350

铜及铜合金接触线的线膨胀系数为 17×10^{-6}/℃。

表 3-2　钢铝接触线物理性能

物理性能	接触线型号			
	GLCA$\frac{100}{215}$	GLCB$\frac{80}{173}$	CGLN195	CGLN250
综合拉断力不小于/kN	40	30.15	40	54
钢铝间结合力/kN	2.5	2.0	5	6
20 ℃时,导线有效电阻/(Ω/km)	0.184	0.23	0.198	0.149
持续载流量(钢 100 ℃,铝 80 ℃)	520	440	—	560
线膨胀系数 α/℃$^{-1}$	17.4×10^{-6}	17×10^{-6}	17×10^{-6}	17×10^{-6}
弹性系数 E/(N/mm^2)	98 000	100 000	—	—
使用最高温度/℃	+80	+80	+80	+80
制造长度/m	550~2500	550~3000	1800~3800	1800~3800

表 3-3　铜及铜合金接触线载流量

规格	持续载流量/A								
	工作温度 95 ℃					允许最高工作温度 150 ℃			
	CT	CTA	CTM	CTMH	CTS	CTA	CTM	CTMH	CTS
85	410	—	—	—	—	—	—	—	—
110	480	480	450	410	380	650	640	570	570
120	510	510	480	430	410	690	680	610	600
150	580	580	560	490	470	800	780	700	690

注:1. 钢接触线(CT 型)的允许最高工作温度为 95 ℃;
　　2. 计算条件为环境温度 40 ℃,风速 0.5 m/s,日照温度 1000 W/m^2。

二、接触线的技术要求

随着电气化铁路的大幅提速和高速电气化铁路的建设,进而要求高速接触网的接触线具备下述主要技术性能:

(1)抗拉强度高。

受电弓和接触网通过弓网接触点组成一个相互振荡和耦合的振动系统,弓网振动以横波的方式沿着接触线向受电弓的前后方向传播。

接触线波动传播速度是接触线选择设计的重要依据。为了提高接触线的波动速度,必须相应提高接触线的张力。在考虑选择高强度材料以提高其应力的同时,还要注意其线密度要低。

提高接触线张力,可以有效地提高接触线的波动速度,同时相应地提高列车运行速度。提高接触线的张力以后,可以得到两个附加效果:第一,可以相应地限制高速运行时的动态抬升量;第二,可以降低接触网弹性和提高弹性系数的均匀度,从而使弹性在整个跨距内趋于一致。

(2)电阻系数低。

高速接触网中电流强度较大,为此,要求接触线的电阻率必须低,以适应流经大电流的需要。

通过增大接触线截面面积满足负载电流增大的要求是有局限性的。虽然增大接触线截面面积可以有效提高拉断力、增大载流量、相应地降低温升,但是过大地增大接触线的横截面面积会产生两个负面效果:其一是使接触线线密度增加,从而降低波动速度,最终限制行车速度,这是极为有害的;其二是架设时的不均匀性及平直性的危险增加,出现硬弯、扭转后很难取直、整正。所以,在有限的横截面面积条件下,提高载流能力的途径是尽量提高电导率,同时兼顾导线的抗拉强度。

(3)耐热性能好。

高速接触网一般都具有列车运行速度高、密度大、持续时间长的特点。因而,接触线内长时间流经大电流,自然会引起导线发热,当温度达到一定程度时,导线的材质会软化,强度会降低,严重时,接触线会因温度影响形成蠕动性伸长,从而破坏正常的受流。因此,接触线材质应具有较好的耐热性能,一般要求软化点在 300 ℃ 以上,以适应较高载流量的要求。

(4)耐磨、耐腐蚀性能好。

受电弓与接触线接触摩擦滑行,相互间的接触压力大,速度高,因此要求接触线具有良好的耐磨性能,同时注意其抗腐蚀性能,尽量延长接触线的使用寿命。

(5)制造长度长。

为了保证高速电气化区段的良好受流,消除硬点及断线隐患,一般要求在一个锚段内不允许有接头,这就要求接触线的制造长度在 1800~2000 m,以适应锚段长度的需要。

三、接触线的磨耗

在电气化铁路运行中,受电弓和接触线的摩擦会造成接触线截面面积减小(见图 3-3),会影响到接触线的强度安全系数,铜或铜合金接触线在最大允许磨耗面积 20% 的情况下,其强度安全系数不应小于 2.0。因此,要求每年至少进行一次接触线磨耗测量,当接触线磨耗达到一定限度时应局部补强或更换。如发现全锚段接触线平均磨耗超过该型接触线截面面积的 20% 时,应全部更换。局部磨耗超过 30% 时可进行补强。当局部磨耗达到 40% 时应切换做接头。

接触线磨耗测量的测量点通常选在定位点、电连线、导线接头、中心锚结、电分相、电分段、锚段关节、跨距中间等处,可使用游标卡尺先测量磨耗后接触线的直径残存高度,再对照该型号接触线磨耗换算表,查出该处接触线磨耗截面面积(磨掉的截面面积)。常用铜接触线 TCG-110、TCG-85 型的磨耗如表 3-4、表 3-5 所示。

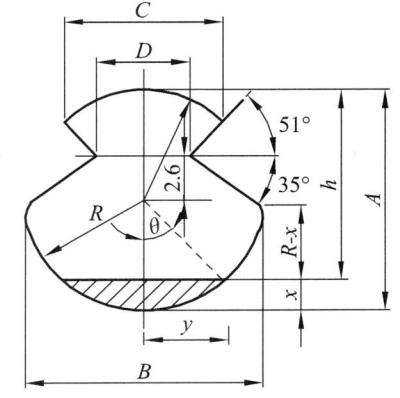

图 3-3 接触线磨耗

表 3-4 TCG-110 接触线磨耗

高/mm	0.00	1.00	2.00	3.00	4.00	5.00	6.00	7.00	8.00	9.00
8.2	35.02	34.97	34.86	34.74	34.63	34.51	34.39	34.28	34.16	34.05
3	33.93	33.81	33.70	33.58	33.47	33.35	33.24	33.12	33.01	32.89
4	32.78	32.66	32.55	32.43	32.32	32.20	32.09	31.97	31.86	31.75
5	31.63	31.52	31.40	31.29	31.17	31.06	30.95	30.83	30.72	30.61
6	30.49	30.38	30.27	30.15	30.04	29.93	29.81	29.70	29.59	29.48
7	29.36	29.25	29.14	29.03	28.92	28.80	28.69	28.58	28.47	28.36
8	28.24	28.13	28.02	27.91	27.80	27.69	27.58	27.47	27.35	27.24
9	27.13	27.02	26.91	26.80	26.69	26.58	26.47	26.36	26.25	26.14
9.0	26.03	25.92	25.81	25.70	25.60	25.49	25.38	25.27	25.16	25.05
1	24.94	24.83	24.73	24.62	24.51	24.40	24.29	24.19	24.08	23.97
2	23.86	23.76	23.65	23.54	23.43	23.33	23.22	23.11	23.01	22.90
3	22.80	22.69	22.58	22.48	22.37	22.27	22.16	22.05	21.95	21.84
4	21.74	21.63	21.53	21.42	21.32	21.22	21.11	21.01	20.90	20.80
5	20.70	20.59	20.49	20.38	20.28	20.18	20.07	19.97	19.87	19.77
6	19.66	19.56	19.46	19.36	19.26	19.15	19.05	18.95	18.85	18.75
7	18.65	18.55	18.44	18.34	18.24	18.14	18.04	17.94	17.84	17.74
8	17.64	17.54	17.44	17.34	17.25	17.15	17.15	16.95	16.85	16.75
9	16.65	16.56	16.46	16.36	16.26	16.17	16.07	15.97	15.87	15.78
10.0	15.68	15.58	15.49	15.39	15.30	15.20	15.10	15.01	14.91	14.82
1	14.72	14.63	14.53	14.44	14.34	14.25	14.16	14.06	13.97	13.87
2	13.78	13.69	13.60	13.50	13.41	13.32	13.22	13.13	13.04	12.95
3	12.86	12.77	12.67	12.58	12.49	12.40	12.31	12.22	12.13	12.04
4	11.95	11.86	11.77	11.68	11.59	11.51	11.42	11.33	11.24	11.15
5	11.06	10.98	10.89	10.80	10.72	10.63	10.54	10.46	10.37	10.28
6	10.20	10.11	10.03	9.94	9.86	9.77	9.69	9.60	9.52	9.43
7	9.35	9.27	9.18	9.10	9.02	8.94	8.85	8.77	8.69	8.61
8	8.53	8.45	8.36	8.28	8.20	8.12	8.04	7.96	7.88	7.80
9	7.72	7.65	7.57	7.49	7.41	7.33	7.26	7.18	7.10	7.02

续表

高/mm	0.00	1.00	2.00	3.00	4.00	5.00	6.00	7.00	8.00	9.00
11.0	6.95	6.87	6.79	6.72	6.64	6.57	6.49	6.42	6.34	6.27
1	6.19	6.12	6.05	5.97	5.90	5.83	5.76	5.68	5.61	5.54
2	5.47	5.40	5.33	5.26	5.19	5.12	5.05	4.98	4.91	4.84
3	4.77	4.70	4.64	4.57	4.50	4.43	4.37	4.30	4.24	4.17
4	4.10	4.04	3.97	3.91	3.85	3.78	3.72	3.66	3.59	3.53
5	3.47	3.41	3.35	3.29	3.22	3.16	3.10	3.05	2.99	2.93
6	2.87	2.81	2.75	2.70	2.64	2.58	5.53	2.47	2.42	2.36
7	2.30	2.25	2.20	2.14	2.09	2.04	1.99	1.94	1.88	1.83
8	1.78	1.73	1.68	1.64	1.59	1.54	1.49	1.44	1.40	1.35
9	1.31	1.26	1.22	1.17	1.13	1.09	1.04	1.00	0.96	0.92
12.0	0.88	0.84	0.80	0.76	0.73	0.69	0.65	0.62	0.58	0.55
1	0.51	0.48	0.45	0.42	0.39	0.36	0.33	0.30	0.27	0.24
2	0.22	0.19	0.17	0.15	0.13	0.11	0.09	0.07	0.05	0.04
3	0.02	0.01	0.00							

表 3-5 TCG-85 接触线磨耗

高/mm	0.00	1.00	2.00	3.00	4.00	5.00	6.00	7.00	8.00	9.00
6.5	36.55	36.43	36.32	36.20	36.09	35.97	35.86	35.74	35.63	35.51
6	35.40	35.28	35.17	35.06	34.94	34.83	34.71	34.60	34.48	34.37
7	34.26	34.14	34.03	33.91	33.80	33.69	33.57	33.46	33.35	33.23
8	33.12	33.01	32.89	32.78	32.67	32.55	32.44	32.33	32.22	32.10
9	31.99	31.88	31.77	31.65	31.54	31.43	31.32	31.20	31.09	30.98
7.0	30.87	30.76	30.65	30.53	30.42	30.31	30.20	30.09	29.98	29.87
1	29.75	29.64	29.53	29.42	29.31	29.20	29.09	28.98	28.87	28.76
2	28.65	28.54	28.43	28.32	28.21	28.10	27.99	27.88	27.77	27.66
3	27.55	27.44	27.33	27.22	27.12	27.01	26.90	26.79	26.68	26.57
4	26.46	26.36	26.25	26.14	26.03	25.92	25.82	25.71	25.60	25.49
5	25.38	25.28	25.17	25.06	24.96	24.85	24.74	24.64	24.53	24.42
6	24.32	24.21	24.10	24.00	23.89	23.79	23.68	23.58	23.47	23.36
7	23.26	23.15	23.05	22.94	22.84	22.74	22.63	22.53	22.42	22.32
8	22.21	22.11	22.00	21.90	21.80	21.69	21.59	21.49	21.38	21.28
9	21.18	21.08	20.97	20.87	20.77	20.67	20.56	20.46	20.36	20.26

续表

高/mm	0.00	1.00	2.00	3.00	4.00	5.00	6.00	7.00	8.00	9.00
8.0	20.15	20.05	19.95	19.85	19.75	19.65	19.55	19.45	19.34	19.24
1	19.14	19.04	18.94	18.84	18.74	18.64	18.54	18.44	18.34	18.24
2	18.15	18.05	17.95	17.85	17.75	17.65	17.55	17.46	17.36	17.26
3	17.16	17.06	16.97	16.87	16.77	16.68	16.58	16.48	16.39	16.29
4	16.19	16.10	16.00	15.91	15.81	15.71	15.62	15.52	15.43	15.33
5	15.24	15.14	15.05	14.96	14.86	14.77	14.67	14.58	14.49	14.39
6	14.30	14.21	14.11	14.02	13.93	13.84	13.75	13.65	13.56	13.47
7	13.38	13.29	13.20	13.10	13.01	12.92	12.83	12.74	12.65	12.56
8	12.47	12.38	12.29	12.20	12.12	12.03	11.94	11.85	11.76	11.67
9	11.58	11.50	11.41	11.32	11.24	11.15	11.06	10.97	10.89	10.80
9.0	10.71	10.63	10.55	10.46	10.37	10.29	10.21	10.12	10.03	9.95
1	9.87	9.78	9.70	9.62	9.53	9.45	9.37	9.28	9.20	9.12
2	9.04	8.96	8.87	8.79	8.71	8.63	8.55	8.47	8.39	8.31
3	8.23	8.15	8.07	7.99	7.92	7.84	7.76	7.68	7.60	7.52
4	7.44	7.37	7.29	7.22	7.14	7.06	6.99	6.91	6.84	6.76
5	6.68	6.61	6.54	6.46	6.39	6.32	6.24	6.17	6.10	6.02
6	5.95	5.88	5.81	5.74	5.66	5.59	5.52	5.45	5.38	5.31
7	5.24	5.17	5.10	5.03	4.96	4.90	4.83	4.76	4.69	4.62
8	4.55	4.49	4.42	4.36	4.29	4.23	4.17	4.10	4.04	3.97
9	3.91	3.85	3.78	3.72	3.66	3.60	3.54	3.47	3.41	3.35
10.0	3.29	3.23	3.17	3.11	3.05	3.00	2.94	2.88	2.82	2.76
1	2.70	2.65	2.59	2.54	2.49	2.43	2.38	2.32	2.27	2.21
2	2.16	2.11	2.06	2.01	1.95	1.90	1.85	1.80	1.75	1.70
3	1.65	1.61	1.56	1.51	1.47	1.42	1.38	1.33	1.28	1.24
4	1.19	1.15	1.11	1.07	1.03	0.99	0.95	0.91	0.87	0.82
5	0.78	0.75	0.71	0.68	0.64	0.61	0.58	0.54	0.51	0.47
6	0.44	0.41	0.38	0.35	0.33	0.30	0.27	0.24	0.22	0.19
7	0.16	0.15	0.13	0.11	0.10	0.08	0.07	0.05	0.03	0.01
8	0.00									

随着磨耗面积加大，又未达到更换程度时，为了改善其运行条件，可逐渐减少接触线的实际张力，即减少坠砣数目，调整时可参照图 3-4 进行。

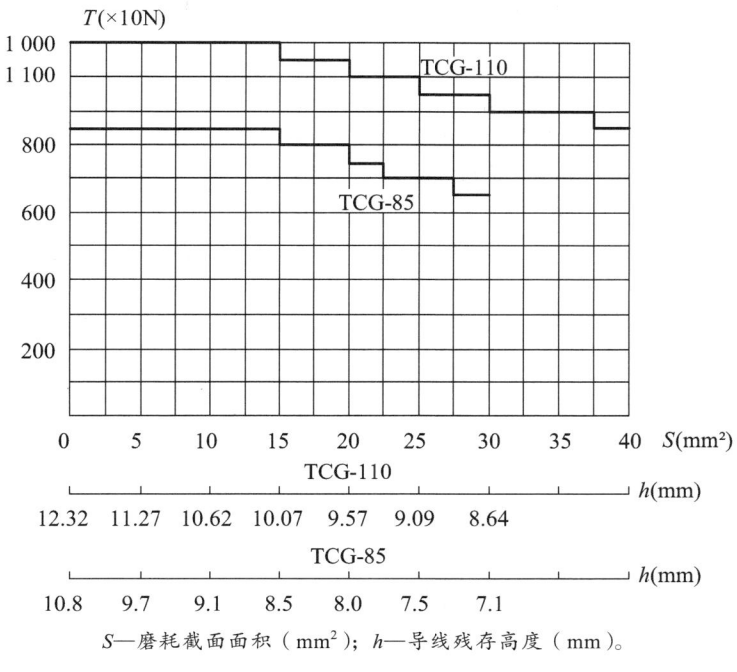

S—磨耗截面面积（mm^2）；h—导线残存高度（mm）。

图 3-4　接触线磨耗截面面积及张力变化

例 3-1　某锚段接触线采用 TCG-110 型导线，测出导线平均磨耗高度为 3.2 mm，补偿器传动比为 1∶2，在表中查出磨耗面积，导线此时张力应调为多少?坠砣应如何调整？

解：① 残存高度为 $h = 12.34 - 3.2 = 9.14$（mm）；
② 查表 3-4 得，磨耗面积 $a = 24.51 \ mm^2$；
③ 查图 3-4，残存高度为 9.14 mm 时，导线应有张力 10 000 N；
④ 每块坠砣质量为 25 kg，重力加速度取 10 m/s^2，导线原有张力为 11 000 N，则：

坠砣串原有坠砣数为　　$\dfrac{11\ 000}{2 \times 25 \times 10} = 22$（块）

现应有坠砣数为　　$\dfrac{10\ 000}{2 \times 25 \times 10} = 20$（块）

因此，应卸掉 2 块坠砣。

第二节　承力索

承力索的作用是通过吊弦将接触线悬挂起来，减小接触线弛度，提高悬挂的稳定性，与接触线并联供电。要求承力索能够承受较大的张力和具有抗腐蚀能力，并且在温度变化时弛度变化较小。

承力索根据材质一般可分为铜和铜合金承力索、钢承力索、铝包钢承力索三类多种规格。按照设计时承力索是否通过牵引电流，可以将承力索分为载流承力索和非载流承力索。

一、铜和铜合金承力索

铜承力索导电性能好,可作为牵引电流的通道之一,和接触线并联供电,提高接触网的负载能力,降低电压损耗和电能损耗,且抗腐蚀性能高。但铜承力索消耗铜多,造价高且机械强度低,不能承受较大的张力,温度变化时弛度变化也大。为了提高承力索的机械强度,采用新型铜合金承力索。铜合金承力索允许工作温度高、载流能力强,在高速、重载电气化线路上有广阔应用前景。铜和铜合金承力索型号用下列形式表示。

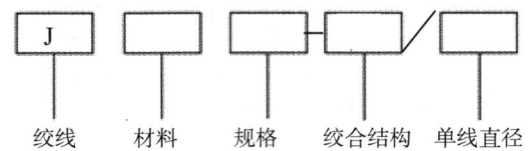

型号中:

J—绞线。

材料:铜—T;铜镁合金—TM;高强度铜镁合金—TMH。

规格:标称截面积(mm^2)。

绞合结构:同心层绞(在一根中心线周围螺旋绞上一层或多层单线组成的导线,其相邻层绞向相反)用"1×构成绞线的单线根数"表示;复绞,用构成绞线的股数和构成股数的单线根数表示,中间用"×"分开,复绞的股层间用"+"分开,并用圆括号括起,靠前者为内层。

例如:标称截面面积为 150 mm^2、单线 37 根、单线直径 2.25 mm 的铜镁合金绞线(同心层绞)表示为 JTMl50-1×37/2.25。在旧国标中,规格型号用 TJ-95、TJ-120 等几种。TJ 表示铜绞线,数字表示截面面积。

二、钢承力索

钢承力索用镀锌钢绞线制成,强度高、耐张力大,安装弛度小且弛度变化也小,既节省有色金属又造价低。但钢承力索电阻大,导电性能差,一般为非载流承力索。钢承力索不耐腐蚀,使用时要采取防腐措施。钢承力索常选 GJ-100、GJ-90、GJ-70 等 19 股镀锌钢绞线,GJ 表示钢绞线,数字是绞线的截面面积。钢绞线作为承力索在常速和中速铁路中应用广泛。

钢绞线的弱点是容易生锈,虽然出厂时表面镀了一层锌,但因大气污染,外表镀锌层很快就会氧化、脱落。为了延长寿命,使用时应涂防腐油脂,一般规定 3~4 年涂防腐油一次,在秋季进行。

防腐油配方中,中性工业凡士林占 77%,松香占 15.4%,煤油占 7.6%。配制方法是先将凡士林油脂加热稀释并将松香碾成粉末状,然后按比例倒入煤油中搅拌。过 2 h 后,待松香溶于煤油中,再加入凡士林油中搅拌均匀即可使用。

涂油时,先用钢丝刷子将钢绞线上的锈和污垢除掉,然后用毛刷清扫干净,再涂防腐油,直至油脂完全覆盖钢索表面。雨雾天不能进行涂油,否则会影响质量,带来隐患。

三、铝包钢承力索

铝包钢承力索是铝覆钢线和铝线铰合而成,主要以铝覆钢线中的钢芯部分承受张力,覆铝层和铝线载流。铝包钢承力索导电性能好,机械强度和抗腐蚀性能较好。其型号表示如下:

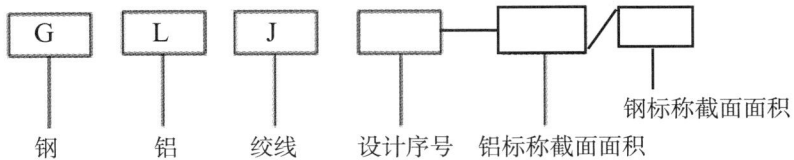

常见型号为 GLJE-30/50、GLJN-120/35 两种，GLJE-30/50 表示铝标称截面面积为 30 mm²、钢标称截面面积为 50 mm² 的铝包钢绞线承力索，GLJN-120/35 表示铝标称截面面积为 120 mm²、钢标称截面面积为 35 mm² 的铝包钢芯铝绞线。其综合拉断力分别大于 63 kN、55 kN，其载流量分别为 190 A、380 A（80 ℃）。铝包钢承力索是镀锌钢绞线承力索的替代产品。

承力索目前使用的类型较多，其技术性能差异也较大。从技术角度来分析，承力索与接触线采用同类材质，可改善接触网的性能，简化施工，提高施工精度，免去电气连接类线夹的特殊处理程序，并可降低运营维护的工作量。运营实践表明，铜或铜合金材质的承力索技术性能可靠、安全性好。为了提高系统的安全可靠性，干线电气化铁路承力索一般采用铜或铜合金绞线，一些次要线路（如矿山铁路、地方专用线等）承力索可采用其他材质的绞线。

【任务实施】

一、任务描述

在理解线索的有关理论知识的基础上，掌握铜接触线接头的做法，并完成操作。

二、实施步骤

1. 用断线钳切 180 mm 长的新铜接触线，然后用锉刀将接触线断头及附加线端头打磨平。
2. 将接触线断头两侧 500~1 000 mm 处的油污擦去后，安装紧线器，并在紧线器受力侧前安装两个吊弦线夹，以防滑动。
3. 将手扳葫芦及钢丝索分别与紧线器套子相连，摇动手扳葫芦紧线，使两断头相距 1~2 mm 时停止紧线。
4. 用接头线夹的带螺纹侧将接触线两断头夹住，使两断头均在线夹的中部（安装吊弦的位置处），并留有 1~2 mm 间隙，然后将附加线安装在接头线夹的无螺纹侧。
5. 将接触线工作面和附加线线面调正后，从螺纹侧穿入螺栓并紧固。
6. 用木槌或橡胶锤调整接触线工作面和附加线线面平正，线夹端正。
7. 稍松一下手扳葫芦，使接头线夹受力，然后检查接头处接触线有无滑动可能，确定各部受力可靠后，缓松手扳葫芦，撤除工具，铁件涂油。

三、注意事项

1. 作业时，必须确认接头线夹状态良好且符合技术要求，接头线夹底面必须满足受电弓平滑过渡的要求。
2. 接头线夹螺栓必须紧固，不得有脱扣隐患。
3. 作业人员在作业前将安全带挂在安全可靠的位置上，绝不允许存在安全带脱开、滑出的可能性。

4. 每个锚段内的接头数，正线和区间上 2 个，其他线路上 3 个，接头间距不得小于 150 m，接头到悬挂点的距离不得小于 2 m。

【自我评估】

1. 说明 TCG110、CTAH120、GLCA100/215、CGLN250 型号的含义。
2. 某区间锚段采用 TCG110 型接触线，用游标卡尺测各测量点后发现接触线平均残存高度为 10.49 mm，请利用接触线磨耗换算表求出平均磨耗面积是多少？是否应该大修更换？
3. 接触线有哪些技术要求？
4. 各种承力索分别有什么优缺点？
5. 钢承力索采用何种防腐措施？

【评价标准】

接触线接头连接考核评分表				
项目及配分	考核内容及评分标准		扣分因素及扣分	得分
时间	规定时限 10 min，每超时 1 min 扣 1 分				
料具准备 10 分	要求料具齐全，规格型号相符合，每缺或错一件扣 3 分				
质量要求 60 分	1. 线槽内没有配合好扣 15 分				
	2. 接头线夹有裂纹扣 20 分				
	3. 接头线夹底面不平整扣 10 分				
	4. 平头螺栓不紧固扣 20 分				
	5. 线夹歪斜扣 10 分				
	6. 接头线夹内接触线有滑动现象扣 30 分				
	7. 两断头间隙超过 1 mm 范围扣 10 分				
	8. 附加线与接触线装反扣 15 分				
	9. 线夹螺栓穿错方向或顺序扣 25 分				
	10. 两断头位置不在线夹中部扣 20 分				
	11. 接触线有明显伤痕，每处扣 10 分				
安全要求 20 分	备注：扣完配分失格				
	1. 作业中出现一般违章现象每次扣 5 分				
	2. 作业时出现严重违章扣 20 分				
	3. 工具使用错误每次扣 5 分				
	4. 接头线夹内接触线滑脱扣 20 分				
文明作业 10 分	1. 作业时必配的个人工具、劳保用具、安全用具每缺一件扣 3 分				
	2. 作业中出现不文明语言或动作每次扣 10 分				
	3. 作业完毕，料具有一件不归位扣 5 分				
合计				

第四章 吊弦的制作

在接触网中，纵向承力索或横向承力索悬吊接触线、定位索或辅助承力索所用的部件，称为吊弦。吊弦按结构可分为环节吊弦、弹性吊弦、软横跨直吊弦、滑动吊弦、防风吊弦和整体吊弦。

第一节 环节吊弦

环节吊弦采用 $\phi 4.0$ mm 的镀锌铁线或者不锈钢线制作环节形，为增加悬挂弹性，每根吊弦不少于两节。吊弦制作成两端带环孔的形状，环孔直径为线径的 5~10 倍（20~40 mm），呈水滴状环孔的高宽比应约为 3∶2；环孔收口处尾线要缠绕主线两圈半，尾线要缠紧主线，不留缝隙，制作过程不能损伤镀锌层；两节连接处的环孔应互相垂直。与接触线相连的一节吊弦，一端制成环孔，另一端呈直线状，安装时可穿过固定在接触线上的接触线吊弦线夹，多余的回头拧成 8 字形状，如图 4-1 所示。

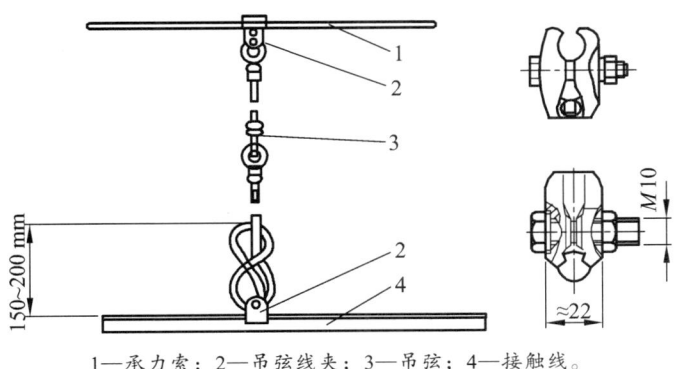

1—承力索；2—吊弦线夹；3—吊弦；4—接触线。

图 4-1 普通环节吊弦

环节吊弦主要应用于普速电气化铁道采用钢承力索的非载流区段。环节吊弦一般分为 4 种类型，其尺寸和结构如图 4-2 和表 4-1 所示。

环节吊弦的技术要求：

① 环节吊弦应根据实际跨距及设计要求均匀布置，吊弦位置施工偏差为 ±300 mm。

② 吊弦与承力索用承力索吊弦线夹作永久连接，吊弦与接触线用接触线吊弦线夹临时固定，吊弦回头应均匀迂回，吊弦线夹必须安装端正、牢固，曲线区段与导线倾斜度一致。

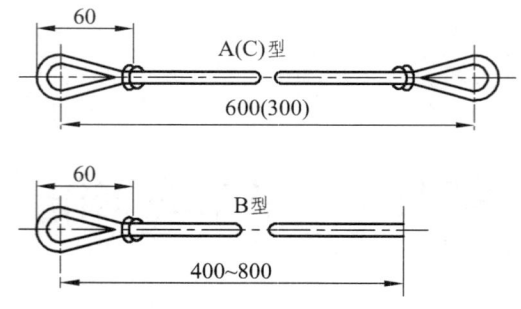

图 4-2　普通环节吊弦类型

表 4-1　环节吊弦的型号规格

类　型	组合情况	长度/mm	节　数
Ⅰ	A+A+B	1450~1650	3
Ⅱ	A+C+B	1150~1450	3
Ⅲ	A+B	900~1050	2
Ⅳ	C+B	700~900	2

第二节　弹性吊弦

支柱定位处吊弦按悬挂类型的不同分为简单支柱吊弦和弹性支柱吊弦两种。弹性吊弦可增加定位弹性，减少定位器重量对受电弓通过定位点时的作用力，有利于消除硬点，增加接触悬挂弹性均匀性。

简单链形悬挂时，在定位点两侧各 4 m 处安装一组吊弦，为简单支柱吊弦，其结构如图 4-3 所示。

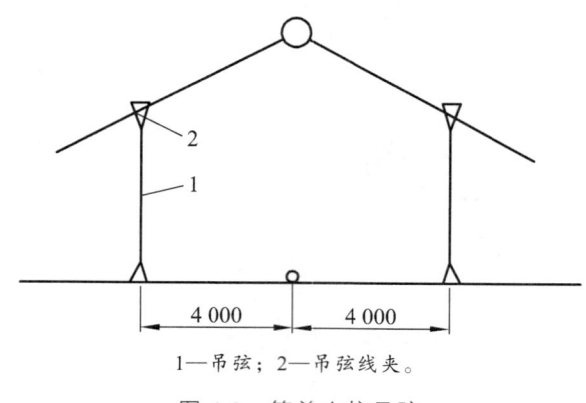

1—吊弦；2—吊弦线夹。

图 4-3　简单支柱吊弦

弹性链形悬挂时，在定位点两侧应安设弹性支柱定位吊弦，也称弹性吊弦，如图 4-4 所示。有 Y 形结构或 Π 形结构两种形式，实际应用中 Π 形弹性吊弦在时速超过 200 km 的高速铁路中应用较多。

弹性吊弦由弹性吊索、短吊弦和弹性吊索线夹组成。弹性吊索长为 14～18 m，弹性吊索用 JTMH35 铜镁绞线制成，长度主要由跨距决定，当跨距 L 为 55～60 m 时，弹性吊索长为 18 m；当跨距为 45～55 m 时，弹性吊索长为 14 m。当跨距小于 45 m 或线路曲线半径小于 1 200 m 时，取消弹性吊索。弹性吊索的两端，在承力索上通过弹性吊索线夹固定，固定点距悬挂点约 7 m。在跨距中靠近弹性吊弦的第一根普通吊弦距定位点的水平距离为 8.5 m。

Π 形弹性吊弦的两根短吊弦距接触线定位点的距离为 4.0 m（弹性吊索长 14 m 时）、5.0 m（弹性吊索长 18 m 时）。

短吊弦的结构和整体吊弦类似，区别主要是前者的吊弦线夹比后者的稍小。

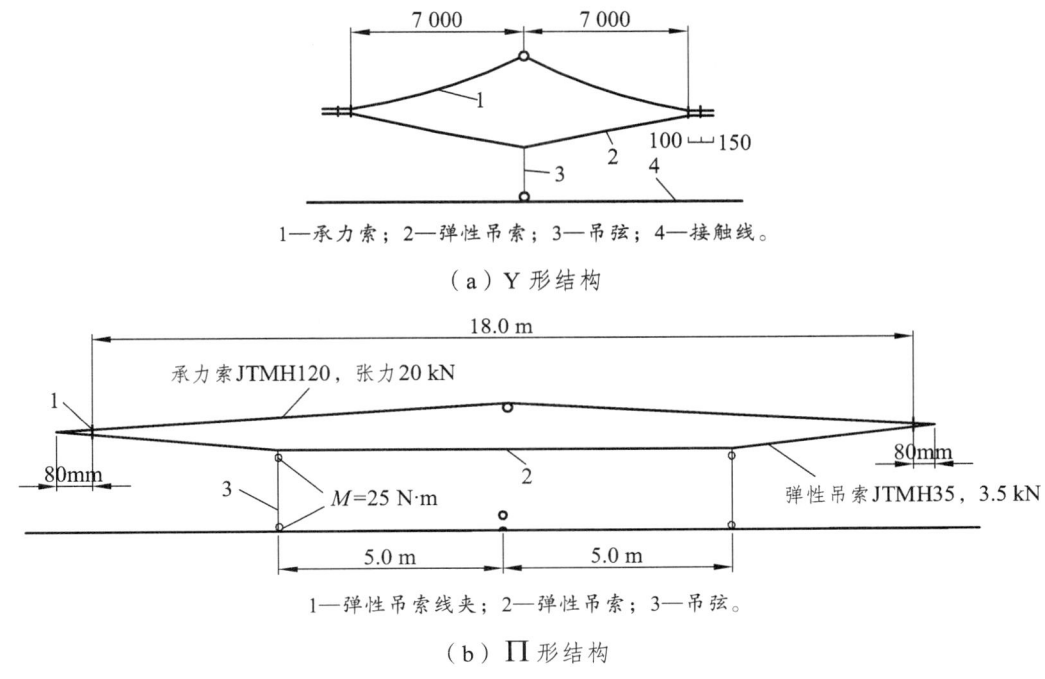

图 4-4 弹性支柱吊弦图

第三节 软横跨直吊弦

软横跨是多股道站场的横向支持装置，软横跨直吊弦安设在软横跨横向承力索与上部固定绳之间，不分环节，采用两股 $\phi 4.0$ mm 的镀锌铁线拧合而成，根据技术要求，最短不小于 0.4 m。软横跨直吊弦应保持垂直，在直线区段应在线路中心线处，曲线区段应在纵向承力索的正上方。软横跨直吊弦也可以采用软不锈钢绞线，可以提高直吊弦的耐腐蚀能力，但成本较高。

第四节 滑动吊弦

在隧道内，由于净空高度的限制，接触悬挂高度较小，吊弦形式不同于区间或站场。

隧道内采用半补偿链形悬挂时，跨距 L 为 18～25 m，一般在每个跨距中布置两根吊弦，吊弦与悬挂点间距取 $L/4$，吊弦间距取 $L/2$。当采用全补偿链形悬挂时，跨距 L 为 35～42 m，一般每个跨距中布置 4 根吊弦，吊弦与悬挂点间距取 $L/8$，吊弦间距取 $L/4$。隧道内若采用环节吊弦，一般由两节组成。

当隧道内为简单悬挂时，若净空高度允许安装悬挂点，则可设滑动吊弦和人字吊弦，人字吊弦如图 4-5 所示。

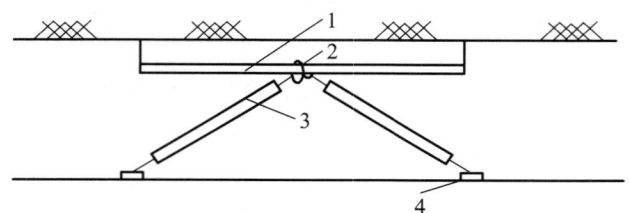

1—滑动杆；2—云形板；3—硅橡胶绝缘子；4—定位线夹。

图 4-5　隧道简单悬挂人字吊弦

若隧道净空不能满足安装悬挂点，则采用局部开挖拱顶安设滑动吊弦，如图 4-6 所示。

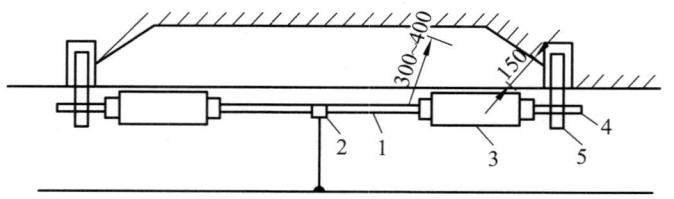

1—滑动杆；2—U 形夹环；3—棒式绝缘子；4—连接调整板；5—埋入杆。

图 4-6　隧道简单悬挂开挖拱顶式滑动吊弦

第五节　防风吊弦

随着铁路提速，一些腕臂在定位管和定位器间设置防风吊弦（也称防风拉线），上端和定位管上的定位环相连，下端与定位器端部的小孔相连。防风吊弦的作用是防止定位管和定位器在压力负载下变弯，并在逆风负载下保持接触线的拉出值，一般应用于直线和半径大于 1200 m 的曲线上。

第六节　整体吊弦

随着电气化铁路不断提速，接触网施工安装精度要求也越来越高。运行表明，用镀锌铁线制作的环节吊弦，普遍存在安装精度差，接触线高度需经常调整，在有电分段（如绝缘锚段关节）处，常因横向电流而发生烧断吊弦的事故。采用载流承力索时，横向电流会造成环节吊弦各环节连接处明显的烧蚀。因此，由铜合金绞线制成的整体吊弦逐步替代了传统的环节吊弦。

整体吊弦具有如下特点：

（1）整体吊弦的吊弦线与导流环线的固定采用压接连接工艺，连接可靠，工艺简单，机械强度高，整体导流式结构，避免了环节吊弦产生的磨损和电火花烧蚀等情况。

（2）整体吊弦采用铜合金软绞线，耐腐蚀、寿命长，适用于机械化加工制作，有利于批量生产。

（3）整体吊弦经过精确计算后，一次性安装无需调整，减轻了维修工作量。

整体吊弦由接触线吊弦线夹、承力索吊弦线夹、心形环、压接管、吊弦线及吊弦线固定螺栓等组成。吊弦结构采用心形环结构，吊弦线在接触线端的连接采用压接管压接连接。

整体吊弦主要有两种形式：不可调（压接式）整体吊弦和可调式整体吊弦。其区别在于整体吊弦在承力索端一个为压接管压接，一个用吊弦线可调螺栓固定，如图4-7所示。整体吊弦施工精度、工艺要求较高，必须准备充分、测量准确、计算精确、严格控制安装精度和工艺。

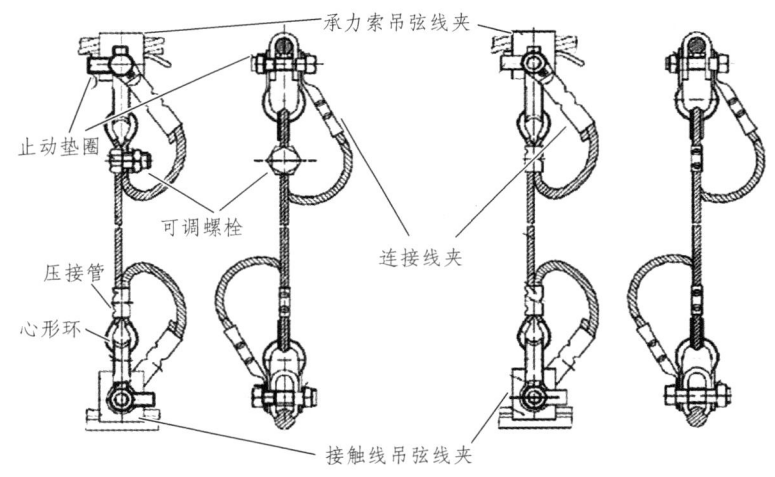

（a）可调式整体吊弦　　　　　　（b）压接式整体吊弦

图4-7 整体吊弦类型

整体吊弦一般根据计算机预制计算结果进行工厂化预装配，编号后到现场安装。安装时要注意：按照计算表精确确定吊弦的安装位置；吊弦线夹安装应该先用刷子将安装线夹位置的承力索、接触线及线夹与承力索、接触线的接触面灰尘、氧化物等清除干净，并在安装位置涂一层电力复合脂，保证线索与线夹间电气连接良好；吊弦的导流环，接触线端朝向行车前进方向侧，承力索端朝向行车的反方向侧；吊弦应端正，吊弦垂直及线夹倾斜角度小于15°时，线鼻子应安装在螺栓头侧，否则装于螺母端；在曲线区段，接触线吊弦线夹的螺栓上的螺母和线鼻子应朝向低轨（曲内），如图4-8所示。

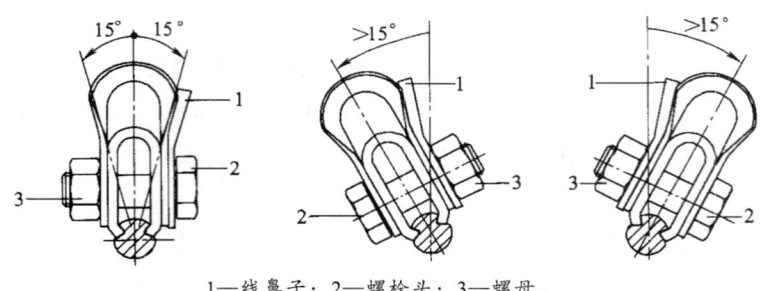

1—线鼻子；2—螺栓头；3—螺母。

图 4-8 接触线吊弦线夹的倾斜

第七节 吊弦的计算

在检修吊弦时，有时需要重新确定吊弦的合理位置，因此就需要通过技术参数来确定，主要参数计算包括吊弦间距、吊弦偏移等。

一、吊弦的布置

吊弦一般均匀布置在跨距中，吊弦间距规定为 8～12 m。从定位点开始向跨距中的第一根吊弦（即定位点处吊弦）的安装位置是由接触悬挂的结构决定的；其他吊弦的位置，在两侧的定位处吊弦间均匀布置。

简单链形悬挂的吊弦间距的计算公式为

$$X_0 = \frac{L-2\times 4}{K-1}$$

弹性链形悬挂的吊弦间距的计算公式为

$$X_0 = \frac{L-2\times 8.5}{K-1}$$

式中　X_0——吊弦间距，m；
　　　L——跨距长度，m；
　　　K——跨中吊弦布置的根数。

二、吊弦偏移的计算

在设有补偿装置的链形悬挂中，当气温变化时，线索会因热胀冷缩的物理特性顺线路方向产生移动。

若为半补偿链形悬挂，承力索不设张力补偿装置，只产生垂直方向的弛度变化，而接触线在张力补偿装置作用下，顺线路移动使吊弦出现偏移。

检修规程规定，吊弦偏移后与其垂直方向的夹角，顺线路方向不得超过 30°，横线路方向不得超过 20°。

为保证吊弦偏斜角不超过上述标准，在安装吊弦时，应根据当时的气温计算出吊弦偏移值，根据偏移值装设吊弦，只有这样才可以确保在极限温度下，吊弦的偏移不超过规定值。当吊弦的长度不能适应在极限温度范围内接触线的伸缩和弛度的变化时，应采用滑动吊弦。

半补偿链形悬挂吊弦偏移值的计算公式为：
$$E = L\alpha_J(t_X - t_P)$$

若为全补偿链形悬挂，由于承力索和接触线在气温变化时均产生顺线路移动，因此相对于半补偿链形悬挂吊弦的偏移较小，当线材不同时由下式计算：
$$E = L(\alpha_J - \alpha_C)(t_X - t_P)$$

式中　　E——所计算吊弦的偏移值，m；

L——计算吊弦距中心锚结的距离，m；

α_J——接触线的线膨胀系数，$°C^{-1}$；

α_C——承力索的线膨胀系数，$°C^{-1}$；

t_X——安装时的温度，$°C$；

t_P——设计采用时的温度，$°C$。

当承力索和接触线采用相同材质时，吊弦无论在什么位置安装，都应该垂直安装。

【任务实施】

一、任务描述

在理解环节吊弦的有关理论知识的基础上，掌握环节吊弦制作的方法和要求，并完成操作。

二、实施步骤

1. 先将 $\phi 4.0$ mm 铁线拉伸，然后依据吊弦类型进行下料。下料尺寸：A 型 1000 mm，B 型 1100 mm，C 型 700 mm。

2. 将下好的铁线从一端量 150 mm 后做圈。

3. 将圈制成水滴状，圈径为线径的 5～10 倍，即圈径为 20～40 mm。

4. 用克丝钳使圈的中心线与本线重合，回头缠绕线与本线垂直。

5. 在距两线交叉点 40～50 mm 处回头缠绕线上用克丝钳夹一豁口。

6. 将缠绕线端头制圈与之垂直，作业人员左手持克丝钳夹紧本线与缠绕线交点处，右手握住回头缠绕线，拇指顶住交叉点后顺时针转动，使回头缠绕线紧密缠绕本线 2 圈半至 3 圈。注意缠绕技巧是克丝钳用力，拇指紧顶本线，缠绕过程中时刻保持手与本线垂直。

7. 将多余的铁线头拉断，顺直吊弦。

三、吊弦的制作要求

吊弦缠绕圈的第一圈平面与本线垂直，回头缠绕线与本线缠绕要密贴，同一节吊弦的两个环应互相垂直，铁线不能有明显的伤痕，收口处要与本线密贴。

四、注意事项

1. 作业时，必须穿工作服、绝缘鞋，戴安全帽、帆布手套。

2. 制作时，注意避免断头刮伤作业人员。

3. 不允许用扳手套在圈内制作，以防水滴状圈变形。

4. 不允许用铁件砸铁线，以防伤线。

5. 注意握紧工具，以防滑脱伤人。

【自我评估】

1. 吊弦的作用是什么？可分为哪几种类型？
2. 整体吊弦有什么特点？
3. 某全补偿简单链形悬挂，跨距为 65 m，需要布置 7 根吊弦，结构高度为 1.4 m，承力索弛度为 0.78 m，求吊弦间距和每根吊弦的长度。
4. 某半补偿弹性链形悬挂，悬挂类型为 GJ-70+TCG110，已知该吊弦距离中心锚结为 842 m，设计最高温度为 +40 ℃，最低温度为 −20 ℃，求调整温度为 −2 ℃ 时的吊弦偏移是多少？应向什么方向偏？

【评价标准】

内容	评分标准	操作情况	扣分情况	得分
时间	规定时限 40 min，每超时 1 min 扣 1 分，超过 5 min 失格			
料具准备 10 分	按技术标准及作业要求选择工具，工具应符合要求，否则扣 10 分			
质量要求 60 分	1. 测量吊弦、相邻吊弦处接触线高度是否满足要求，漏测或方法错误扣 10 分			
	2. 检查吊弦布置间距及数量是否符合要求，漏检扣 5 分			
	3. 检查吊弦线夹本体及螺栓有无损伤、变形、裂纹、烧伤或其他不良状态，止动垫片是否安装到位，漏检一项扣 5 分			
	4. 检查接触线吊弦线夹的螺栓安装方向，直线地段螺母在田野侧，曲线地段螺母在低轨侧，漏检一项扣 5 分			
	5. 检查接触线吊弦线夹是否安装落槽，接触线线面扭偏造成线夹偏斜不得大于 15°，漏检一项扣 5 分			
	6. 检查吊弦线夹载流圈（线鼻子）是否固定在吊弦线夹的螺栓外侧，接触线吊弦线夹载流圈与接触线夹角是否小于 45°，漏检一项扣 5 分			
	7. 检查吊弦偏移是否符合要求、受力状态是否良好，漏检一项扣 5 分			
	8. 外观状态检查整体吊弦线有无损伤、变形、散股、断股、烧伤或其他不良状态；检查环节吊弦连接环处有无卡滞、锈蚀和异常磨耗情况，漏检一项扣 5 分			
	9. 检查整体吊弦线鼻子有无断裂、变形，漏检一项扣 5 分			
	10. 检查各部螺栓是否紧固、有油，是否符合力矩标准，漏检一项扣 5 分			
安全要求 20 分	备注：扣完配分失格			
	1. 作业中出现一般违章现象每次扣 5 分			
	2. 作业时用手及其他金属物件短接绝缘测量杆有效部分扣 20 分			
	3. 测量时短接轨道电路每次扣 5 分			
文明作业 10 分	1. 作业时必配的个人工具、劳保用具、安全用具每缺一件扣 5 分			
	2. 作业中出现不文明语言或动作每次扣 5 分			
	3. 作业完毕，料具有一件不归位扣 2 分			

第五章 拉出值的调整

接触线直接与电力机车受电弓接触且发生摩擦，为了保证受电弓和接触线可靠接触、不脱线，保证受电弓磨耗均匀，要求接触线在线路上按技术要求固定位置，即在定位点处保证接触线与电力机车受电弓滑板中心有一定偏移量，称为拉出值，一般用符号"a"表示，如图5-1所示。

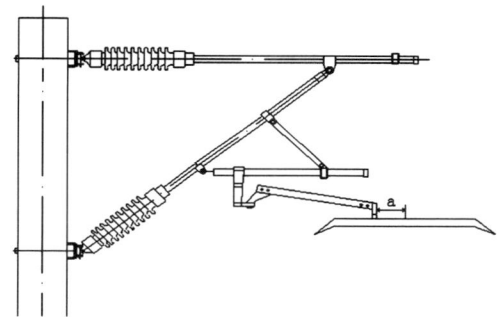

图 5-1 拉出值 a 示意

接触线拉出值可以使在运行中的电力机车受电弓滑板工作面与接触线磨耗均匀，保证接触线与受电弓接触不发生脱弓，避免因脱弓造成的弓网事故。

第一节 拉出值的大小

接触线拉出值的大小由电力机车受电弓最大允许工作范围、线路情况、行车速度等因素决定。

在直线区段，线路中心线与机车受电弓中心线重合，接触线沿线路中心线上空成"之"字形对称布置，因此，直线区段接触线拉出值也称"之"字值，其标准值为 ±（200～300）mm。拉出值的允许误差为 ±30 mm。定位值的正负表示定位点处接触线的位置，当定位点投影在线路中心线和支柱之间时，记为正，否则记为负。

曲线区段电力机车车身随线路的外轨超高向曲线内侧倾斜，受电弓也呈倾斜状，线路中心线与受电弓中心不重合，曲线区段上随曲线半径不同拉出值有差异，一般在 150～400 mm 之间。拉出值的允许误差为 ±30 mm。

如果地理环境受限或设备特殊，拉出值也可适当增大（或减小），但拉出值最大不应超过受电弓滑板允许工作范围的一半,即拉出值最大不得大于 450 mm。在高铁应用中,一般规定拉出值不大于 400 mm。拉出值的选用必须保证当最大风偏移时,跨距中任一点接触线产生的最大水平偏移不超过规定的受电弓允许工作范围。

第二节 拉出值的检调

一、直线区段拉出值检调

现场对接触线拉出值检调时,借助测杆和道尺,将定位点处接触线的位置通过测杆上的线坠垂直投影到轨面放置的道尺上,可以方便地确定接触线与线路中心线之间的水平距离。也可以使用多功能接触线激光测量仪测量拉出值。

在直线区段,线路中心线和受电弓中心线重合,定位点处接触线的垂直投影距线路中心线的距离也就是定位点处接触线距受电弓中心的距离,即接触线的拉出值。根据实际拉出值和标准拉出值间的误差大小来进行检调。

二、曲线区段拉出值检调

在曲线区段,为了平衡列车在转弯时产生的离心力,将曲线外侧轨道抬高,称为外轨超高,外轨超高值由线路曲线半径和线上列车允许通过的最大时速而定。

为了应用方便,外轨超高值也可以查表 5-1。在现场检调中,超高值一般采用现场测量值,为了减少误差,测量应该尽量准确到毫米。

表 5-1 曲线外轨超高参考

半径 R/m	列车最大时速 v(km/h)对应的外轨超高值/mm									
200	30	40	50	60	70	80	90	100	110	120
300	25	40	65	90	125	—	—	—	—	—
400	15	30	50	70	95	120				
500	15	25	40	50	75	65	120			
600	10	20	30	45	60	80	100	125		
700	10	15	25	40	55	70	90	110	—	—
900	10	15	20	30	40	55	70	85	100	120
1200	—	10	15	25	30	40	50	65	75	90
1600			10	15	25	30	40	50	60	70
1800		—	10	15	20	25	35	40	50	60
2000	—	—	10	15	20	25	30	35	45	55

曲线上，由于线路外轨超高，使机车车身向曲线内侧方向倾斜，机车受电弓随之偏斜，受电弓中心线与线路中心线有一定偏斜距离。在使用测杆、线坠测量时，测杆上的线坠将定位点处接触线投影到轨平面，利用道尺测到的是线路中心线与接触线距离，无法直接测量接触线距受电弓中心线的水平距离（即 a 值）。

确定曲线拉出值，要通过定位处接触线对线路中心线投影的位置（即 m 值）间接确定对受电弓中心的位置，如图 5-2 所示。

定位点处接触线距受电弓中心的水平距离（拉出值）用符号 "a" 表示，定位点处接触线距线路中心的距离用符号 "m" 表示，线路中心线距机车受电弓中心的偏斜值用符号 "c" 表示，三者的关系为

$$m = a - c$$

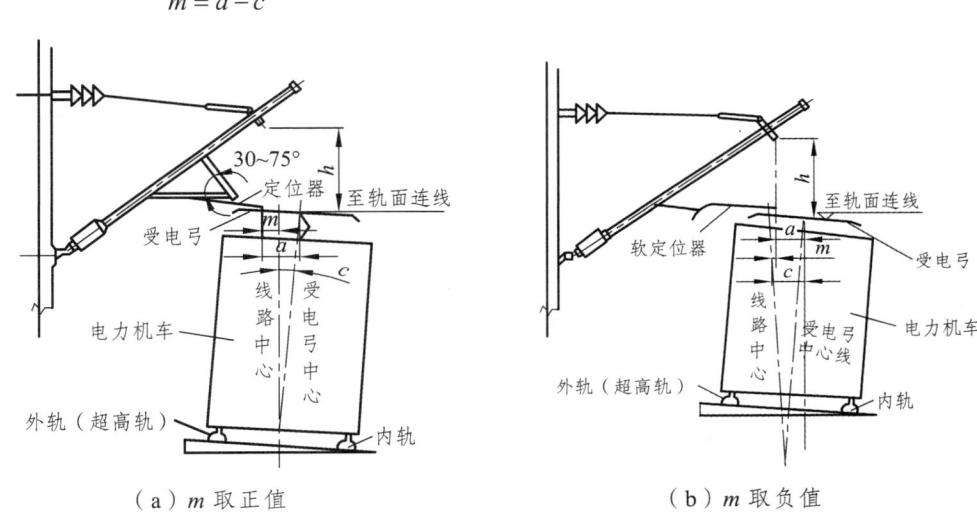

图 5-2 曲线区段外轨超高对受电弓位置的影响及 a、m、c 的关系

公式中的 m 值有正、负之分，当接触线定位点投影在线路中心线与外轨间时，m 值为正值，如图 5-2（a）所示。当接触线定位点投影在线路中心线与内轨间时，m 值为负值，如图 5-2（b）所示。公式中的 c 值可以根据图中的几何关系求得，即

$$c = \frac{h \cdot H}{L}$$

式中　c——受电弓中心对线路中心偏移值，mm；

　　　h——曲线外轨超高，mm；

　　　H——接触线至轨面的高度（导高），mm；

　　　L——轨距，mm。

曲线外轨超高 h 值、轨距 L 值可在现场用轨道尺实际测量得到；接触线的高度 H 值在现场可用线坠、卷尺实际测量得到。

中国铁路直线区段轨距为 1435 mm，称为标准轨距；在曲线上考虑机车车辆转弯，轨距需加宽。曲线区段轨距情况如表 5-2 所示。

表 5-2　曲线区段轨距参考

曲线半径 R/m	651 以上或直线	650～451	450～351	350 以下
轨距 L/m	1435	1440	1445	1450

曲线区段拉出值的检调过程如下。

（1）确定计算条件。

a 值即设计标准拉出值，一般可以在接触网平面图中查到。如果图纸中没有标注，可以参考表 5-3。

h、H、L 值可以通过现场实测得到。

表 5-3　拉出值参考

列车时速 $v \leqslant 120$ km/h 时				
曲线半径 R/m	$180 \leqslant R \leqslant 1200$	$1200 < R < 1800$	$R \geqslant 1800$	直线
拉出值 a/mm	400	250	150	±300
列车时速 $v \leqslant 200$ km/h 时				
曲线半径 R/m	$3000 \leqslant R \leqslant 4000$	$1800 \leqslant R \leqslant 2000$	$1200 \leqslant R \leqslant 1500$	$900 \leqslant R \leqslant 1000$	直线
拉出值 a/mm	100	150	250	300	±200

（2）计算标准 m 值，即 $m_{标}$ 值。

$$m_{标} = a - c$$

（3）利用 $m_{标}$ 值指导检调。

① 施工时，利用 $m_{标}$ 值确定接触线的水平位置。

② 检调时，先在现场实际测量 m 值，即 $m_{实}$ 值，再将 $m_{标}$ 值和 $m_{实}$ 值相比较，计算定位点实际位置和标准位置的误差值，如果误差小于 ±30 mm，可以不检调；若误差大于 ±30 mm，则需要进行检调。

$$\Delta m = m_{标} - m_{实}$$

根据 Δm 值按口诀"正拉、负放、零不动"检调。"拉"即将定位点向曲线外侧移动；"放"即将定位点向曲线内侧移动。在检调过程中，特别要注意的是 $m_{实}$、$m_{标}$ 的符号，当接触线定位点垂直投影在线路中心线至外轨间时 m 为正值，在线路中心线至内轨间时 m 为负值。代入上式计算时，要带符号进行运算。

下面举例说明曲线拉出值检调的计算过程。

例 5-1　某区间接触网定位点处接触线导高 $H = 6000$ mm，所处区段为曲线，曲线半径 $R = 600$ m，外轨超高为 $h = 60$ mm，设计拉出值 $a = 400$ mm，求该定位处接触线的位置。若现场实测该定位处接触线投影在线路中心线距外轨间，距线路中心线距离为 100 mm，是否应该调整？

解： 先确定定位点处接触线的位置，即该处接触线相对线路中心线的位置。

① 已知：$H = 6000$ mm，$R = 600$ m，$h = 60$ mm，$a = 400$ mm，根据 R 查表 5-2 得 $L = 1440$ mm。

$$c = \frac{h \cdot H}{L} = \frac{60 \times 6000}{1440} = 250 \text{（mm）}$$

$$m_{标} = a - c = 400 - 250 = 150 \text{（mm）}$$

即该定位点处接触线的位置应在线路中心线至外轨之间且距线路中心线距离为 150 mm 处。

② 现场实际定位处接触线投影在线路中心线距外轨间且距线路中心线为 100 mm，即

$$m_{实} = 100 \text{ mm}$$

$$\Delta m = m_{标} - m_{实} = 150 - 100 = 50 \text{（mm）}$$

所以应使定位处接触线位置向外轨侧"拉"50 mm，才能符合设计定位要求。

【任务实施】

一、任务描述

在熟悉定位装置的组成及掌握拉出值计算的有关理论知识的基础上，掌握拉出值调整的方法和要求，并完成操作。

二、实施步骤

以直线区段拉出值的检调为例：

1. 调整前要进行检调测量。在拉出值测量时，确定好测量杆的定位点，将其悬挂好。放松线坠，根据线坠的投影位置将道尺水平放置在轨道上，则静止时线坠投影到道尺上的位置即为接触线定位点在轨面上的投影，然后用卷尺测量投影点至道尺中心的距离即可获得该定位点的拉出值。

2. 根据测量值和设计值确定调整量及调整方案，同时测量接触线导高值。

3. 按确定好的调整量，在定位管上调整定位器安装位置。

4. 按上述步骤调整完毕后，重新测量接触线拉出值和导高，若符合要求则作业结束，若不符合要求则重新按 1~3 的步骤进行调整，直至符合要求为止。

三、注意事项

1. 在静态测量接触导线导高时，要尽量使用多功能接触网激光测量仪等先进测量手段，减少人为因素造成的测量误差。

2. 调整后的定位点两侧第一根吊弦等高，定位点与两侧吊弦高差小于 5 mm。

3. 导高调整后，要使相邻两跨内的各吊弦受力均匀。

4. 接触线拉出值、导高和定位器坡度的调整要结合起来，不可顾此失彼。

【自我评估】

1. 某区间接触网定位点处接触线高度（导高）$H = 5950$ mm，所处区段为曲线，曲线半径 $R = 1000$ m，接触线投影点在线路中心至外轨间 108 mm，外轨超高为 $h = 112$ mm，此时的拉出值是多少？是否符合技术要求？如不符合技术要求应如何检调？

2. 电力机车以 100 km/h 的速度通过曲线半径 $R = 1100$ m 的区段，该区段导线高度均为 6000 mm，该区段定位点拉出值是多少？

【评价标准】

内容	评 分 标 准	操作情况	扣分情况	得分
时间	规定时限 30 min，每超时 1 min 扣 1 分，超过 5 min 失格			
料具准备 10 分	要求工具符合要求，用前须做绝缘摇测，否则扣 10 分			
质量要求 60 分	1. 定位点选取或测量杆悬挂不正确扣 20 分			
	2. 定位点的垂直投影测量不对扣 10 分			
	3. 测量拉出值不对每次扣 5 分			
	4. 测量时读数错误每次扣 10 分			
安全要求 20 分	备注：扣完配分失格			
	1. 作业中出现一般违章现象每次扣 5 分			
	2. 作业时用手及其他金属物件短接绝缘测量杆有效部分扣 20 分			
	3. 测量前，工具未经有关试验使用扣 20 分			
	4. 测量时短接轨道电路每次扣 5 分			
文明作业 10 分	1. 作业时必配的个人工具、劳保用具、安全用具每缺一件扣 5 分			
	2. 作业中出现不文明语言或动作每次扣 5 分			
	3. 作业完毕，料具有一件不归位扣 2 分			

第六章　锚段的检修

第一节　锚段关节的检调

在区间或站场上，根据供电和机械方面的要求，将接触网分成若干一定长度的相互独立的分段，这种独立分段称为锚段。锚段两端的承力索和接触线可直接或通过补偿器固定到锚柱上。

一、锚　段

1．锚段的作用

（1）设立锚段可以限制事故范围。

当发生断线或支柱折断等事故时，由于各锚段间在机械受力上是独立的，从而使事故限制在一个锚段内而不致波及相邻锚段，缩小了事故范围。

（2）设立锚段便于加设补偿装置。

在接触线和承力索两端设置补偿装置，使承力索和接触线的张力基本保持不变，提高接触悬挂的稳定性，改善其弹性，减少接触网的弛度，有利于电力机车平滑取流。

（3）设立锚段有利于供电分段。

设立锚段实现供电分段，配合开关设备，满足供电方式的需要。在进行接触网检修时，可以打开绝缘锚段的隔离开关，使停电范围缩小，保证非检修锚段的正常供电，从而缩小因检修造成的停电范围。

2．锚段长度的确定

接触网每个锚段包括若干个跨距。在确定锚段长度时，主要考虑以下的因素：

（1）限制发生事故的影响范围。将接触网分成若干锚段，无论在发生机械事故还是电气事故时，都可有效限制事故影响范围。

（2）当温度变化时，因线索伸缩引起吊弦、定位器及腕臂的偏斜不超过允许值。

（3）下锚处补偿坠砣应有足够的上下移动空间。

（4）保证在极限温度下，中心锚结处和补偿器端线索张力差不超过规定值。由于线索顺线路的热胀冷缩移动，使每一吊弦、定位器和腕臂固定点处，因偏斜而对线索产生分力作用出现张力差。设计规定，半补偿链形悬挂中心锚结处和补偿器端张力差不超过接触线额定张力的±15%；全补偿链形悬挂接触线和承力索的中心锚结处和补偿器端张力差均不超过自身额定张力的±10%。

锚段长度一般采用经验取值法和计算法两种方法确定。经验取值可根据原铁道部颁发的《铁路工程技术规范》中经验取值表确定，如表6-1所示。计算法则通过对线索张力差的计算，确定锚段长度。

表6-1 链形悬挂锚段长度经验取值表

悬挂类型	锚段所在路线情况	锚段长度/m
半补偿链形悬挂	直线区段（一般）	1600
	直线区段（困难）	1800
	直线与曲线各一半的区段	1300
	曲线70%及以上	1100
全补偿链形悬挂	直线区段（一般）	1800
	直线区段（困难）	2000
	曲线70%及以上区段	不超过1500

隧道内一般不分锚段，但隧道长度超过2000 m时，应划分锚段，锚段长度确定原则与上述方法相同。

二、锚段关节

两个相邻锚段的衔接部分称为锚段关节。锚段关节结构复杂，属事故多发处，其工作状态的好坏直接影响接触网供电质量和电力机车取流。电力机车通过锚段关节时，受电弓应能平滑、安全地由一个锚段过渡到另一个锚段，且弓网接触良好，取流正常。

锚段关节按用途可分为非绝缘锚段关节和绝缘锚段关节两种。区别在于：非绝缘锚段关节只起机械分段作用，不进行电分段；绝缘锚段关节既起机械分段作用，又进行电分段。

按锚段关节的衔接长度可分为二跨、三跨、四跨、五跨、七跨、八跨锚段关节等几种不同形式。常用的有三跨非绝缘锚段关节、四跨绝缘锚段关节、五跨绝缘锚段关节和七跨或八跨电分相锚段关节，电分相锚段关节将在后续分相绝缘器中介绍。

1. 三跨非绝缘锚段关节

三跨非绝缘锚段关节由两根下锚柱和两根转换柱组成三个跨距，有两组电连接线，通过这些设备实现锚段的衔接和过渡。

三跨非绝缘锚段关节仅用作接触悬挂在机械方面的分段，电气方面仍然相连接。两个锚段分别在锚段关节的锚柱处下锚，受电弓在中间两转换支柱之间实现从一个锚段向另一锚段的转换。为了保证两锚段在电气上的可靠连接，在锚段间使用电连接线连接，如图6-1所示。

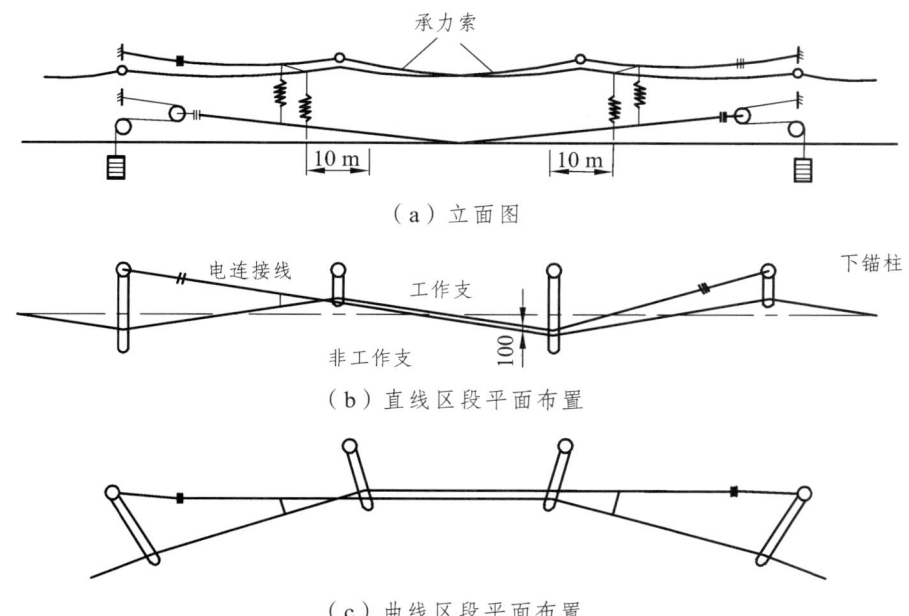

图 6-1 三跨非绝缘锚段关节

三跨非绝缘锚段关节技术要求如下：

(1) 锚段关节内，两转换柱间的两条接触线在水平面上的投影应平行，线间距为 100 mm。在立面图中，两接触线的立体交叉点应在该跨距中心处。

(2) 转换支柱处，非工作支接触线比工作支接触线抬高 200～250 mm。下锚处非工作支接触线比工作支接触线抬高 500 mm。

(3) 非工作支接触线在其水平投影与钢轨相交处两接触线垂直距离保持在 300 mm 以上。

(4) 两转换柱与锚柱间，在距转换柱 10 m 处应安装电连接线。

(5) 下锚支接触悬挂在转换柱水平面处改变方向时，其偏角一般不应大于 6°，困难情况下不得超过 12°。

在特殊的隧道群地带，隧道间距离较短，无法设置三跨时，可利用两跨锚段关节代替三跨锚段关节。但两跨锚段关节机车运行取流条件较差，应尽量避免采用。三跨非绝缘锚段关节是目前中国接触网实现机械分段的主要形式，但必须指出的是，随着中国电气化铁道的提速，三跨非绝缘锚段关节难以满足接触线坡度、受电弓动态接触力等高速受流的要求。

2．四跨绝缘锚段关节

绝缘锚段关节除机械分段外，可以实现同相电分段，多用于站场和区间的衔接处。

四跨绝缘锚段关节由两根锚柱、两根转换柱和一根中心支柱形成四个跨距。电力机车受电弓在中心支柱处实现两锚段的转换和过渡，两锚段靠安装在转换支柱上的隔离开关实现电气连接，如图 6-2 所示。

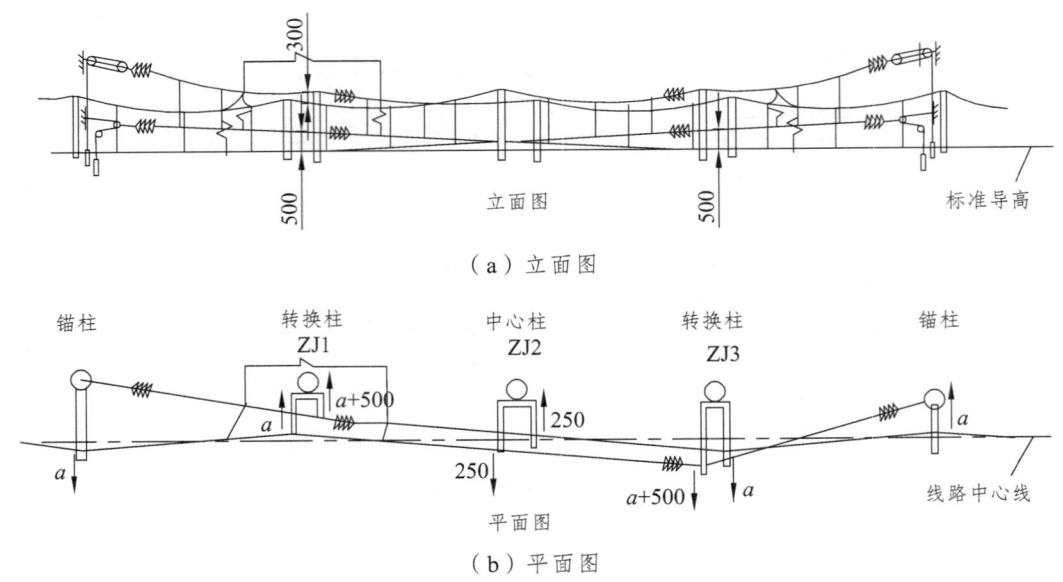

(a) 立面图

(b) 平面图

图 6-2 四跨绝缘锚段关节

四跨绝缘锚段关节技术要求如下：

（1）在两转换柱间，两接触线的投影应保持平行，线间距为 500 mm。

（2）在转换柱处，非工作支接触线比工作支接触线抬高 500 mm。下锚处非工作支接触线比工作支接触线抬高 500 mm。

（3）非工作支接触线在其水平投影与钢轨相交处两接触线垂直距离保持在 300 mm 以上。

（4）在中心柱处两接触线距轨面等高。

（5）非工作支接触线和承力索在转换柱靠中心柱侧加装一绝缘子串。

（6）两转换柱与锚柱间，在距转换柱 10 m 处各设电连接线一组。

（7）两个锚段的电路连通或断开由隔离开关控制。

在四跨绝缘锚段关节中，中心支柱需装设双腕臂，在曲线区段中心支柱和两根转换支柱均设置双腕臂。在转换柱处，其承力索之间、接触线之间在垂直方向和水平都彼此相距 500 mm，以保证其电气方面的绝缘。在中心支柱处，两接触线等高，并保证受电弓在由一个锚段过渡到另一个锚段时过渡较平稳。

3．五跨绝缘锚段关节

五跨绝缘锚段关节是锚段关节中含有五个跨距，主要在高速电气化铁路中使用。因为四跨锚段关节在受电弓由一个锚段过渡到另一个锚段时，是在中心支柱处转换的，在此处，虽然可以控制并实现两支接触线等高，但在定位点处，由于有两个定位器，其弹性明显变差，不仅会加大接触线的磨损，而且影响受流。所以在时速为 160 km 及以上的电气化铁路上，绝缘锚段关节多采用五跨绝缘锚段关节。

五跨绝缘锚段关节在技术要求上和四跨绝缘锚段关节基本相同，其两组悬挂的转换点（即等高点）在中间跨距的中心，这样就可以保证弹性良好、过渡平稳。接触线等高点比标准导高抬高 30~40 mm。内转换柱处接触线比标准导高抬高 150 mm。五跨绝缘锚段关节在保证抬高的情况下，延长了接触线坡长，降低了接触线坡度，如图 6-3 所示。五跨绝缘锚段关节的缺点是结构上相对较复杂，造价较高，安装检调难度较大。

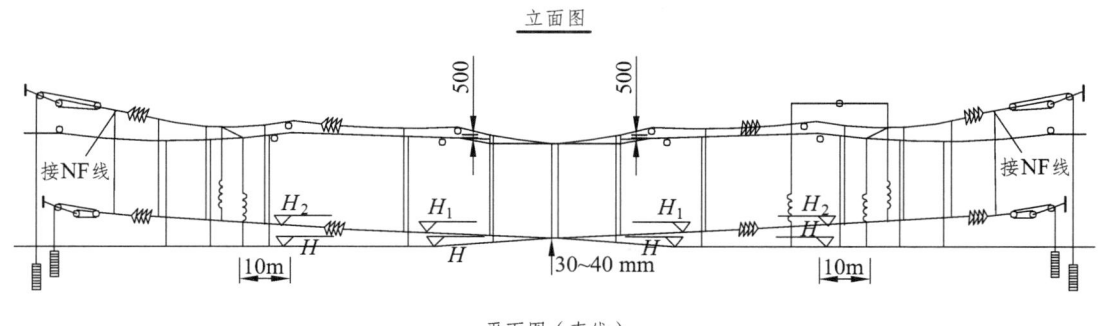

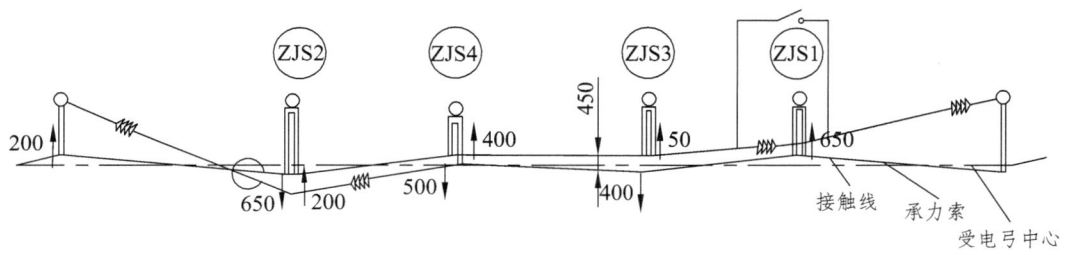

图 6-3　五跨绝缘锚段关节

【任务实施】

一、任务描述

在掌握锚段和锚段关节的有关理论知识的基础上，理解锚段关节检调的方法和要求，并完成下列锚段关节检调操作。

1. 测量、调整转换柱和中心柱处两支悬挂的水平距离和垂直距离。
2. 测量、调整定位点处接触线拉出值和跨中接触线偏移值。
3. 测量、调整下锚支接触线在其垂直投影与线路钢轨交叉处的抬高值。
4. 检查电连接器状态是否符合要求。
5. 检查相关的定位支撑装置是否符合技术要求、转换支柱处两定位器是否能分别自由转动，不得卡滞。

二、实施步骤

1．三跨（五跨）非绝缘锚段关节

（1）测量、调整转换柱处两支悬挂的水平距离和垂直距离。

（2）测量、调整两转换柱（五跨锚段关节时为两内转换柱）跨中两支接触线等高。按照从钢轨交点非工作支抬高 300 mm 依次向跨中调整，保证跨中相邻两吊弦等高。

（3）测量、调整定位点处接触线拉出值和跨中接触线偏移值。

（4）测量、调整下锚支接触线在其垂直投影与线路钢轨交叉处的抬高值。

（5）检查电连接器状态及测温片粘贴情况是否符合要求。

（6）检查相关的定位支撑装置是否符合技术要求。

（7）检查转换支柱处两定位器是否能分别自由转动。

（8）检查两悬挂各部分（包括零部件）之间的间隙是否符合要求（不小于50 mm）。

2．四跨绝缘锚段关节

（1）测量、调整转换柱处两支悬挂的水平距离和垂直距离。

（2）测量、调整转换柱处分段悬式绝缘子串与悬挂点的距离；检查非工作支、工作支接触线定位管是否灵活，偏移量是否超标。

（3）测量、调整锚段关节内两组悬挂各部间隙。

（4）测量中心柱处两支接触线、承力索的水平距离和垂直距离。

（5）测量、调整定位点接触线拉出值和跨中接触线偏移值。

（6）检查电连接器、隔离开关及其引线状态是否符合要求。

（7）检查相关的定位支撑装置是否符合技术要求。

3．五跨绝缘锚段关节

（1）测量、调整四转换柱处两支悬挂的水平距离和垂直距离。

（2）测量、调整转换柱处分段悬式绝缘子串与悬挂点的距离；检查非工作支、工作支接触线定位管是否灵活，偏移量是否超标。

（3）测量、调整锚段关节内两组悬挂各部分间隙。

（4）测量、调整定位点接触线拉出值和跨中接触线偏移值。

（5）检查电连接器、隔离开关及其引线状态是否符合要求。

（6）检查相关的定位支撑装置是否符合技术要求。

三、注意事项

1．绝缘锚段关节处于小半径曲线区段时，应注意跨中接触线偏移值。

2．如果发现零部件烧伤、承力索烧断股等情况，必须检修锚段关节内电连接器，必要时增设双电连接器或安装双线夹。

3．调整锚段关节时，根据情况，应检查并调整补偿装置（如补偿滑轮注油等）。

【自我评估】

1．什么是锚段？什么是锚段关节？

2．锚段长度如何确定？

3．在特殊情况下，锚段长度小于_____时，可以不设中心锚结。

4．四跨绝缘锚段关节有哪些技术要求？

第六章　锚段的检修

【评价标准】

项目	标准分	评 分 标 准	扣 分 标 准	操作情况	扣分	得分
		时限 10 min，规定时限内完成不加分，每超时 1 min 扣 10 分，超时 4 min 失格。				
工具材料	10 分	机具：滑轮、激光测量仪、水平尺、钢卷尺、接触线校正扳手、力矩扳手、锦纶绳等； 材料：定位线夹、吊弦线夹、ϕ3.5 mm 软态不锈钢丝、支持器、锚支定位卡子、定位环、夹环等	1. 个人工具、材料不齐全每件扣 10 分； 2. 材料选择不正确每件扣 5 分			
作业程序	30 分	1. 三跨非绝缘锚段关节检调； 2. 四跨非绝缘锚段关节检调； 3. 四跨绝缘锚段关节检调； 4. 五跨绝缘锚段关节检调 （以上项目四选一）	1. 每项未测量或未调整扣 10 分； 2. 程序不正确每步骤扣 5 分			
作业质量	30 分	1. 电分段锚段关节的技术状态应符合下列要求：转换柱处两悬挂的垂直距离为 500 mm；转换柱处两悬挂的水平距离为 500 mm；中心柱接触线（承力索）的垂直距离为零，中心柱处接触线水平距离、垂直距离符合设计要求。 2. 机械分段锚段关节的技术状态应符合下列要求：两悬挂各部分（包括零部件）之间的距离在设计极限温度下应保持 50 mm 以上；转换柱处两接触线水平距离、垂直距离符合设计要求，与两侧相邻吊弦点等高。中心柱处两接触线水平距离为设计值，误差不超过 30 mm；两接触线距轨面等高，误差不大于 10 mm。 3. 锚支接触线在其垂直投影与线路钢轨交叉处，应高于工作支接触线 300 mm 以上。 4. 保证关节式分相中性区内各线索间无摩擦和等电位	1. 一项超标扣 10 分； 2. 可能导致打弓、刮弓、钻弓判定为失格			
安全要求	30 分	如果发现零部件烧伤、承力索烧断股等情况，必须检修关节内电连接器，必要时增设双电连接器或安装双线夹	1. 防护安全用品穿戴不齐全或不合格每件扣 10 分； 2. 未按规定穿戴劳动保护用品每件次扣 10 分； 3. 不按规定使用工具每次扣 10 分； 4. 其余违反每项扣 10 分			
总分	100 分	时间：考核开始 　　　考核结束	备注：	合计		

第二节　中心锚结的检修

中心锚结是在接触网链形悬挂的中部,将接触线和承力索(半补偿时将接触线固定在承力索上)在支柱上进行可靠固定的一种装置。线索在中心锚结处的固定点在任何情况下不会出现偏移,因而当温度变化时,锚段内线索的热胀冷缩限于中心锚结与两端的补偿器之间,且有效缩小了线索的事故范围。

一、中心锚节的作用和安设

1．中心锚结的作用

(1)设立中心锚结缩小补偿器补偿范围,使锚段线索张力比较均匀,保证接触悬挂处于良好工作状态。

(2)设立中心锚结后可以缩小事故范围,即当中心锚结一侧发生断线事故时不致影响另一侧悬挂线路,有利于事故抢修和缩短事故抢修时间。

(3)设立中心锚结可防止线索在外力作用下向一侧窜动。如接触悬挂在线路坡道上,由于悬挂本身的重量沿下坡方向产生作用于悬挂的分力;曲线内侧因旋转腕臂偏转出现对线索向某一方向的分力作用;风力和受电弓对接触线的滑动摩擦力等,都能诱发接触悬挂向某一方向产生窜动。上述各种原因,有时可能会叠加出现。

2．中心锚结的安设

在两端装设补偿器的接触网锚段中,必须加设中心锚结。每个锚段中心锚结安设位置应根据线路情况和线索的张力增量计算确定。一般布置原则是使中心锚结固定点两侧线索的张力尽量相等,并尽可能靠近锚段中部。

当锚段全部在直线区段或整个锚段布置在曲线半径相同的曲线区段时,该锚段中心锚结应安设在锚段的中间位置。

当锚段布置在既有直线又有曲线且曲线半径不等的区段时,该锚段的中心锚结应设在曲线多、曲线半径小的一侧。

在特殊情况下,锚段长度较短时(一般定为锚段长度 800 m 以下),可不设中心锚结,视为半个锚段,可将锚段一端硬锚,另一端线索安装补偿器,此时的硬锚就相当于中心锚结。

二、中心锚结的结构和要求

中心锚结的安装形式有多种,对于不同的悬挂形式,中心锚结的结构形式也不同。一般分为半补偿链形悬挂中心锚结、全补偿链形悬挂中心锚结、站场全补偿链形悬挂中心锚结和简单悬挂中心锚结。

1．半补偿链形悬挂中心锚结

半补偿链形悬挂中心锚结的结构如图 6-4 所示。

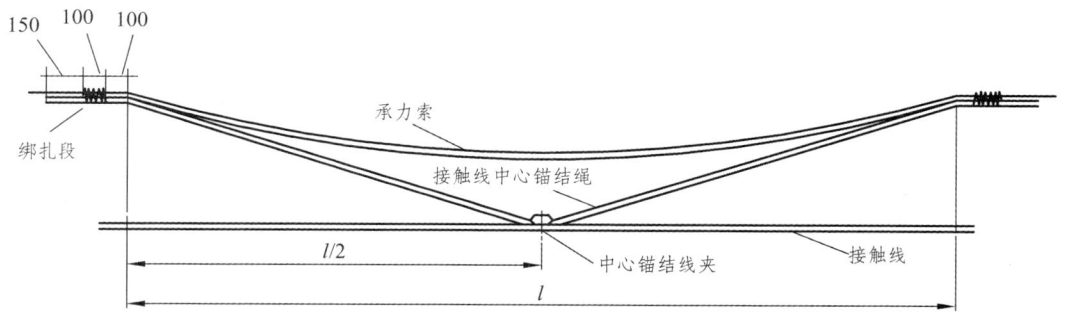

图 6-4 半补偿链形悬挂中心锚结

接触线中心锚结绳采用 GJ-50 镀锌钢绞线（19 股）制成，在线索张力大时，中心锚结绳可选择 GJ-70 等线索。中心锚结绳中间用中心锚结线夹与接触线固定，辅助绳两端分别用两个相互倒置的钢线卡子紧固在承力索上。若一侧接触线断线，另一侧接触线在中心锚结绳的拉力下不会发生松动现象，起到缩小事故范围的作用。

中心锚结辅助绳的长度一般应为所在跨距中心处接触线与承力索间距的 20 倍，但不得小于 15 m。若太短，当两侧张力不均匀时，接触线会向张力较大的一侧偏移，导致中心锚结线夹处接触线被抬高，出现较大的负弛度，使受电弓取流情况变坏，造成该处接触线磨耗严重。

半补偿链形悬挂中心锚结安装要求如下：

（1）中心锚结线夹两侧辅助绳长度应相等，安装后两侧张力均匀，不出现弛度。

（2）中心锚结绳两端与承力索连接处，各通过两个相互倒置的钢线卡子紧固在承力索上，两钢线卡子间距为 100 mm，剩余中心锚结绳绳头用同材质绑扎线在承力索上绑扎，长度为 100 mm，最外端留出 100~150 mm 的绳头。绳头应用 $\phi1.6$~2.0 mm 镀锌铁线缠绕绑牢，距邻近弹性吊弦线夹不小于 1m。

（3）中心锚结线夹处接触线高度比相邻吊弦高出 20~60 mm，避免线夹处的接触线出现硬点，但不能形成明显的负弛度。

（4）中心锚结线夹安装后不得偏斜，以免挂碰受电弓。

（5）中心锚结结构内不得安设普通吊弦，中心锚结结构也不得侵入邻近弹性吊弦内。

（6）中心锚结所在跨距较一般跨距受风面积增大，为防止接触线受风力影响偏移过大而出现脱弓事故，设计要求中心锚结所在跨距长度比设计规定跨距缩短 10%。

2．全补偿链形悬挂中心锚结

1）三跨式全补偿链形悬挂中心锚结

全补偿链形悬挂的承力索和接触线两端都是补偿下锚，均可能因两端张力不平衡而产生移动，所以承力索和接触线都要设置中心锚结进行固定，其固定形式由接触线中心锚结（即半补偿链形悬挂中心锚结形式）与承力索中心锚结两部分组成。接触线的中心锚结绳在跨距中间与承力索固定，而承力索中心锚结是在接触线中心锚结所在的跨距内增加一根承力索中心锚结辅助绳，在该跨距两端的腕臂上固定后，再延长一个跨距硬锚，使该跨距的承力索不产生位移，因此承力索中心锚结由三个跨距组成。考虑到线索断线时承力索中心锚结绳可能有较大张力，中心锚结绳下锚支柱要设置拉线，如图 6-5 所示。

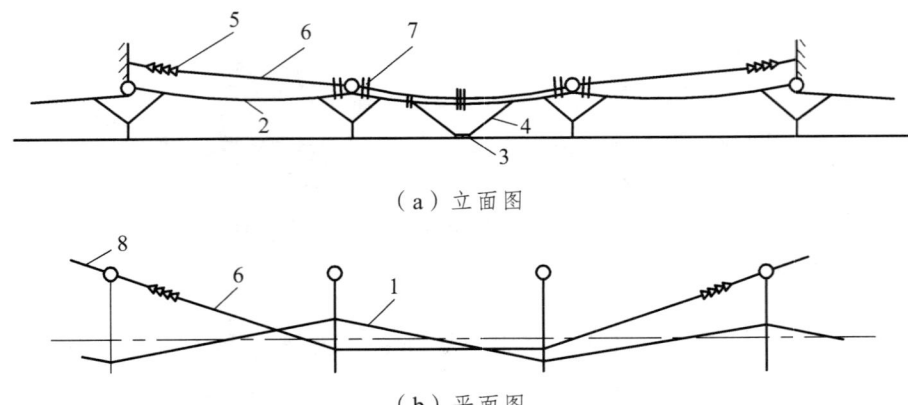

（a）立面图

（b）平面图

1—接触线；2—承力索；3—中心锚结线夹；4—接触线中心锚结绳；5—绝缘子串；
6—承力索中心锚结绳；7—钢线卡子；8—下锚拉线

图 6-5 全补偿链形悬挂中心锚结

全补偿链形悬挂的接触线中心锚结结构、安装要求与半补偿链形悬挂中心锚结相同。承力索中心锚结辅助绳一般采用与承力索相同的线索制成，承力索中心锚结辅助绳应在中间跨距的两悬挂处与承力索用钢线卡子固定，该跨距中部用 3 个，悬挂点两侧各 2 个，相互倒置，间距为 100 mm；在中间跨距的中心锚结辅助绳弛度应等于或略小于跨距承力索的弛度，辅助绳两端下锚时不宜低于承力索高度，应抬高下锚；中心锚结跨距内，不得有接触线接头，中心锚结线夹在直线区段应端正，曲线区段应与导线倾斜度一致。

2）两跨式全补偿链形悬挂中心锚结

两跨式全补偿链形悬挂中心锚结如图 6-6 所示。承力索中心锚结由两个跨距组成，接触线中心锚结绳分别在 2 个跨距中，呈"八"字形布置。承力索中心锚结绳与承力索同线材，接触线中心锚结绳采用 JTMH70 线材。承力索中心锚结绳与承力索通过承力索中心锚结线夹固定，距悬挂点 300 mm 处两边各安装 1 个中心锚结线夹，两承力索中心锚结线夹间距 100 mm。承力索中心锚结安装后应保证中锚绳弛度小于该跨承力索弛度。

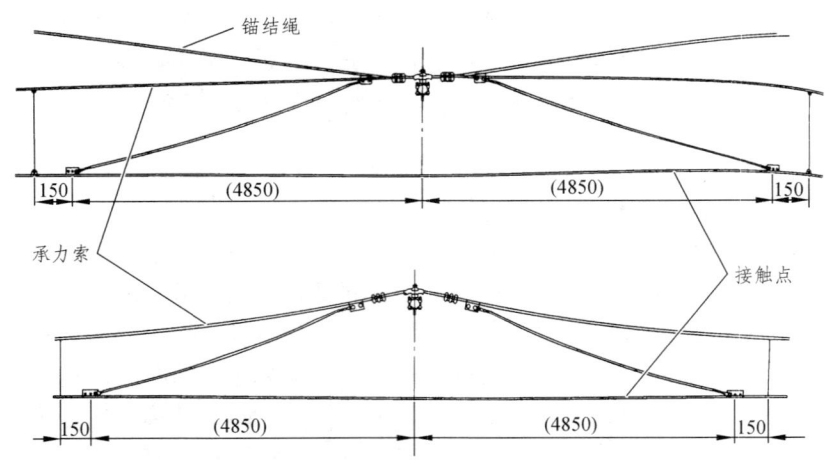

图 6-6 两跨式中心锚结

安装接触线中心锚结前应先确定跨距内吊弦的安装位置,接触线中心锚结一般安装于跨中位置,当与相邻吊弦位置冲突时,应优先保证吊弦安装位置,调整接触线中心锚结安装位置,此时可将中心锚结线夹安装于距跨中吊弦 500 mm 处。接触线中心锚结绳一端用接触线中心锚结线夹与接触线相连,另一端用承力索中心锚结线夹将中心锚结绳与承力索连接,中心锚结绳端头外露 50 mm,该中心锚结线夹与承力索、中心锚结绳的中心锚结线夹的间距为 200 mm,接触线中心锚结线夹处接触线高度应与相邻吊弦处接触线高度等高。

3．站场全补偿链形悬挂中心锚结

前面介绍的两种中心锚结,在接触悬挂线索出现断线时,可以可靠保证锚结处的可靠固定,因此也称为防断中心锚结。电气化铁道的运行实践表明,站场上承力索断线事故较少,为了避免设计结构复杂的承力索中心锚结结构,设计为防止接触悬挂窜动的全补偿中心锚结。其优点是结构简单,安装方便;缺点是不防断线事故。这种中心锚结称为防窜不防断中心锚结,简称为"防窜"中心锚结。在软横跨站场的正线及站线,防窜中心锚结为软横跨节点 14,结构如图 6-7 所示。通过承力索上两个承力索中心锚结线夹和一根约 1 m 的承力索中心锚结辅助绳将承力索和悬吊滑轮间相对固定下来,防止接触悬挂向某一侧窜动。

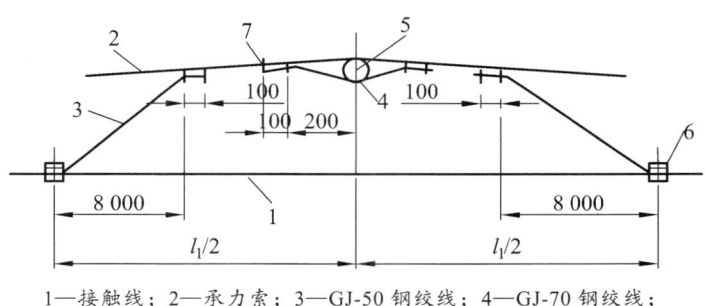

1—接触线;2—承力索;3—GJ-50 钢绞线;4—GJ-70 钢绞线;
5—悬吊滑轮;6—中心锚结线夹;7—钢线卡子。

图 6-7 站场防窜中心锚结

4．简单悬挂中心锚结

设置简单悬挂中心锚结时,需增设一条辅助绳,辅助绳采用 GJ-50 镀锌钢绞线制成,辅助绳的两端分别通过一串悬式绝缘子硬锚在中心锚结所在跨距两侧的支柱上(即等于在该跨距中增加了一段承力索)。该支柱为锚柱应打拉线,以保持受力平衡。

简单悬挂中心锚结在直线区段上和曲线区段上都有不同的安装要求。在直线上,其中心锚结结构与半补偿链形悬挂中心锚结的结构相似,只不过简单悬挂中心锚结绳较短(一般不超过 5m),中心锚结绳两侧分别用 3 个钢线卡子紧固在辅助绳上,如图 6-8 所示。

在曲线区段时,其中心锚结设置不同于直线区段,其结构看上去像一个倒装的中心锚结。中心锚结绳也采用截面面积为 50 mm² 的镀锌钢绞线制成,其中间搭过平直腕臂并用线夹固定在腕臂上。中心锚结绳两端各用一个中心锚结线夹固定在接触线上。曲线区段中心锚结辅助索较长,其中部也是固定在腕臂上,两侧各通过一串悬式绝缘子硬锚于相邻的支柱上。这两根支柱应打拉线。中心锚结绳在接触线上的固定点距悬挂定位点 6 m,中心锚结结构高度一般为 0.5 m,如图 6-9 所示。

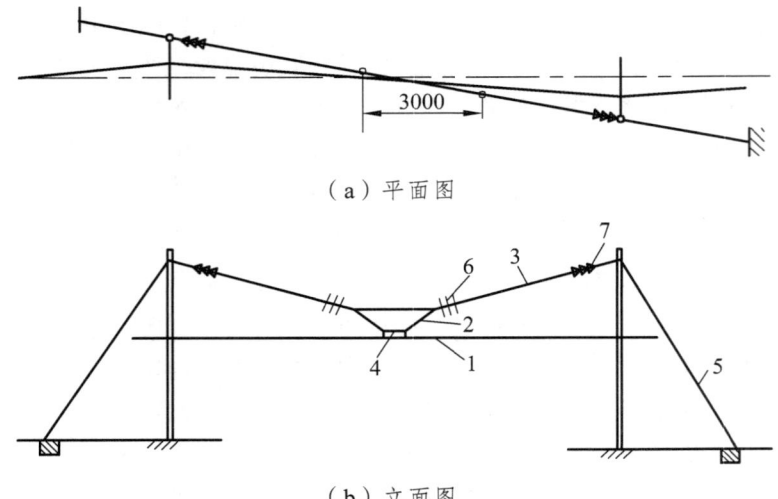

1—接触线；2—中心锚结绳；3—辅助绳；4—中心锚结线夹；
5—拉线；6—钢线卡子；7—绝缘子。

图 6-8　直线区段简单悬挂中心锚结

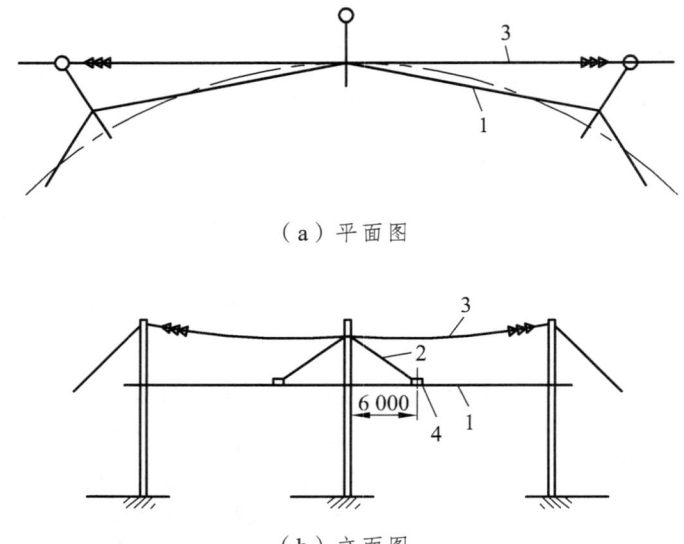

1—接触线；2—中心锚结绳；3—辅助索；4—中心锚结线夹。

图 6-9　曲线区段简单悬挂中心锚结

采用简单悬挂的站场上一般不需另设中心锚结，而是在应设置中心锚结处把定位吊绳放置在钩头鞍子中紧固，代替中心锚结结构（悬挂点一般将吊索放在悬吊滑轮中）。当发生断线事故时，接触线不至于松动，起到中心锚结的作用。

【任务实施】

一、任务描述

在掌握中心锚结的有关理论知识的基础上，理解中心锚结检调的内容、方法和要求，并完成全补偿中心锚结的检调操作。

二、实施步骤

1. 对接触线中心锚结线夹进行外观检查，看线夹本体及螺栓、销钉有无损伤、变形、裂纹、烧伤等现象。
2. 检查中心锚结线夹与接触线沟槽是否密贴入槽，线夹螺栓穿向是否正确，有无开口销，开口销是否掰到位。
3. 用扭矩扳手按照规定的力矩分别按照（由内向外）顺序紧固、检查螺栓。
4. 检查接触线中心锚结线夹处中锚辅助绳压接回头是否良好，鸡心环是否密贴，压接处是否有咬死、损伤线索现象。
5. 检查承力索中心锚结线夹状态是否良好，中锚辅助绳外露线夹长度是否符合标准，并用扭矩扳手按规定数值进行交替紧固，检查线夹状态后将止动垫片掰弯，起到止动作用。
6. 检查承力索与承力索中锚绳之间连接线夹的位置是否正确、状态是否良好，并用扭矩扳手紧固检查，然后将止动垫片掰弯，起到止动作用。
7. 观察承力索中心锚结辅助绳弛度是否符合张力弛度曲线安装要求。
8. 测量承力索终端锚固线夹螺丝外露长度，并检查开口销状态及各连接件的状态良好后，对终端锚固线夹用红漆做标识。

三、注意事项

1. 承力索中心锚结线夹螺丝丝扣应良好，不应出现咬丝、错丝现象。
2. 承力索中锚辅助绳弛度应符合要求，一般性辨别为其弛度与所在跨距内承力索的弛度相一致，太紧则容易影响整个锚段接触悬挂的状态，太松不利于中锚发挥作用。
3. 中心锚结线夹处辅助绳的压接状态应良好，压接后应紧密、密贴，不得出现压接线夹变形、损伤等现象。
4. 中心锚结检查完毕后用激光测量仪对中心锚结处的高度进行测量，掌握接触线导高变化以及吊弦的高度是否符合要求。

【自我评估】

1. 中心锚结的作用是什么？中心锚结应安设在什么地方？
2. 画出两种常见的全补偿链形悬挂中心锚结结构。
3. 防窜中心锚结和防断中心锚结的区别是什么？各用于什么场合？

【评价标准】

项目	标准分	评分标准	扣分标准	操作情况	扣分	得分
		时限 10 min，规定时限内完成不加分，每超时 1 min 扣 10 分，超时 4 min 失格				
工具材料	10 分	机具：扭矩扳手、激光测量仪、手扳葫芦、钢丝套子、钢卷尺等。 材料：自喷漆、接触线中心锚结线夹、承力索中心锚结止动垫片、承力索中心锚结线夹等。	个人工具、材料不齐全，每件扣 10 分；材料选择不正确，每件扣 5 分			
作业质量	60 分	1. 接触线中心锚结线夹螺栓紧固力矩为 100 N·m（用 19 mm 的套筒）。 2. 承力索中心锚结线夹螺栓紧固力矩为 46 N·m。 3. 接触线中心锚结线夹处辅助绳压接后外露 30 mm，辅助绳在承力索线夹处外露为 50 mm，且不得散股。 4. 承力索中心锚结线夹距定位处承力索座中心的距离为 200 mm，且两边线夹应对称。 5. 承力索辅助绳终端锚固线夹的螺纹外露为 15～20 mm，如果超出 20 mm，应进行卸载调整。 6. 接触线中心锚结线夹应垂直于接触线，并比两端的吊线线夹高 0～10 mm。	1. 每项未测量或未调整扣 10 分； 2. 操作顺序不正确，每步骤扣 5 分； 3. 每项超标扣 10 分； 4. 可能导致打弓、刮弓、钻弓，判定为失格			
安全要求	30 分	1. 个人劳动防护用品齐全，每少一件扣 2 分； 2. 佩戴安全帽，不戴者扣 2 分； 3. 操作中，身体无损伤，每损伤一处扣 2 分； 4. 如有其他不安全因素，酌情扣分	1. 防护安全用品穿戴不齐全或不合格，每件扣 10 分； 2. 不按规定使用工具，每次扣 10 分； 3. 其余违反每项扣 10 分			
总分	100 分	时间：考核开始 考核结束	备注：	合计		

第三节　补偿装置 b 值的调整

接触网补偿装置是由补偿器和制动装置组成。补偿器是一种能够自动调节线索张力的装置。当温度变化时，线索受温度影响而热胀冷缩，在补偿坠砣的作用下，使线索沿线路方向移动，从而保持线索张力不变，并保持弛度符合技术要求，从而使接触悬挂的稳定性与弹性得到了改善，提高了接触网运营质量。

对补偿装置的要求有两个：其一，补偿装置应补偿灵活。在线索内的张力发生缓慢变化时，应能及时补偿，传送效率不应小于97%；其二，补偿装置具有快速制动作用。一旦发生断线事故或其他异常情况，线索内的张力迅速发生变化时，补偿装置应有制动功能。

接触网补偿装置有许多种类，有滑轮式、棘轮式、弹簧式、鼓轮式及液压式等。我国电气化铁道中广泛使用的是滑轮式、棘轮式和弹簧式补偿装置。

一、滑轮式补偿器

1．主要组成部分

滑轮式补偿器由补偿滑轮（滑轮组）、补偿绳、杵环杆、坠砣杆、坠砣、限界架及连接零件组成。

1）补偿滑轮及补偿绳

（1）补偿滑轮及补偿绳。

目前，多采用铝合金滑轮补偿装置。补偿滑轮分为定滑轮和动滑轮（构造相同），定滑轮改变受力方向，动滑轮可以省力和移动位置。滑轮一般都装有轴承，其结构如图6-10所示。补偿绳为不锈钢丝绳。

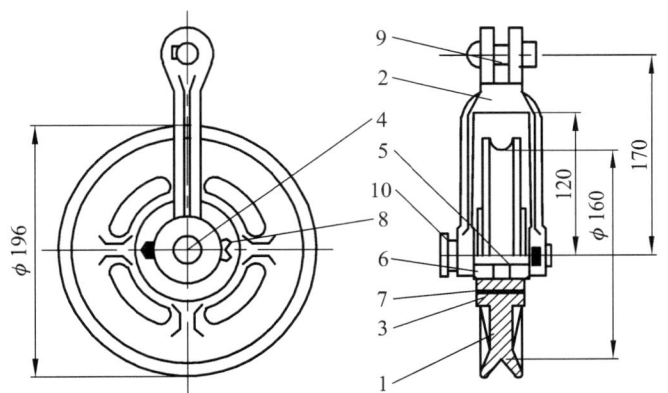

1—圆轮；2—框架；3—盖板；4—轴；5—滚动轴承；6—挡环；7—螺钉；
8—开口销子；9—销钉；10—注油盖子。

图6-10 补偿滑轮结构图

铝合金滑轮质量轻、强度高、耐腐蚀性能好、轮径大；柔韧的不锈钢丝绳与大直径的轮槽贴合密切；2个鼓动轴承受力更均匀、转动平稳、灵活；加上在结构、设计、制造方面都精良的连接框架，保证了铝合金滑轮补偿装置具有较高的机械强度和传动效率，且质量轻、寿命长。

铝合金滑轮补偿装置的主要缺点是随着变比的增大，整套装置的体积和质量也明显增加，在空间受限制的隧道等处安装困难。

（2）滑轮组的传动比。

滑轮式补偿器串接在锚段线索两端与支柱固定处，根据不同的接触悬挂类型有不同的传动比。所谓传动比，就是坠砣串的重力与线索标称张力的比值。

半补偿时，接触线带补偿器，多采用两滑轮组结构，滑轮组的传动比为1∶2，即用两个滑轮使补偿绳的张力为接触线张力的一半，也就是坠砣块的重力为接触线标称张力的一半。如图6-11（a）所示。

全补偿时，接触线与承力索两端均带补偿器，接触线补偿器的安设与半补偿相同。承力索补偿器则采用三滑轮组式，传动比为1∶3。如图6-11（b）所示。

采用传动比比较大的滑轮组时，坠砣串块数减少了，但当气温变化时引起坠砣串上升和下降的距离也会按倍数增大，这时要求支柱（锚柱）高度和容量要增加，既不经济也不利于施工和维修。

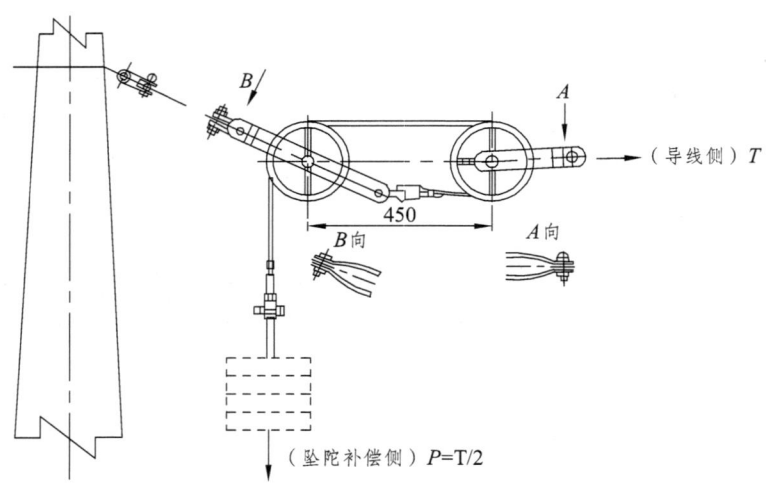

（a）1∶2传动比补偿滑轮组

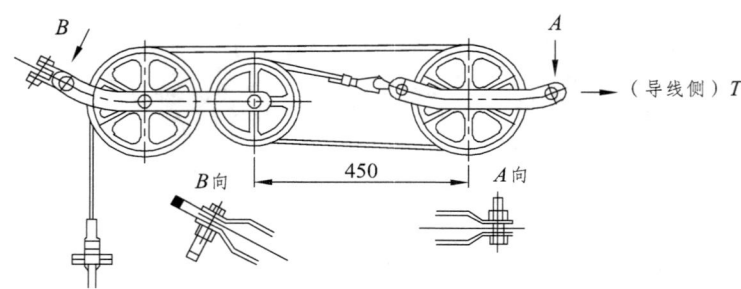

（b）1∶3传动比补偿滑轮组

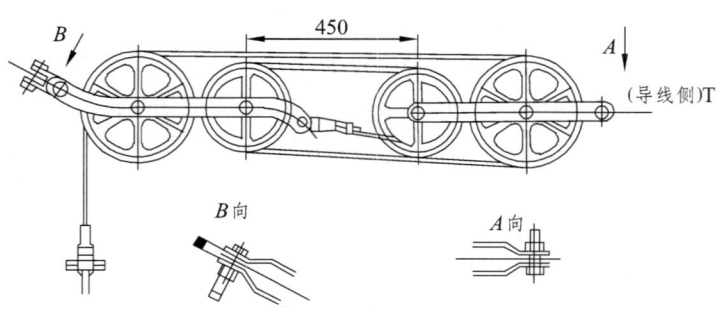

（c）1∶4传动比补偿滑轮组

图6-11 铝合金滑轮补偿装置

2）杵环杆

杵环杆用作动滑轮与下锚悬式绝缘子串之间的连接杆件，一般用直径 16 mm 的圆钢加工制成。一端为杵头状，与悬式绝缘子连接，另一端为单孔耳环，与滑轮连接。为了便于在带电情况下安全检查补偿滑轮，杵环杆长度不应小于 1 m。

3）坠砣和坠砣杆

坠砣块一般采用混凝土或灰口铸铁制成，每块质量约为 25 kg，质量误差不大于 3%，呈中间开口的圆饼状。混凝土坠砣材质为不低于 150 标号的混凝土，主要用于时速 200 km 以下的线路。铸铁坠砣一般用于高速铁路以及大型桥梁隧道中。采用铸铁坠砣与混凝土坠砣相比，坠砣串的长度较短，可以获得更大的补偿范围，在锚段长度较长（如大于 1600 m）时，能满足补偿坠砣移动范围要求，但是造价较高，易丢失。坠砣杆一般采用直径为 16 mm 的圆钢加工制成，上端有单孔焊环，底部焊有托板。坠砣杆的型号规格，根据其放置坠砣块的数量的不同可分为三种：17 型、20 型和 30 型。型号中的数字表示坠砣杆所悬挂坠砣的数量。坠砣如图 6-12 所示。

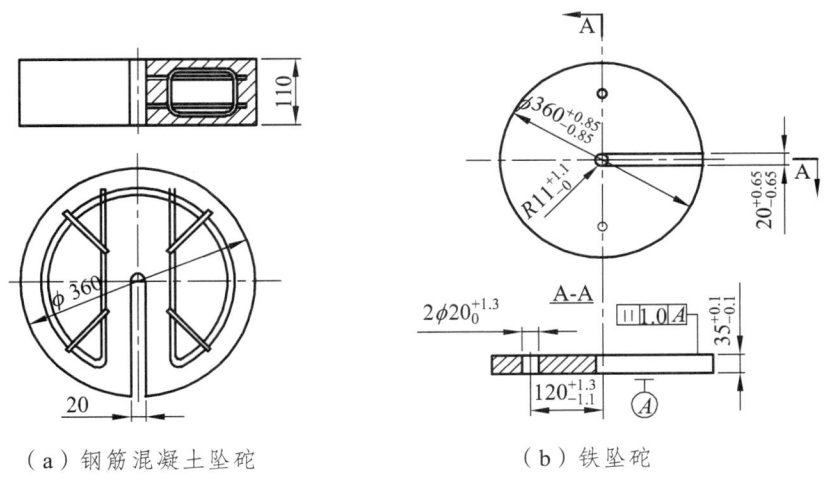

(a) 钢筋混凝土坠砣　　(b) 铁坠砣

图 6-12　坠砣块

坠砣串质量应包括坠砣杆、坠砣抱箍及连接的楔形线夹质量，坠砣串质量一般允许偏差为额定质量的 ±2%。运行速度在 160~200 km/h 时，对补偿坠砣质量提出了更严格的要求，坠砣串的质量允许偏差 ±1%，同一锚段两坠砣串质量的相对偏差不大于 1%。

在运营线路上，当接触线因磨耗而截面逐渐减小时，坠砣串块数也相应地减少，使接触线维持一定的张力，防止出现断线事故。不同材质、不同截面面积的线索，张力不同时，坠砣串的质量（块数）和传动比会有所不同。

电气化铁道接触网全补偿链形悬挂安装采用了接触线、承力索在支柱同侧下锚的安装方式，如图 6-13 所示。同侧下锚时，补偿滑轮在补偿绳的拉力作用下，和补偿绳在一条直线上，可以减少偏磨。

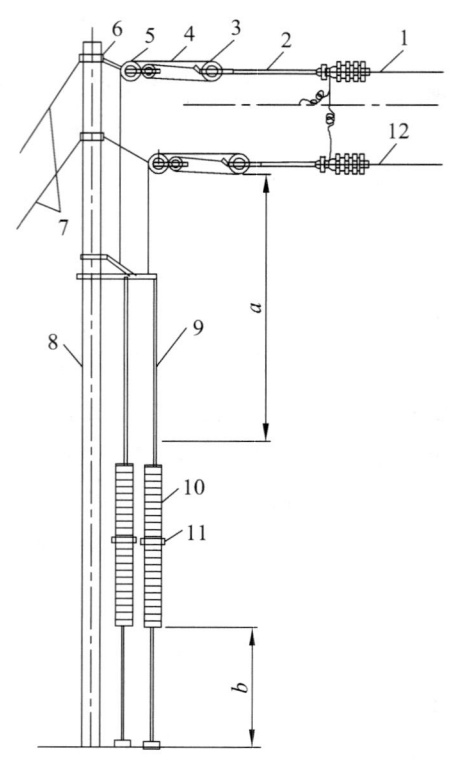

1—承力索；2—杆环杆；3—动滑轮；4—补偿绳；5—定滑轮；6—承锚角钢；7—拉线；8—锚柱；9—限制导管；10—坠砣；11—坠砣抱箍；12—接触线。

图 6-13 全补偿下锚结构图

4）限界架

为了防止在外力作用下（如风力），坠砣串摆动侵入行车限界，补偿装置装设有限界架。提速后，对限界架进行了改进，在坠砣上加装坠砣抱箍，使坠砣只能沿着坠砣限制导管方向上下移动，增强了坠砣稳定性，但是要注意防止坠砣抱箍卡滞限制导管的发生。

二、棘轮式补偿装置

棘轮式补偿装置主要由棘轮本体、棘轮式补偿装置底座、棘轮连接架、制动卡块、补偿绳、平衡轮等组成。棘轮式补偿装置的外形及结构如图 6-14 所示。棘轮式补偿装置的棘轮（即大轮）与两个小轮合为一体，没有连接复杂的滑轮组，安装空间比铝合金滑轮补偿装置小很多，可以解决空间受限的补偿问题。棘轮式补偿装置的传动比为 1∶3，补偿绳为柔性不锈钢丝绳，比普通不锈钢丝绳性能更好。棘轮式补偿装置主要优点是具有断线制动功能。在正常工作状态下，棘轮齿与制动卡块保持 15～20 mm 间隙，棘轮可以自由地转动，当气温变化时，坠砣随线索伸缩而上下移动，对线索张力起到了自动补偿的作用。当发生断线时，线索张力消失，平衡状态被破坏，在棘轮和坠砣重力的作用下，棘轮的棘齿卡在制动卡块上，使坠砣串不会继续下落，防止坠砣下落侵入限界，从而可以有效缩小事故范围。

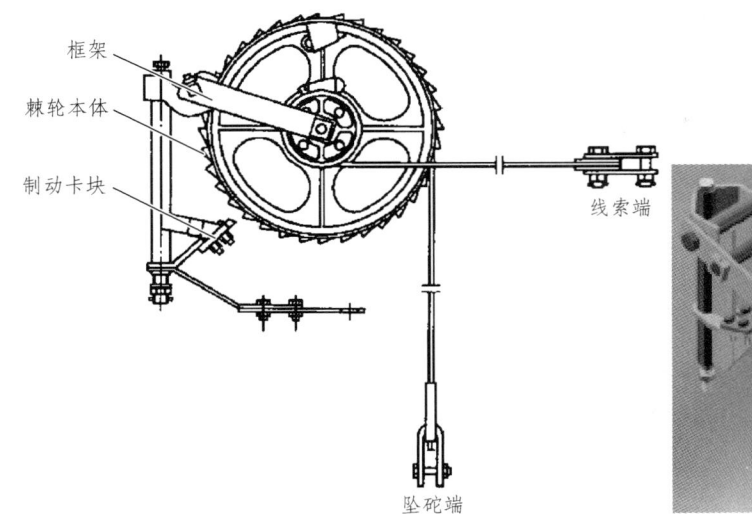

图 6-14 棘轮式补偿装置外形及结构

棘轮装置具有转动灵活、传动效率高、防腐性能好、使用寿命长等优点，但价格较高。由于棘轮形状复杂、半径大、薄壁部位多，因而制造上对设备的要求很高，同时对铸造技术水平的要求很高。

补偿绳与棘轮本体连接的楔形装置要可靠，不得松动，楔形线夹处补偿绳回头长度为 60~80 mm，并用镀锌铁线或铜环对回头进行绑固。补偿绳在棘轮本体的大轮和小轮上应正确入槽缠绕，防止绳股之间交错、重叠，大轮最少缠绕半圈，最多缠绕三圈半；小轮最少缠绕半圈，最多缠绕三圈半，缠绕时注意两边对称。补偿绳在棘轮上的缠绕方向如图 6-15 所示。

棘轮补偿装置在应用中，有多种安装形式：一种为接触线、承力索补偿棘轮上下布置，这种布置对支柱高度、容量要求较高；另外一种为承力索、接触线补偿棘轮水平布置，分别安装在支柱的两侧；还有一种是承力索、接触线共用一个棘轮的并联棘轮补偿装置，在实际工程中都有采用。

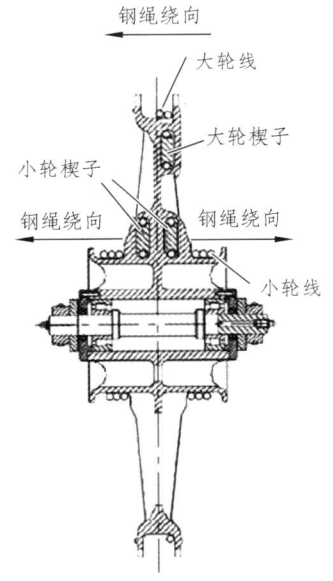

图 6-15 补偿绳在棘轮上的缠绕方向示意图

三、弹簧式补偿装置

目前常用的弹簧式补偿装置有恒张力弹簧补偿装置和定位绳张力补偿装置。

1. 恒张力弹簧补偿装置

恒张力弹簧补偿装置的下锚安装如图 6-16 和图 6-17 所示，配以不同的承锚（或线锚）角钢可以实现各种类型支柱和隧道内下锚需要。

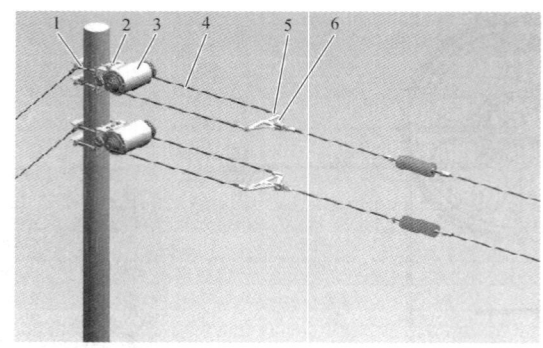

1—承锚（线锚）角钢；2—固定销轴；3—补偿装置本体；4—补偿绳；5—双耳楔形线夹；6—平衡板。

图 6-16　恒张力弹簧补偿装置下锚安装示意图

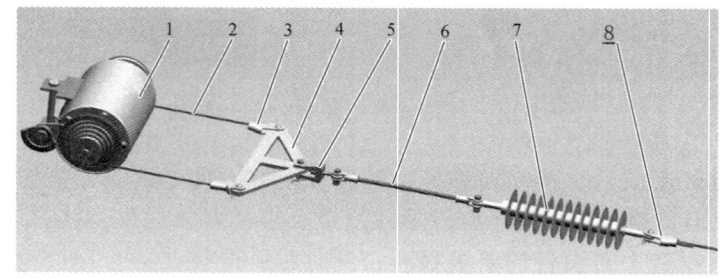

1—补偿装置本体；2—补偿绳；3—双耳楔形线夹；4—平衡板；5—U 型连接器；
6—杵环杆；7—绝缘子；8—终端锚固线夹。

图 6-17　恒张力弹簧补偿装置安装示意图

恒张力弹簧补偿装置基本结构主要由储能组件、锁定装置、制动装置、渐开线轮、补偿绳等组成，如图 6-18 所示。

1—固定销轴；2—连接板；3—储能组件；4—锁定装置；
5—补偿绳；6—制动装置；7—刻度牌；8—渐开线轮。

图 6-18　恒张力弹簧补偿装置结构图

恒张力弹簧补偿装置利用储能装置中恒扭矩或线性变扭矩平面涡盘弹簧产生扭矩，其一端与座体固定，另一端和主轴固定。当承力索和接触线因环境温度变化导致长度变化时，平面涡卷弹簧与渐开线轮的搭配组合可以通过弹簧张力的补偿调节作用，使承力索和接触线保持基本恒定的张力。

恒张力弹簧补偿装置在渐开线轮的内侧设置了制动轮，当承力索、接触线断线时，弹簧补偿装置在重力作用下向下转动，固定销轴拨动拨叉装置，拉线拉动制动楔块，将制动轮锁止，从而实现断线制动功能。恒张力弹簧补偿装置制动装置结构如图 6-19 所示。

（a）制动装置安装位置示意图　　　　（b）制动装置制动位置示意图

1—拨叉组件；2—拉线；3—制动楔块；4—制动轮。

图 6-19　恒张力弹簧补偿装置制动装置结构

恒张力弹簧补偿装置出厂时，在铆钉固定（或红色标记）处锁定，即为钢丝绳初始安装出线（出厂）位置，如图 6-20 所示。锁定装置锁定时如图 6-21 所示。当用紧线器收紧接触线（或承力索），锁定盘开始转动，锁定销与锁定盘脱开，即表示紧线器所给张力与补偿装置额定张力基本平衡，拔掉锁定销，如图 6-22 所示。

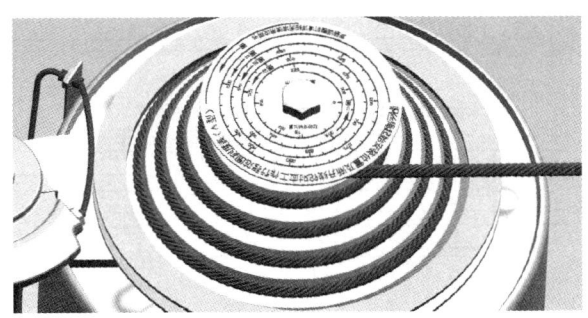

图 6-20　钢丝绳初始安装出线（出厂）位置示意图

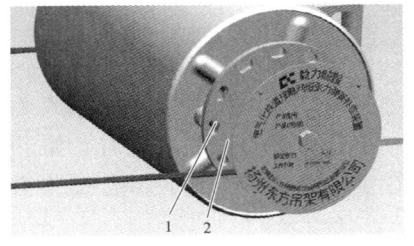

1—锁定销；2—锁定盘。

图 6-21　锁定装置锁定时示意图

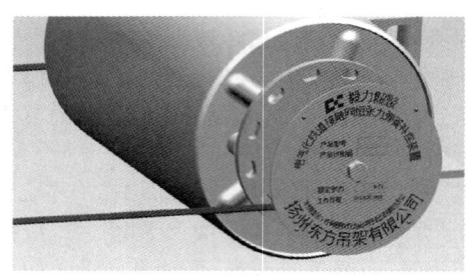

图 6-22 锁定装置拔销解锁后示意图

恒张力弹簧补偿装置的优点是结构紧凑、体积小巧、质量较轻、安装调整方便，没有坠砣使其外形美观，但其可靠性受弹簧质量的制约。恒张力弹簧补偿装置在重要站场中使用，可以避免坠砣对景观的影响；在隧道中应用也可以减少扩挖的工程量。作为新型补偿装置，在运行中应加强巡视，积累运行经验。

2．定位绳张力补偿装置

在气温升高时，软横跨横向线索会伸长而松弛，造成接触网下坠；在气温较低时，线索收缩会造成支柱承受额外的大张力，严重威胁接触网安全。对于定位绳式硬横跨结构，气温变化，定位绳张力也随之变化，造成接触网技术状态发生变化，不利于高速线路运行。在软横跨和硬横跨结构中使用定位绳弹性补偿装置，解决了这一问题。

定位绳弹性补偿装置如图 6-23 所示，其工作原理为胡克定律。定位绳弹性补偿装置内部固定有一个弹簧，弹簧具有一定的初始压缩力。当定位绳伸长时，弹簧被释放，工作杆收回拉紧软横跨定位绳；当软横跨定位绳收缩时，弹簧被压缩，工作杆伸出，使软横跨定位绳的张力保持在一定范围内。定位绳弹性补偿装置具有结构简单、安装方便、价格低廉等优点。

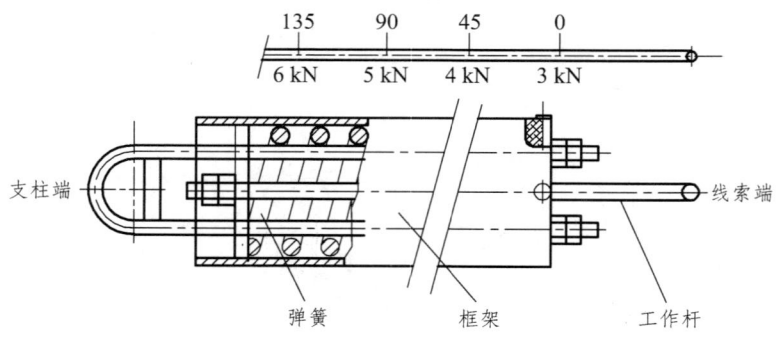

图 6-23 定位绳弹性补偿装置

四、补偿器的 a、b 值

接触网中的线索靠补偿器坠砣串的重力使线索张力保持平衡。当温度变化时，线索的伸缩使坠砣串上升和下降，当坠砣串升降超出允许范围时（如下降过多使坠砣串底面接触地面或上升过多使坠砣杆耳环孔卡在定滑轮槽中），会使补偿器失去补偿作用。因此用补偿器的 a、b 值来限定坠砣串的升降范围。

坠砣杆耳环孔中心至补偿定滑轮下沿的距离为 a 值。坠砣串最下方的坠砣底面至地面（或基础面）的垂直距离称为补偿器的 b 值。

在最低温度时，a 值应大于零；最高温度时，b 值应大于零。原铁道部颁布的《接触网运行检修规程》规定，补偿器 a、b 值的最小值不小于 200 mm，进行接触网设计时，规定 a、b 值不小于 300 mm。

在不同温度时，补偿器 a、b 值不同，其计算方法如下：

$$a = a_{\min} + nL\alpha(t_x - t_{\min})$$
$$b = b_{\min} + nL\alpha(t_{\max} - t_x)$$

式中　$a_{\min}$——设计时规定的最小 a 值，mm；
　　　$b_{\min}$——设计时规定的最小 b 值，mm；
　　　$t_{\min}$——设计时采用的最低气温，℃；
　　　t_x——安装或调整作业时的温度，℃；
　　　$t_{\max}$——设计时采用的最高气温，℃；
　　　n——补偿滑轮传动系数（即传动的倒数）；
　　　L——锚段内中心锚结至补偿器间的距离，mm；
　　　α——线索的线胀系数，$℃^{-1}$。

为了施工的方便，利用上述公式，根据不同的温度和中心锚结至补偿器间的距离，可以计算出多组 a、b 值，将计算结果标注在图中，通过描点作图绘制出补偿器安装曲线，如图 6-24 所示，供施工和维修人员参照调整，准确控制坠砣串的高度。

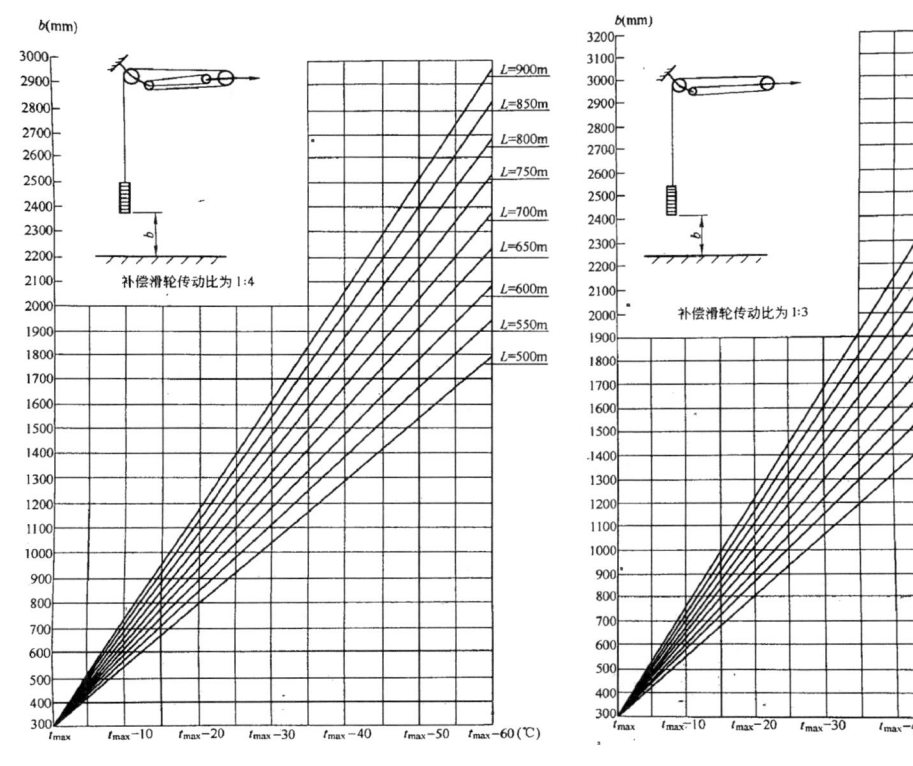

（a）新架设 THJ-100 铜包钢承力索补偿器安装曲线　　（b）新架设 CHTA-120 铜银合金接触线补偿器安装曲线

图 6-24　补偿器安装曲线

在施工设计文件中，补偿器安装曲线一般装订在"接触网安装图"内，使用不同线索的线路，设计最高和最低温度不同的线路，补偿器安装曲线是不相同的，所以不同线路的补偿器安装曲线不能相互使用。

新线架设时，接触网线索存在初伸长问题，即线索承受张力后，会蠕变延伸。线索的初伸长会影响到接触网施工时补偿器 a、b 值。新线考虑线索延伸时，其 a、b 值的计算公式为

$$a = a_{\min} - n\theta L + nL\alpha(t_x - t_{\min})$$
$$b = b_{\min} + n\theta L + nL\alpha(t_{\max} - t_x)$$

式中　　θ——新线延伸率，承力索取 3.0×10^{-4}，接触线取 6.0×10^{-4}。

新线的延伸会影响到补偿装置的安装曲线，安装时应考虑线索超拉伸长后坠砣位置仍应符合设计要求。

【任务实施】

一、任务描述

在熟悉各种常见补偿装置的组成及掌握补偿装置 b 值计算的有关理论知识的基础上，理解补偿装置 b 值调整的方法和要求，并完成操作。

二、实施步骤

1. 根据调整时的气温、补偿器至中心锚结的距离，查找补偿器安装曲线，确定 b 值；
2. 测量出实际 b 值，与标准 b 值对比；
3. b 值的具体调整方法：

（1）操作人员攀登上支柱中部，打好安全带，在补偿绳的适当高度打上紧线器并在其下方安装一个钢线卡子，防止紧线器打滑。

（2）将另一个装有钢丝套子的紧线器装在坠砣杆上，必要时可卸掉 1~3 块坠砣，并用手扳葫芦连接两紧线器。

（3）摇动手扳葫芦，使手扳葫芦受力，下锚补偿绳松弛，检查紧线器无滑动现象后卸开双耳楔形线夹，抽出补偿绳回头，根据安装曲线来确定放长或缩短补偿绳长度，重新做补偿绳回头。

（4）连接完毕后放开手扳葫芦，使补偿绳受力，检查无不良现象后卸下手扳葫芦，重新测量 b 值并与标准 b 值比较，确定其是否符合标准。

（5）确定 b 值符合标准后卸下紧线器，重新绑扎好回头，并将坠砣恢复原状。

4. 补偿滑轮完整无损，动滑轮偏移角度不得大于 45°。滑轮油槽内灌注润滑油。检查滑轮转动是否灵活、坠砣升降是否自如。

5. 检查补偿绳有无松股、断股情况。补偿绳不得有接头，不得接触下锚拉线。

6. 限界架的安装位置应满足坠砣升降变化要求，限制坠砣的摆动，不妨碍升降。

7. 检查坠砣块是否完整，排列是否整齐，缺口是否相互错开 180°。坠砣总质量与相应锚段接触线剩余截面（平均截面）相对应，相差不超过 2%。坠砣块应有质量标记。

8. 各部件受力良好，螺栓紧固、有油。

9. 坠砣抱箍应安装在坠砣中部。

【自我评估】

1. b 值不能小于_____mm。
2. 坠砣块叠码的时候为何要缺口相互错开 180°？
3. 如何快速的在支柱上对补偿绳做出相应的调节？
4. b 值调整完毕后如何检查补偿绳是否卡滞？
5. 简述弹簧补偿装置工作原理及用途。
6. 简述当补偿绳发生散股、断股现象时如何更换补偿绳。

【评价标准】

项目	标准分	评分标准	扣分标准	存在问题	扣分	得分
\multicolumn{7}{l}{时限 15 min，规定时限内完成不加分，每超时 1 min 扣 10 分，超时 4 min 失格}
工具材料	10 分	工具材料准备 2 min	1. 准备工具材料 2 min，超时 1 min 扣 1 分； 2. 工具材料少拿一件扣 1 分，多拿一件扣 1 分； 3. 结束后材料工具未归位，每件扣 1 分			
质量要求	60 分	1. 紧线器使用	安装后未拉 5 分，发生松动扣 15 分			
		2. 倒链使用	提升时空挡扣 10 分，在对应阶段扳错，一次扣 5 分，选错倒链扣 10 分			
		3. 钢绞线受力	非主线受力扣 10 分			
		4. 钢绞线回头缠绕	缠绕不合格扣 10 分			
		5. b 值范围	允许误差 10 cm，但不得小于 200 mm，超过 10 cm 每超过 1 cm 扣 5 分，方向相反失格			
安全要求	30 分	1. 作业中未佩戴安全劳保用具、着装不整齐	每件扣 2 分			
		2. 作业中人员受伤	发生皮外伤扣 10 分，较重伤害失格			
		3. 使用工具错误	每次扣 2 分，损坏扣 10 分			
		4. 高空掉物	每件次扣 5 分			
		5. 危及人身安全	每件次扣 5 分			
		6. 作业中违章（参照安规）	一般违章，每次扣 2 分，严重违章扣 5 分			
总分	100 分	时间：考核开始 考核结束	备注：		合计	

第七章　软横跨的检调

在站场中，接触网不能采用单线路腕臂的架设方式，那会使站场中支柱过多而影响行车及车站工作人员瞭望信号；股道间距较小难以满足设立支柱要求，所以多采用软横跨或硬横跨形式。多股道接触悬挂通过横向线索悬挂在线路两侧的支柱上的装配方式称为软横跨。接触悬挂通过金属桁架架设在线路两侧支柱上的装配方式称为硬横跨。

第一节　软横跨的结构

根据软横跨线索与支柱的绝缘情况分类，一般分为绝缘软横跨和非绝缘软横跨两类。软横跨各线索与支柱间通过悬式绝缘子绝缘的结构称为绝缘软横跨，软横跨各线索与支柱间没有绝缘子绝缘则被称为非绝缘软横跨。

一、绝缘软横跨

绝缘软横跨有很多优点，由于各条线索带电并采取对地绝缘措施，有利于供电维修人员开展带电检修作业。又因为绝缘子串均装在线路两侧，故在电力和内燃机车混合牵引区段，可有效减轻绝缘子的污损程度，同时减少清洗绝缘子的工作量。在线路较多的站场上用绝缘软横跨可节约大量绝缘子，并且有利于机车司机瞭望信号，增加车站的美观。我国目前广泛采用绝缘软横跨。

绝缘软横跨由站场线路两侧支柱和悬挂在支柱上的横向承力索、上部固定绳、下部固定绳、软横跨直吊弦、斜拉线及支持和连接它们的零件组成，如图 7-1 所示。

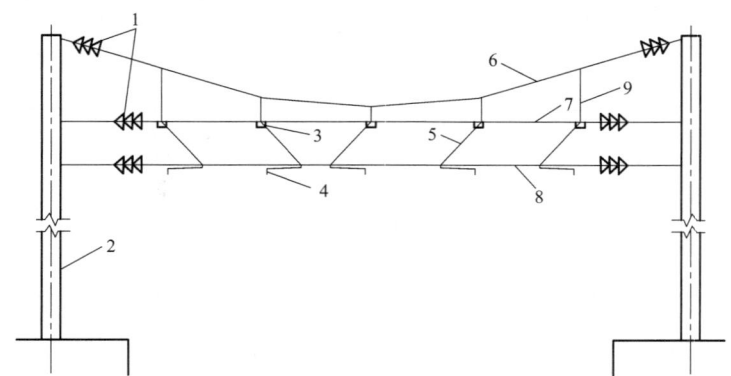

1—绝缘子；2—支柱；3—承力索；4—定位器；5—斜拉线；6—横承力索；
7—上部固定绳；8—下部固定绳；9—直吊弦。

图 7-1　软横跨结构示意图

横向承力索是软横跨的主要构件，承受各股道纵向接触悬挂的全部垂直负载。除特殊要求外，一般悬挂 6 支及以上接触悬挂时，无论跨越几股道均采用双横承力索；悬挂 5 支及以下接触悬挂时，采用单横承力索。由于横向承力索承重较大，因而选用 GJ-70 镀锌钢绞线。随着线路提速接触悬挂张力增大，横承力索线材多用 LXGJ-80 镀铝锌合金钢绞线，与 GJ 绞线相比，LXGJ 绞线具有更好的耐腐蚀能力。为了减小横承力索中的张力，降低对支柱容量的要求，横承力索一般有较大弛度。

在横向承力索下方布置有上部固定绳和下部固定绳，固定绳仅承受水平负载。上部固定绳的作用是固定各股道的纵向承力索，并将纵向承力索的水平负载（如风力、曲线力等）传递给支柱。下部固定绳的作用是固定定位器，以便对接触线按技术要求定位，并将接触线水平负载传递给支柱。由于上、下部固定绳只承受水平力，负载不大，故多用 GJ-50 镀锌钢绞线。随着线路提速接触悬挂张力增大，接触悬挂的水平力也增大，固定绳也多选用和横承力索相同的 LXGJ-80。

靠支柱的接地绝缘子串应在同一垂直平面内，允许误差为 ±10 mm。上、下行分开供电的车站，跨越上、下行股道的软横跨应用绝缘分开，软横跨上、下行股道间的横向电分段绝缘子串应位于相邻上、下行股道的中间，起上、下行电分段作用，在实行"V"型天窗作业区段，横向电分段绝缘子串经常起接地侧绝缘子的作用。另外，当某一方向接触网设备故障时，它还将另一方向正常接触网设备在站场隔离开来，起缩小事故范围的作用。因此，为了保证在实行"V"型天窗时作业人员的人身、设备安全和缩小事故范围，软横跨上、下行股道间横向电分段绝缘子串采用 4 片，使绝缘子泄漏距离达到 1 200～1 600 mm。

软横跨绝缘子，不管是接地侧绝缘子还是上、下行股道间的横向电分段绝缘子，它们一方面起绝缘作用，另一方面起连接作用。因此，对软横跨绝缘子在机械性能和绝缘性能上要求都比较高，在安装、检修时，要严格检查软横跨两侧及中间绝缘子串，特别是绝缘子串中各绝缘子的连接情况，防止弹簧销脱落和丢失，确保安全供电。

在有中间站台的车站，为保证车站工作人员和旅客的人身和财产安全，软横跨下部固定绳在跨越中间站台时，要形成一个中性区，即下部固定绳在跨越中间站台的两端用绝缘子隔开，形成一个不带电的区域。

横向承力索及上、下部固定绳的张力和弛度，可以用锚固拉杆调节，锚固拉杆不能弯曲，它经球形垫块或角形垫块固定到钢支柱角钢上，这种垫块还能保证拉杆在不弯曲情况下有一定的水平位移。

横向承力索和上部固定绳间，通过两股 $\phi 4.0$ mm 镀锌铁线拧成的直吊弦连接起来；上、下部固定绳间，通过两股 $\phi 4.0$ mm 镀锌铁线拧成的斜拉线与固定绳上安装的定位环线夹连接，钩头鞍子或悬吊滑轮与上部固定绳上的定位环连接，直吊弦应该垂直，仅将接触悬挂、节点和固定绳的垂直负载传递给横向承力索。镀锌铁线易锈蚀，可用不锈钢软绞线代替。

二、非绝缘软横跨

非绝缘软横跨结构之一如图 7-2 所示。和绝缘软横跨相比，其结构复杂，绝缘子用量大、宜污染，在我国没有大量推广使用。

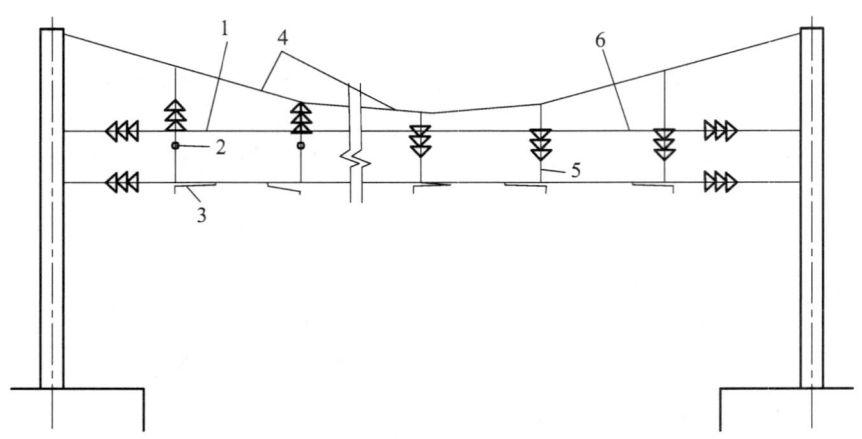

1—带电上部固定绳；2—承力索支持装置；3—限抬定位器；4—横承力索；
5—软横跨吊弦；6—接地上部固定绳。

图 7-2 非绝缘软横跨示意图

第二节 软横跨的节点

软横跨所采用的结构视其所设地点的线路情况而定，其结构形式也多种多样，特别是在股道较多而线路比较复杂的站场上，同一组软横跨上会出现很多不同的结构形式，为了简化软横跨结构表示方式，使用"节点"来划分不同的软横跨结构。软横跨节点即软横跨所跨越线路的装配形式。为了设计及施工方便，把软横跨各种装配形式经过归纳综合，制定了14种节点类型。

接触网链形悬挂软横跨节点示意图如图 7-3 所示。

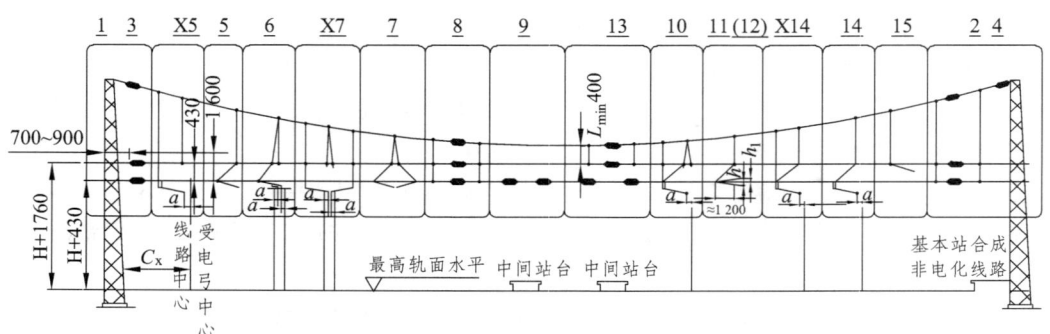

图 7-3 接触网链型悬挂软横跨节点示意图

一、节点 1、2、3、4

节点 1、2 用于 13 m 或 15 m 高的钢柱与软横跨线索之间连接的装配形式，其结构如图 7-4 所示。节点 3、4 用于地面以上 12 m 的预应力钢筋混凝土支柱与软横跨线索之间连接的装配形式，其结构如图 7-5 所示。节点 1、2、3、4 结构中所用零件名称见表 7-1。其中节点 2、4 用于站台上的钢柱和预应力钢筋混凝土支柱的连接。在站台上，为了保证站台上人员的安全，将绝缘子向线路方向移动，保证站台上方线索为无电区。

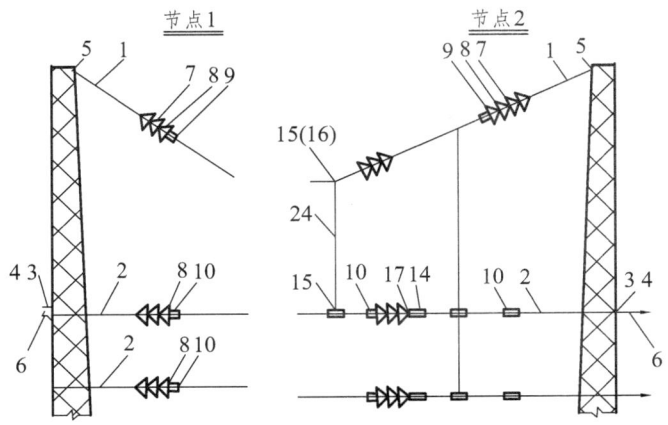

图 7-4 节点 1、2 结构示意图

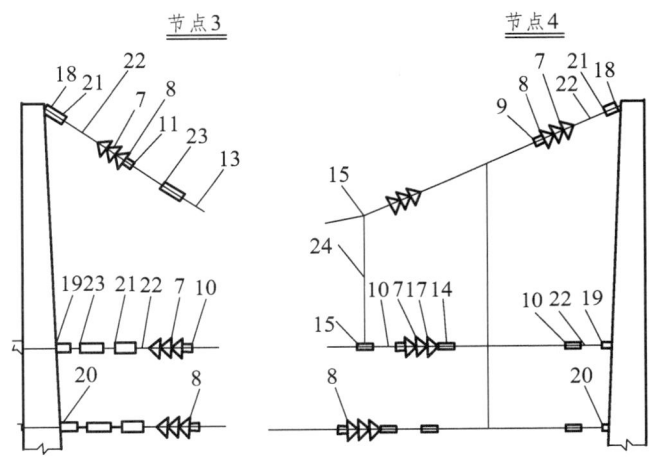

图 7-5 节点 3、4 结构示意图

表 7-1 节点 1、2、3、4 零件名称表

序号	零件名称	序号	零件名称
1	600 型杵头杆	13	70 型双耳杵座楔形线夹
2	杵头杆	14	50 型双耳杵座楔形线夹
3	三孔角钢	15	横承力索
4	钩螺栓	16	双横承力索线夹
5	角形垫块	17	球头挂环
6	球形垫块	18	400 型耳环杆
7	杵头悬式绝缘子	19	540 型软横跨固定底座
8	杵头悬式绝缘子	20	580 型软横跨固定底座
9	70 型杵座楔形线夹	21	双耳连接器
10	50 型杵座楔形线夹	22	焊接杆环
11	双联碗头挂板	23	M29 开式螺旋扣
12	LV 型联板	24	直吊弦（$\phi 4.0mm$ 镀锌铁线）

当 $C_X \geq 6$ m 时,节点 2、4 的横向承力索、上下部固定绳、绝缘子串应下移,且在同一垂直平面内,在绝缘子与支柱间加一根直吊弦,直吊弦从横承力索至下部固定绳。

早期电气化铁路中,线索张力相对较小,未使用定位绳弹簧补偿器,通过串接一个开式螺旋扣方便调整定位绳张力。提速线路中,接触悬挂张力增加,定位绳张力也相应增加,弹簧补偿器和开式螺旋扣串接使用。

当使用双横承力索时,节点 1、2 的装配如图 7-6 所示,结构中所用零件名称见表 7-1,主要区别是在绝缘和双横承力索间增加联板。

二、节点 5

节点 5 的作用相当于一个一般中间支柱的装配,是软横跨的常用节点,仅悬挂一组接触悬挂且为工作支,定位器尾部的位置可根据拉出值的方向来确定,不分正反定位方式,保证定位器始终处于受拉状态即可,其结构如图 7-7 所示,所用零件名称见表 7-2。在节点 5 的装配中,对于半补偿链形悬挂,纵向承力索安装在钩头鞍子内;对于全补偿链形悬挂,由于纵向承力索沿线路方向产生偏移,因此安装在悬吊滑轮内。

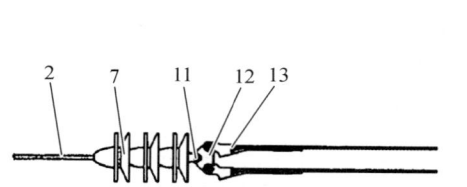

图 7-6 节点 1、2 在双横承力索时的安装

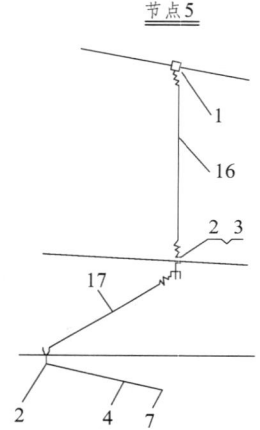

图 7-7 节点 5 结构示意图

表 7-2 软横跨节点 5、6、7、10、11(12)、14 零件名称表

序 号	名 称	序 号	名 称
1	横承力索线夹	10	夹环
2	定位环线夹	11	GJ-70 承力索中心锚结辅助绳
3	悬吊滑轮	12	GJ-50 接触线中心锚结辅助绳
4	L3 型定位器	13	线卡子
5	定位管	14	中心锚结线夹
6	DC 型定位器	15	定位拉线($\phi 4.0$ mm 镀锌铁线)
7	定位线夹	16	直吊弦($\phi 4.0$ mm 镀锌铁线)
8	长支持器	17	斜拉线($\phi 4.0$ mm 镀锌铁线)
9	定位环	18	加长型悬吊滑轮

提速区段正线股道采用限位定位器,其节点称为节点 X5,装配形式有所不同,悬挂承力索和悬挂接触线分别从横向承力索引下,并取消斜拉线,如图 7-8 所示,所用零件名称见表 7-3。

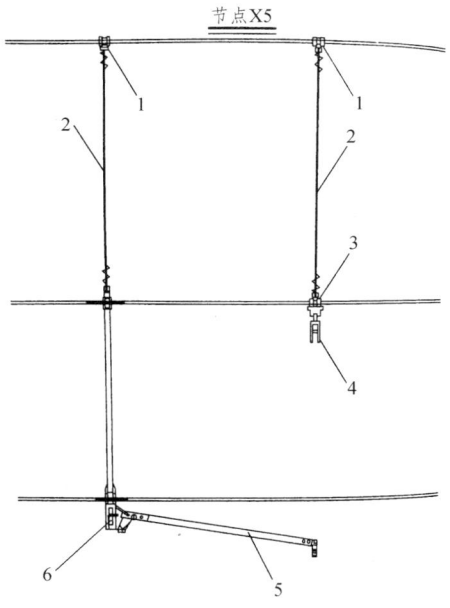

图 7-8 节点 X5 结构示意图

表 7-3 软横跨节点 X5 零件名称表

序 号	名 称	序 号	名 称
1	双横承力索线夹	4	悬吊滑轮
2	直吊弦（φ3.5mm 软态不锈钢丝线）	5	限位定位器
3	定位环线夹	6	限位定位支座

三、节点 6、7

节点 6、7 相当于道岔定位柱的定位装配，它所定位的两组悬挂均为工作支，两根接触线的高度基本一致。节点 6 相当于 L 型道岔定位柱安装，两定位器所受拉力方向一致；节点 7 相当于 LY 型道岔定位柱安装，两定位器所受拉力方向相反。在提速线路的正线道岔，使用限位定位器时，使用节点 6、7 和节点 X6、X7 的结构如图 7-9 所示，节点 6、7 所用零件名称见表 7-2，节点 X6、X7 所用零件名称见表 7-4。

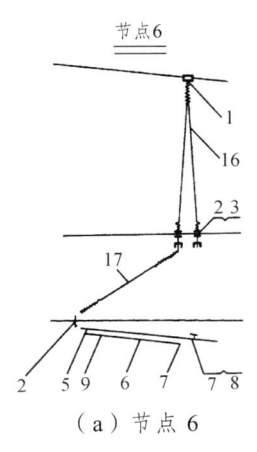
（a）节点 6

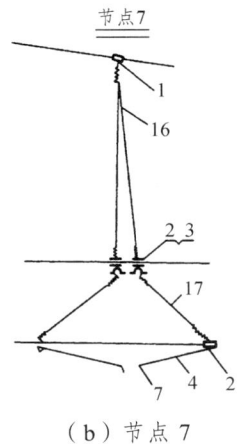
（b）节点 7

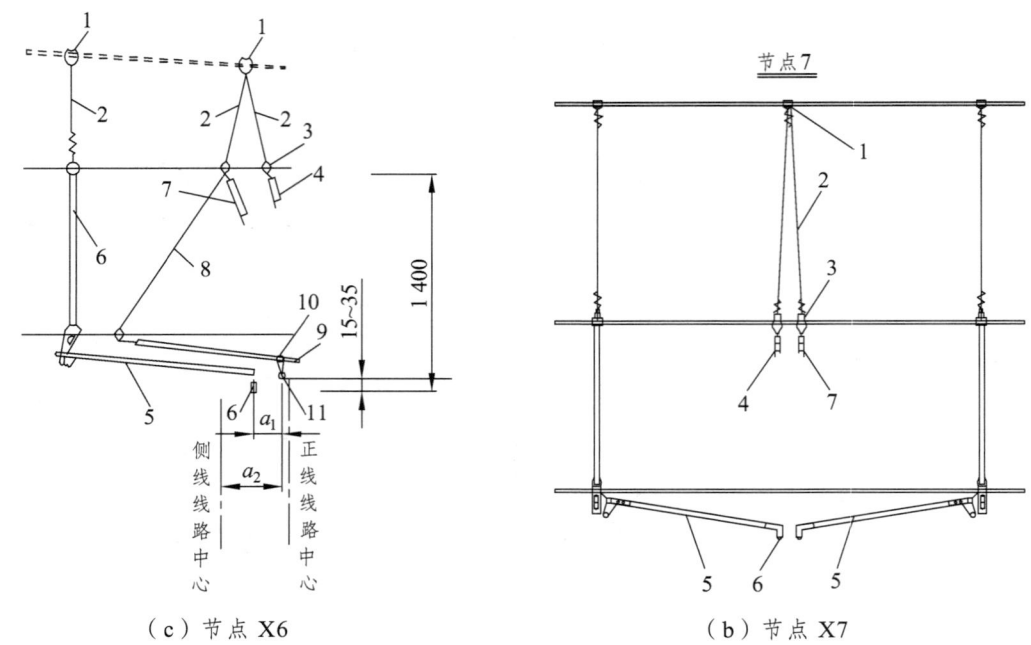

（c）节点 X6　　　　　　（b）节点 X7

图 7-9　节点 6、7 和 X6、X7 结构示意图

表 7-4　节点 X6、X7 零件名称表

序号	名称	序号	名称
1	双横承力索线夹	7	加长型悬吊滑轮
2	直吊弦（ϕ3.5mm 软态不锈钢丝线）	8	斜拉线（ϕ3.5mm 软态不锈钢丝线）
3	定位环线夹	9	定位管
4	悬吊滑轮	10	长支持器
5	正线限位定位器	11	定位线夹
6	限位定位支座	12	侧线限位定位器

四、节点 8

节点 8 用于软横跨横向绝缘电分段，其结构如图 7-10 所示，所用零件名称见表 7-5。由于站场软横跨把各股道接触悬挂在电路上都连接起来，对某些上、下行需要分开供电，以及一些股道需要进行停电作业而另一些股道又不能停电作业的情况造成不便。为了解决这些矛盾，就采用节点 8 的结构对软横跨进行横向电分段。当节点 8 作为上、下行电分段时，在实行"V"型天窗作业区段，绝缘子串要保证实行"V"型天窗时作业人员的人身、设备安全，规定悬式绝缘子泄漏距离要达到 1600 mm。当节点 8 作为供电分区间的电分段绝缘时，根据当地污秽程度，绝缘子爬距为 1200～1600 mm。

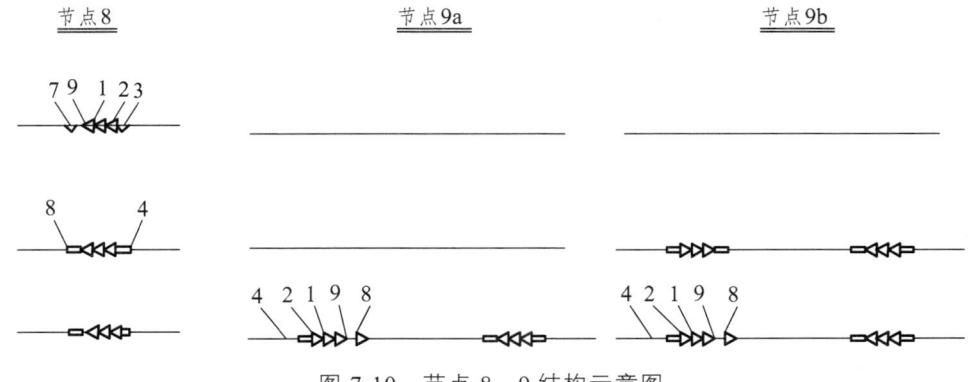

图 7-10 节点 8、9 结构示意图

表 7-5 节点 8、9、13 零件名称表

序 号	名 称	序 号	名 称
1	XP 悬式绝缘子	7	70 型杵座楔形线夹
2	XWP 悬式绝缘子	8	50 型杵座楔形线夹
3	70 型杵座楔形线夹	9	球头挂环
4	50 型杵座楔形线夹	10	双耳连接器
5	双联碗头挂板	11	焊接杵环
6	LV 型联板		

五、节点 9

节点 9 用于软横跨跨越中间站台时，为了保证站台上工作人员以及旅客的安全，将固定绳在站台宽度范围内用两串绝缘子串隔开，使正对中间站台上方的固定绳形成一个无电区，即中性区。节点 9a 的结构如图 7-10 所示，使下部固定绳用绝缘子串形成无电区，所用零件名称见表 7-5。当定位绳跨过中间站台上的雨棚时，应该在上部固定绳中增串接两串绝缘子串，形成无电区，保证安全，如图 7-10 所示的节点 9b。

六、节点 10

节点 10 的装配结构相当于锚段关节中转换柱的装配。它悬吊的两组接触悬挂，一组悬挂为工作支，另一组悬挂为非工作支。非工作支接触线不用定位器而采用夹环，通过 $\phi 4.0$ mm 镀锌铁线或者不锈钢软绞线固定在定位环线夹上。

转换柱有非绝缘转换柱和绝缘转换柱之分，软横跨上则有节点 10a 和节点 10b 与之对应。节点 10a，非工作支比工作支抬高 200~250 mm；节点 10b，非工作支接触线比工作支抬高 500 mm，和工作支接触线水平距离 500 mm。在提速线路的正线道岔，使用限位定位器时，相应有节点 X10a 和节点 X10b。节点 10 的结构如图 7-11 所示，所用零件名称见表 7-2。

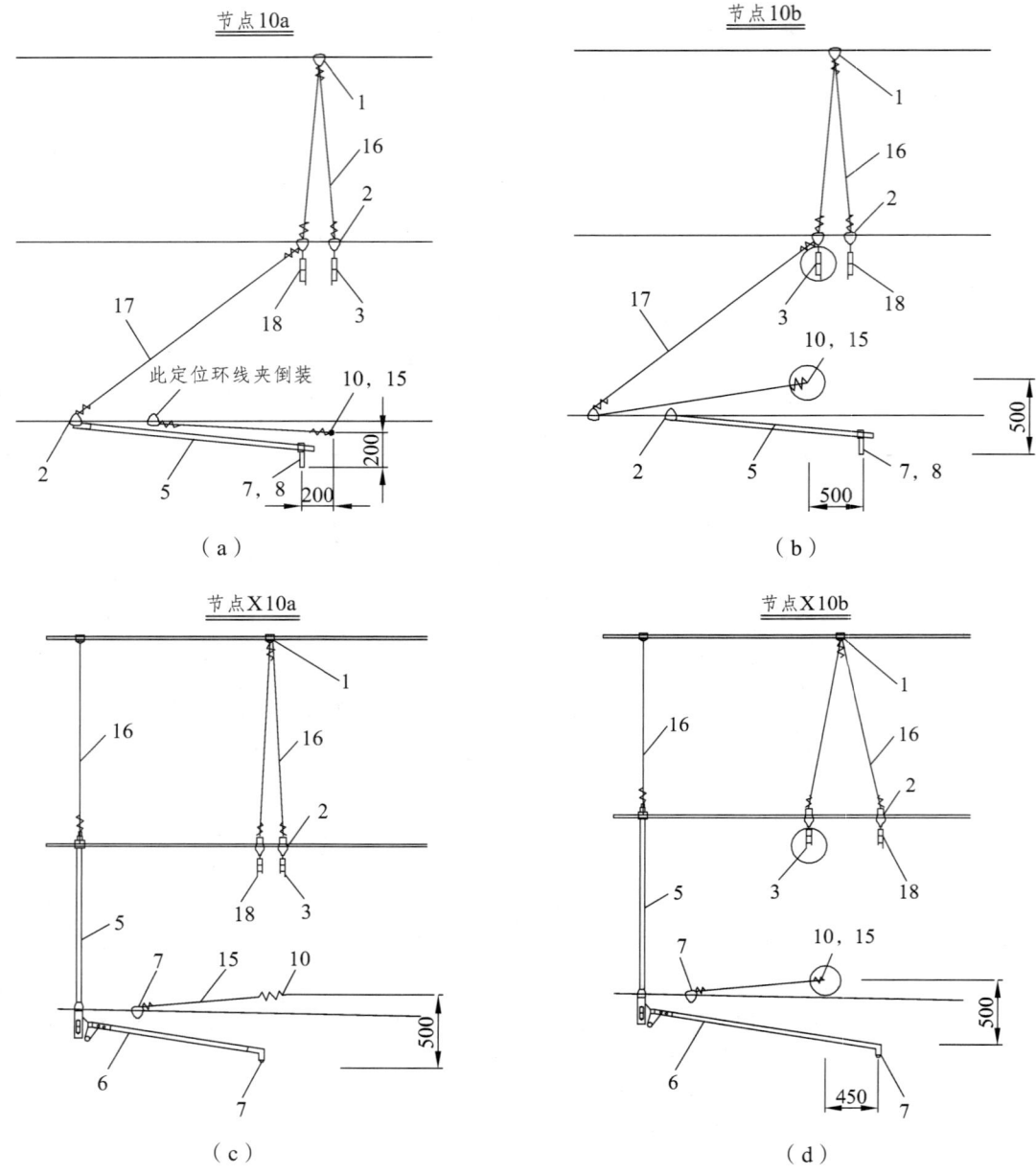

图 7-11 节点 10 结构示意图

七、节点 11、12

当软横跨跨越多股道车站时,某股道非工作支在下锚时,由于线索改变方向的夹角一般不大于 6°,所以可能需要穿越相邻的几组软横跨,在这几组软横跨上将使用节点 11 或节点 12。节点 11、12 用于软横跨悬挂一支非工作支的装配结构。当下锚线索抬高不超过下部固定绳时,选用节点 11;超过下部固定绳时则选用节点 12,其结构如图 7-12,所用零件名称见表 7-2。

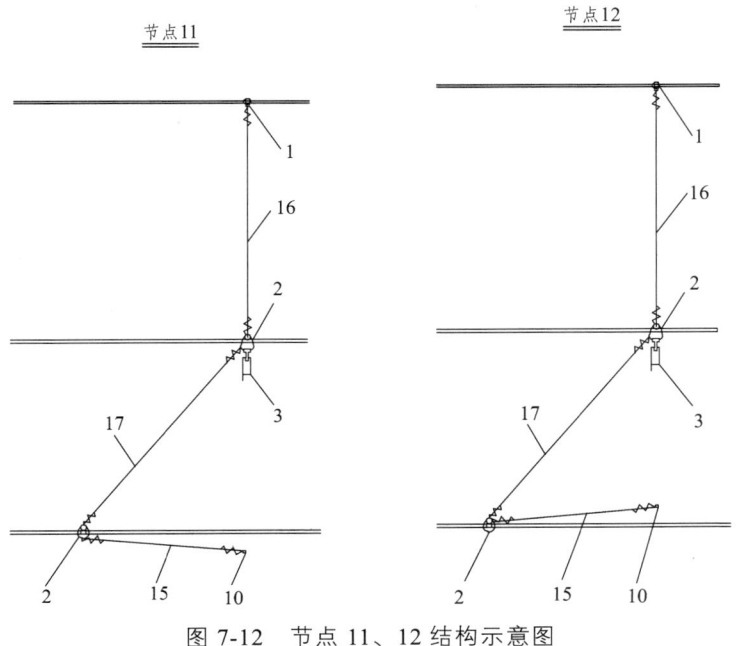

图 7-12 节点 11、12 结构示意图

八、节点 13

节点 13 用于软横跨跨越中间站台又需要横向绝缘分段的装配结构，相当于节点 8 和节点 9 的组合，其结构如图 7-13 所示，所用零件名称见表 7-5。

九、节点 14

节点 14 用于软横跨处设置防窜中心锚结的装配结构，其结构和节点 5 类似，只是在纵向承力索悬挂点安装承力索中心锚结辅助绳，在其两侧安装接触线中心锚结绳，接触线中心锚线夹安装在相邻两跨（l_1、l_2）的中间位置。节点 14 结构如图 7-14 所示，所用零件名称见表 7-2。

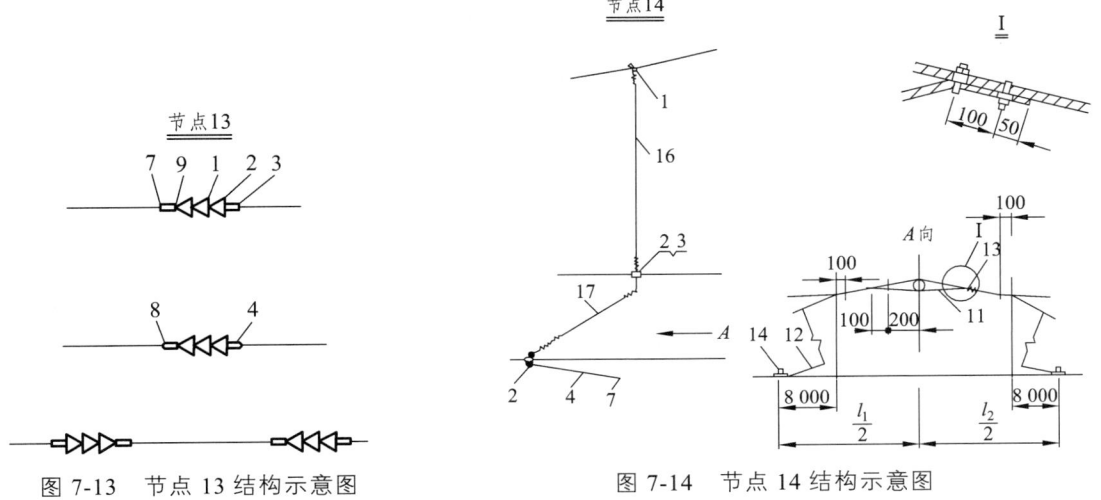

图 7-13 节点 13 结构示意图　　图 7-14 节点 14 结构示意图

十、不等高轨面时的安装

由于同一组软横跨各股道接触悬挂导高差距较大，而软横跨下部固定绳的高度以电化股道的最高轨面连线的中心为准，接触悬挂导高低的股道不能满足接触线至下部固定绳的设计要求，这时可采用按不大于接触线允许坡度升高接触线的方式安装，也可采用在上、下部固定绳上加设一套调节立柱的方式安装，立柱延伸到下部固定绳以下，在立柱上安装定位器，这样既满足了定位器坡度的要求，又满足了导高的要求。其结构如图 7-15 所示，所用零件名称见表 7-6。图 7-15 中，(a)、(b) 图所示为直线和曲线不等高轨面时，导高较低使用调节立柱的装配结构，(c) 图所示相当于定位柱的装配形式。

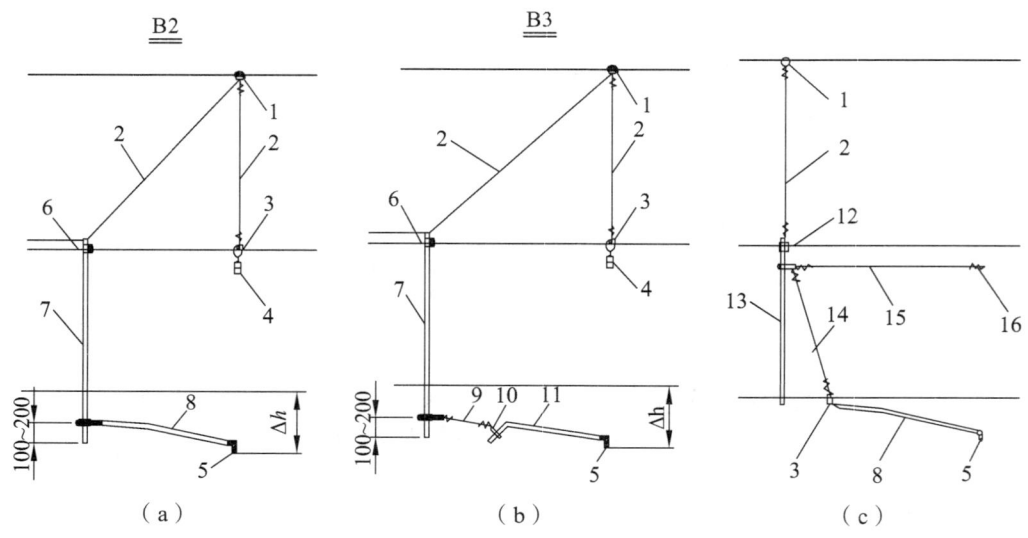

图 7-15 不等高轨面时的结构示意图

表 7-6 不等高轨面时的软横跨零件名称表

序 号	名 称	序 号	名 称
1	双横承力索线夹	9	尾子线
2	直吊弦	10	定位环
3	定位环线夹	11	软定位器
4	悬吊滑轮	12	JK-2 型线卡子
5	定位线夹	13	D14 型调节立柱
6	钢线卡子	14	斜拉线
7	调节立柱	15	拉线
8	定位器	16	夹环

第三节 硬横跨

一、硬横跨的类型

随着铁路提速和高速铁路的建设，硬横跨越来越多地在干线铁路中使用。硬横跨类型多种多样。硬横跨从结构上分为吊柱硬横跨和定位绳硬横跨。吊柱硬横跨主要由硬横梁和吊柱组成，接触悬挂通过腕臂装置固定在吊柱上，如图 7-16（a）所示。定位绳硬横跨主要由硬横梁和上、下部定位绳组成，如图 7-16（b）所示。按照支柱类型可分为混凝土等径圆支柱硬横跨、钢管支柱硬横跨和矩形格构钢柱硬横跨等。按照支柱和横梁连接方式可分为刚接硬横跨和铰接硬横跨。

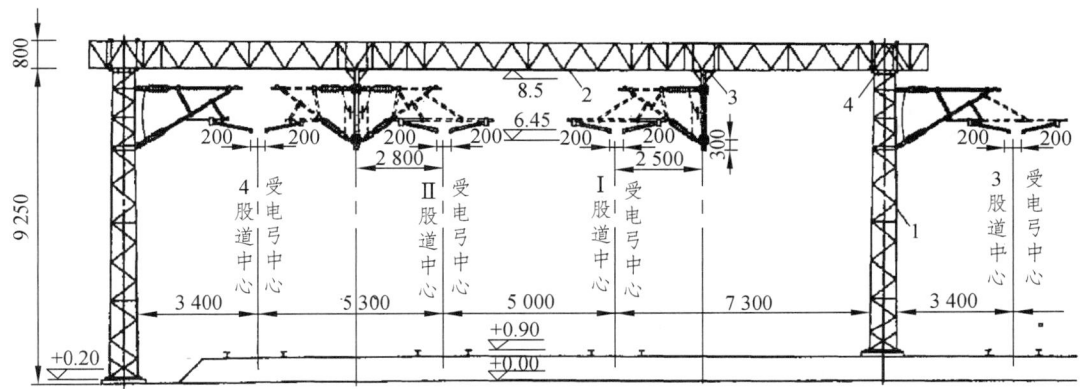

1—钢柱；2—硬横梁；3—吊柱；4—柱梁连接螺栓。

（a）吊柱硬横跨

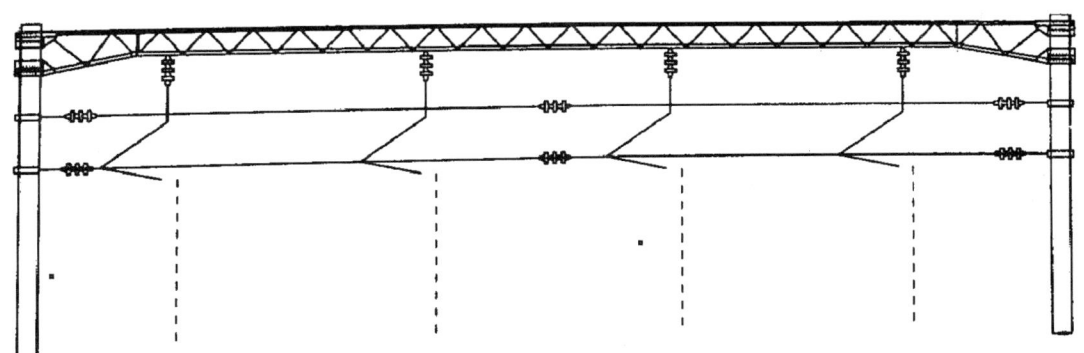

（b）定位绳硬横跨

图 7-16 硬横跨结构

二、硬横跨的优劣

硬横跨的主要优点有：硬横跨不仅机械上独立，股道间不产生影响，事故范围小，提高接触网的稳定性，减少列车高速通过时接触网振动对相邻线路接触悬挂的干扰，抗风性能好，磨耗小、可降低离线率，能改善弓网受流质量，维护工作量小；而且硬横跨形式单一，模块化结构简单，互换性强，便于工厂化预制、机械化加工和施工，提高施工效率、减少调整工作量；同时硬横跨结构可以降低对支柱高度、弯矩和基础承载能力的要求，个别特大站场可以采用两跨或三跨连续式的硬横跨，既满足刚度及稳定性，又相对经济合理、适用；硬横跨外观一致、结构简洁、整齐美观。硬横跨的主要缺点是投资较大，结构较笨重，钢结构防锈成本高，横向跨距不宜过大。

三、硬横跨的组成

硬横跨是由立于站场两侧的支柱和硬横梁组成的，硬横梁是由若干个梁段用螺栓连接而成。硬横梁端头部分梁段称为"硬横梁端头段"，用"YHT"表示。硬横梁中间部分各梁段称为"硬横梁中间段"，用"YHZ"表示；硬横梁整体用"YHL"表示。

根据跨度和悬挂负载数量选用不同长度和不同型号的梁段组成硬横梁。如 YHL-29.5（A）表示长度为 29.5A 型硬横梁。而 YHL-29.5（A）型硬横梁是由以下几部分梁段组成的：

YHT（A）+YHZ-1（A）+ YHZ-1（A）+YHT（A）

它表示自左端至右端组成 YHL-29.5（A）型硬横梁的梁段是：2 段 YHT（A）型硬横梁端头段和 2 段 YHZ-1（A）硬横梁中间段。其中括号内 A、B、C 表示硬横梁采用不同型号的角钢制作。编号 1，2，3……表示采用不同长度的硬横梁。

硬横跨支柱采用钢柱或直径为 550 mm、容量为 60 kN·m 的圆形钢筋混凝土支柱埋入地下杯形基础内固定。

硬横梁一般使用格构式结构（跨距较小时，也可以使用实腹结构），主要有由角钢制成的矩形（截面为矩形）格构式硬横梁和钢管制成的三角形（截面为三角形）格构式硬横梁。吊柱一般为"Y"形方吊柱和"T"形圆吊柱两种，吊柱可以在硬横梁长度范围内任意位置安装。吊柱的两柱脚间距一般为 1300 mm，吊柱通过固定杆连接在硬横跨的下弦杆上，采用大柱脚间距可以减少吊柱对硬横梁产生的次应力。任何线材都不能在硬横梁上下锚。

四、硬横跨安装技术要求

根据《接触网运行检修规程》的规定，硬横跨的技术状态应符合下列要求：
（1）硬横梁的安装高度应符合设计要求，允许误差不超过 + 50 mm。
（2）硬横梁呈水平状态，各段之间及其与支柱应连接牢固，螺栓紧固力矩应符合设计要求。
（3）硬横梁锈蚀面积超过 20%时应除锈涂漆。
（4）吊柱在安装后应处于竖直状态，限界满足要求。

硬横梁在组装时，各梁段要连接紧密，其间隙可用厚 3~5 mm、面积与角钢相同的垫片调整，各部螺栓要实行对角循环紧固。中间梁段有上下受力的方向性，切记不得装反。硬横梁组装应顺直并应预留拱度。硬横梁受力后应呈水平状态，其梁底距最高钢轨面的距离应符合设计规定。两支柱距离要符合设计要求，两支柱中心连线应垂直于车站正线，支柱应垂直设立。

【任务实施】

一、任务描述

在掌握软横跨结构的有关理论知识的基础上，理解软横跨检调的方法和要求，并完成操作。

二、实施步骤

1．检查步骤

（1）检查横向承力索、上下部固定绳及各受力件状态是否良好。

（2）检调上、下部固定绳的张力、弛度以及横向承力索与上部固定绳在最短吊弦处的距离。

（3）横向承力索、上下部固定绳及各部零件涂防腐油。

（4）检查各吊线是否符合要求（截面损耗情况、锈蚀情况、斜吊线有无松弛）。

（5）检查硬横梁钢梁状态，并对锈蚀处除锈补漆。

（6）检查吊柱竖直状态及限界是否满足要求。

2．处理方法

（1）更换直吊弦：

① 将硬梯挂至需换直吊弦的上方（短直吊弦不用硬梯）；

② 用滑轮组将直吊弦卸载；

③ 拆除旧吊弦，安装新吊弦；

④ 松开滑轮组和紧线工具，并复查、调整至符合要求，然后拆除各种工具。

（2）调整直吊弦布置位置：

① 将硬梯挂至需调整直吊弦的上方（短直吊弦不用硬梯）；

② 用滑轮组将直吊弦卸载；

③ 调整横向承力索线夹至要求位置；

④ 调整直吊弦长度，保证上部固定绳呈水平状态。

（3）调整斜吊弦长度，使下部固定绳呈水平状态。

（4）调整吊柱位置：

① 用滑轮组将吊柱吊起卸载；

② 调整吊柱位置竖直，限界满足要求；

③ 各连接螺栓按紧固力矩紧固；

④ 松开滑轮组和紧线工具，然后拆除各种工具。

三、注意事项

1. 作业前，检查所有受力工具，合格后方可使用。

2. 在进行直吊弦的检调或更换时，不得影响各接触线参数的变化。

【自我评估】

1. 说明软横跨的结构组成及软横跨各组成部分的作用。
2. 常见的硬横跨有哪些类型？
3. 说明软横跨各节点的用途。

【评价标准】

项目	标准分	评分标准	扣分标准	操作情况	扣分	得分
		时限 10 min，规定时限内完成不加分，每超时 1 min 扣 10 分，超时 4 min 失格				
工具材料	10分	机具：紧线器、钢丝刷、管钳、450扳手、油漆刷等； 材料：横向承力索线夹、定位环线夹、黄油、油漆、ϕ3.5 mm 软态不锈钢丝、杵座鞍子、悬吊滑轮等	个人工具、材料不齐全每件扣 10 分；材料选择不正确每件扣 5 分			
作业质量	60分	1. 横向承力索和上、下部固定绳不得有接头、断股和补强。 2. 上、下部固定绳应水平，5 股道以下允许有 100 mm 的负弛度，5 股道以上允许有 200 mm 的负弛度；下部定位绳距导线垂直距离，在最低温度时，不得小于 250 mm。 3. 横向承力索与上部固定绳在最短直吊弦处距离为 400～600 mm。 4. 直吊弦、斜拉线的损耗截面超过20%或锈蚀超过其长度的1/3必须更换；普通 ϕ4.0 mm 镀锌铁线制作的直吊弦、斜拉线使用时间达到5年应整体更换；污染严重的地区可视具体情况提前更换。 5. 横向承力索和上、下部固定绳应有防腐油层，吊弦应受力无松弛。 6. 硬横梁钢梁及中心锚结钢梁，漆面剥落和锈蚀面积不得超过钢梁总面积的20%，否则应除锈涂漆。每5年应进行一次整体除锈涂漆。 7. 硬横梁钢梁角钢应无变形和弯曲，各连接螺栓按紧固力矩紧固并涂油防腐。 8. 吊柱在安装后应处于竖直状态，限界满足要求，各连接螺栓按紧固力矩紧固	1. 每项未测量或未调整扣 10 分； 2. 程序不正确每步骤扣 5 分； 3. 每项超标扣 10 分； 4. 可能导致打弓、刮弓、钻弓判定为失格			
安全要求	30分	1. 个人劳动防护用品齐全，每少一件扣 2 分； 2. 佩戴安全帽，不戴者扣 2 分； 3. 操作中，身体无损伤，每损伤一处扣 2 分； 4. 如有其他不安全因素者，酌情扣分	1. 防护安全用品穿戴不齐全或不合格每件扣 10 分； 2. 未按规定穿戴劳动保护用品每次扣 10 分； 3. 不按规定使用工具每次扣 10 分； 4. 其余违反每项扣 10 分			
总分	100分	时间：考核开始 　　　考核结束	备注：	合计		

第八章 线岔的检调

在站场上，站线、侧线、渡线、到发线总是并入正线的。两股道相交处形成道岔，两股道接触网在道岔上方交叉则形成线岔。如果线路设一个道岔，接触网就必须设一个线岔（也称架空转辙器），道岔的形式多种多样，因而线岔的形式也多种多样。线岔的作用是保证电力机车受电弓安全平滑地由一条接触线过渡至另一条接触线，达到转换线路的目的。

第一节 普速铁路的交叉线岔

普速铁路的交叉线岔是在两接触线交叉处用限制管固定，并限制两相交接触线位置的设备，称为接触网线岔。当机车受电弓从一股道通过线岔时，由于受电弓有一固定宽度，因此在未运行到两导线交叉点时，即已接触到另一股道接触线，该处被称为线岔始触点。在接触瞬间，本股道接触线因受电弓抬升力的作用已有一定升高值，当相邻股道接触线处于本股道接触线下方时，会随着本股道接触线抬升而抬升，保证两接触线在始触点基本等高；当相邻股道接触线处于接触线交叉点的下方时，会出现两导线不等高现象，为了使其随着本股道接触线一起抬升，需要在两接触线交叉点处安装一个限制管，以防止在始触区受电弓在始触点处发生刮弓和钻弓事故。

一、线岔的结构

接触网交叉线岔是由两相交接触线、一根限制管以及固定限制管的定位线夹和螺栓组成。

限制管两端，用定位线夹固定在下面的接触线上，通过限制管将两相交接触线互相贴近，当上面接触线升高时，可利用限制管带动下面的接触线同时升高，以消除始触点两导线高差。由正线与侧线组成的交叉线岔，正线接触线位于侧线接触线的下方；由侧线和侧线组成的线岔，距中心锚结较近的接触线位于下方。

限制管用 3/8 英寸镀锌钢管加工制成，两端扁平有圆孔用以固定定位线夹。由于接触线在温度发生变化时，有伸缩变化，会引起在限制管内的两支相交的接触线的交叉点位置发生变化。为了保证交叉点在接触线伸缩变化时不出限制管的范围，或防止交叉点过多偏向限制管一端造成上面接触线磨损定位线夹或接触线卡死，应对限制管的长度进行合理选择。限制管的长度根据所安装接触线处至中心锚结的距离确定，当距离小于 500 m 时，采用 500 型；当距离大于 500 m 时，选用 700 型。普速铁路交叉线岔的结构如图 8-1 和表 8-1 所示。

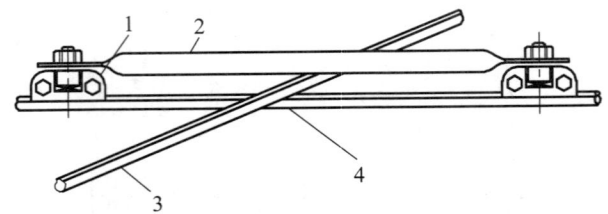

1—定位线夹；2—限制管；3—侧线接触线；4—正线接触线。

图 8-1　普速铁路交叉线岔

表 8-1　限制管参考尺寸

线岔至中心锚结的距离/m	500 以下	500 以上
限制管长度/mm	1300	1500

为保证交叉点在极限温度时接触线的伸缩变化不超出限制管的范围，在安装时要考虑线索伸缩差值及伸缩方向，如在平均温度安装时，限制管中心重合于接触线交叉点；当安装温度高于平均温度时，限制管中心应略偏于下锚方向；当安装温度低于平均温度时，限制管中心应略偏于中心锚结方向。

二、线岔的定位

线岔定位是指两接触线交叉点的投影点，在道岔导曲线两内轨轨距的位置，其位置与道岔类型有关。

1．单开道岔

单开道岔是铁路应用最多也是基本的形式，线岔也是这样。

1）道岔定位支柱的位置

160 km/h 及以下区段，道岔定位支柱应位于道岔起点轨缝至线间距 700 mm 的范围内，如图 8-2 所示；160 km/h 以上区段，道岔定位支柱应按设计的位置布置，支柱间跨距允许误差为 ±1 m。

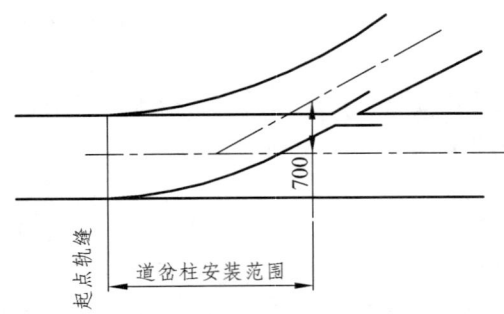

图 8-2　单开道岔定位柱位置示意图

2）交叉点位置

标准值：两接触线相交于道岔导曲线两内轨轨距 745 mm 处。

安全值：160 km/h 及以下区段，线岔交叉点位于道岔导曲线两内轨轨距 630～1 085 mm 范围内的横向中间位置；160 km/h 以上区段，线岔交叉点位于道岔导曲线两内轨轨距 735～1 085 mm 范围内的横向中间位置，如图 8-3 所示。横向位置允许偏差 50 mm。

限界值：同安全值。

3）两接触线相距 500 mm 处的高差

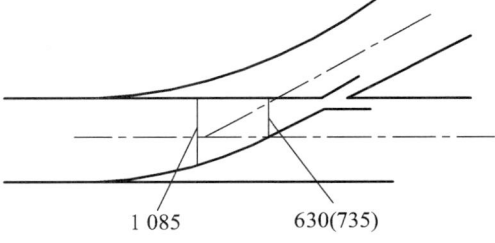

图 8-3　单开道岔线岔位置示意图

标准值：当两支均为工作支时，正线线岔的侧线接触线比正线接触线高 20 mm，侧线线岔两接触线等高。当一支为非工作支时，160 km/h 及以下区段，非工作支接触线比工作支接触线抬高 80 mm；160 km/h 以上区段，非工作支接触线按设计要求延长一跨并适当抬高后下锚。

安全值：当两支均为工作支时，正线线岔侧线接触线比正线接触线高 10～30 mm；侧线线岔两接触线高差不大于 30 mm。当一支为非工作支时，160 km/h 及以下区段，非工作支接触线比工作支接触线抬高 50～100 mm；160 km/h 以上区段，非工作支接触线延长一跨并抬高 350～500 mm 后下锚。

限界值：同安全值。

4）限制管长度

限制管长度符合设计要求，安装牢固，并使两接触线有 1～3 mm 的活动间隙，保证接触线自由伸缩。

5）始触区

160 km/h 及以下区段，线岔两工作支中任一工作支的垂直投影距另一股道线路中心 550～800 mm 的范围内，不得安装任何线夹。

160 km/h 以上区段，对于宽 1950 mm 的受电弓，在距受电弓中心 600～1050 mm 的平面和受电弓仿真最大动态抬升高度（最大 200 mm）构成的立体空间区域为始触区范围，该区域内不得安装除吊弦线夹（必需时）外的其他线夹或零件。

6）其他

① 道岔定位器支座不得侵入受电弓动态包络线。否则应使定位器加长，并采用特殊弯形定位器，并保证定位器的端部不侵入其他线的受电弓限界。

受电弓动态包络线是指受电弓以最高设计速度运行可能达到的最大允许抬升量和最大允许摆动量的轮廓线。动态包络线范围内不得有任何障碍影响受电弓运行的零部件。

120 km/h 及以下区段，受电弓动态抬升量为 100 mm，左右摆动量为 200 mm。

120～160 km/h 区段，受电弓动态抬升量为 120 mm，左右摆动量为 250 mm。

200 km/h 区段，（导线高度为 6 m 时）受电弓动态抬升量为 160 mm，左右摆动量直线区段为 250 mm、曲线区段为 300 mm。

200～250 km/h 区段，受电弓动态最大抬升量为 200 mm，左右摆动量直线区段为 250 mm、曲线区段为 350 mm。

② 160 km/h 及以下区段，线岔定位拉出值不大于 450 mm。160 km/h 以上区段，线岔定位拉出值不大于 400 mm。

③ 160 km/h 以上区段，正线线岔在两工作支接触导线间距 550～600 mm 处宜设一组交

叉吊弦,使两支接触导线等高。

④ 160 km/h 以上区段,在始触区范围内,两支接触线位于受电弓中心同一侧。

⑤ 道岔开口方向上道岔定位后的第一个悬挂点设在线间距大于等于 1220 mm 处,并应保证两线接触悬挂的任一接触线分别与相邻线路中心的距离不小于 1220 mm。

⑥ 两支承力索间隙不应小于 60 mm。

⑦ 凡是安装线岔的地方,均应安设电连接线,电连接线安装在距线岔 1.5~2 m 处,以保证始触点处等电位。

2．复式交分道岔

对称(双开)及复式交分道岔结构如图 8-4 所示。其线岔的布置形式类似单开道岔,其技术状态应符合下列要求:

① 交叉点位置。

标准值:复式交分道岔两接触线相交于道岔对称中心轴的上方。

安全值:交叉点的横向和纵向允许偏差为 50 mm。

限界值:同安全值。

② 两接触线相距 500 mm 处的高差、限制管和始触区等,与单开道岔的线岔要求相同。

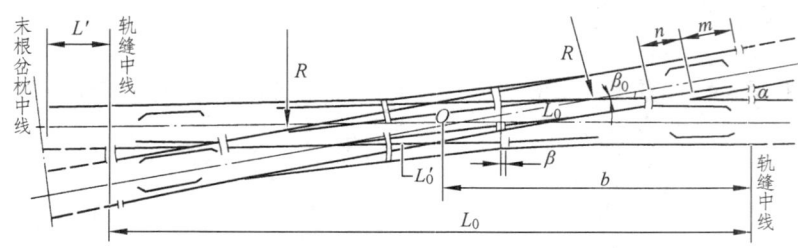

图 8-4　对称及复式交分道岔结构

3．交叉渡线

相邻的两条正线或主要站线用专设渡线连接起来的称为交叉渡线。它由两条线和四组单开道岔组成。对于接触悬挂则设五组线岔,如图 8-5 中的 a、b、c、d、e 所示。对于常速线岔的要求:第一首先要使限制管嵌住的接触线能自由伸缩、纵向移动;第二是考虑到温度变化,在调整时,以平均温度计算,侧线接触线应在限制管中间;第三要考虑到限制管、线夹以及双悬挂的集中质量,两接触线应相交于两渡线中心线的正上方,且侧线接触线高出正线(或较重要线)接触线 10~20 mm;非工作支要按照设计要求抬高。

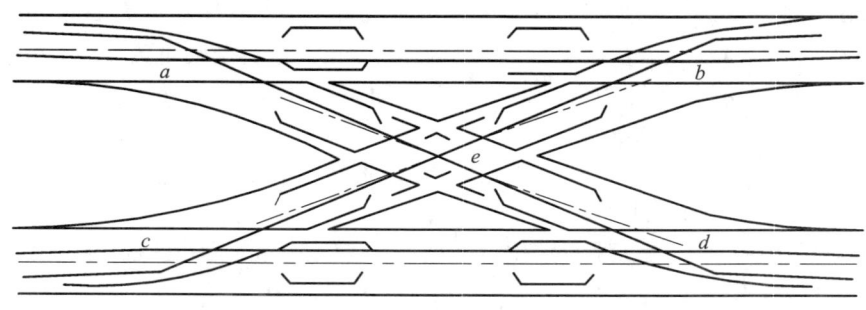

图 8-5　交叉渡线的线岔定位

第二节 高速交叉线岔

前面介绍了普速铁路交叉线岔的类型和定位,这种交叉布置方式是我国传统的接触悬挂在道岔处的布置方式,在时速 200~250 km 的电气化线路上也可以采用这种交叉式布置方式,同样可以实现接触网-受电弓系统的良好受流。

接触网线岔是由线路条件决定的。在车站、编组站大量铺设道岔,道岔各有其代号,比如 9 号道岔、12 号道岔、18 号道岔等。这个代号可不是随便排列的,它代表了辙叉角(α)的余切值,也就是辙叉心部分直角三角形两条直角边 FE 和 AE 的比值,如图 8-6 所示。

图 8-6 辙叉角示意图

即 $N = \cot\alpha = FE/AE$,N 就是道岔号。显而易见,辙叉角 α 越小,N 值就越大,导曲线半径也越大,列车侧线通过道岔时就越平稳,允许过岔速度也就越高。所以采用大号道岔对于列车运行是有利的。不过,道岔号数越大,道岔越长,造价自然越高,占地也要多得多。因此,采用什么号数的道岔要因地制宜,因线而异,不可一概而论。普速铁路一般多采用 9 号和 12 号道岔。当线岔中的正线、侧线的最高速度提高之后,线路的曲线半径变大,道岔的型号也由 9 号、12 号改为 18 号、38 号、42 号等,此时对线岔也提出了新的要求。

(1)站场道岔优先采用 Re200C 交叉线岔设计,特殊困难情况下考虑兼顾需要,可采用传统道岔布置方式,并优先采用标准定位。

(2)Re200C 交叉线岔应设计交叉吊弦。

在线岔交点两端,正线接触线和侧线线路中心线距、侧股接触线和正线线路中心线距均在 550~600 mm 之间,分别设置 2 组交叉吊弦,即将侧线接触悬挂的承力索悬吊正线接触悬挂的接触线,而正线接触悬挂的承力索悬吊侧线接触悬挂的接触线,如图 8-7 所示。机车受电弓将正(侧)线接触线抬升时,通过交叉吊弦的作用可将侧(正)线的接触线同步抬升。交叉吊弦在承力索端采用滑动吊弦线夹,以保证温度变化时交叉吊弦顺线路方向不会发生偏斜,安装时应保证在极限温度下两交叉吊弦不相互碰撞。

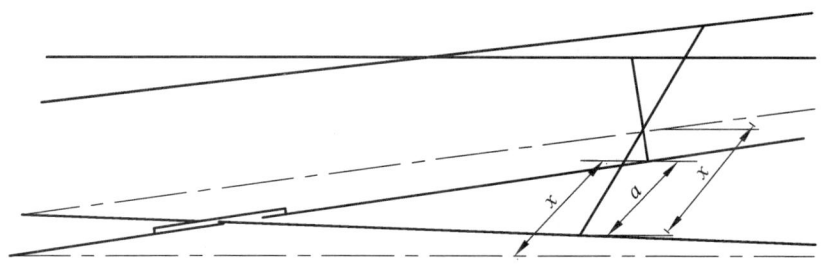

550 mm ≤ x ≤ 600 mm　a ≥ 150 mm

图 8-7 交叉线岔交叉吊弦

（3）道岔定位处的接触线高度符合技术标准，对于 18 号及以下道岔，定位处两接触线应等高；对于 38 号道岔，定位处（两个定位柱）侧线比正线抬高分别为 130 mm 和 10～20 mm。

（4）道岔定位柱与两线交点（线岔安装中心）的距离不小于 2.5 m，交点应位于两内轨间横向中间位置，两接触线的拉出值不得大于 400 mm。

（5）在交叉点处正线位于侧线下方，侧线在限制管内活动自如，有 1～3 mm 的活动间隙，以确保接触线伸缩自如。

（6）在线岔处两支接触线中一支水平投影距另一线路中心距离 600～1050 mm 范围内为线岔始触区，在始触区范围内不得安装任何线夹（含定位线夹、电连接线夹、吊弦线夹等）及金具，如图 8-8 所示。在始触区范围内，侧线比正线抬高 20～30 mm，线岔另一端若为非工作支，线间距 500 mm 处抬高不小于 100 mm。

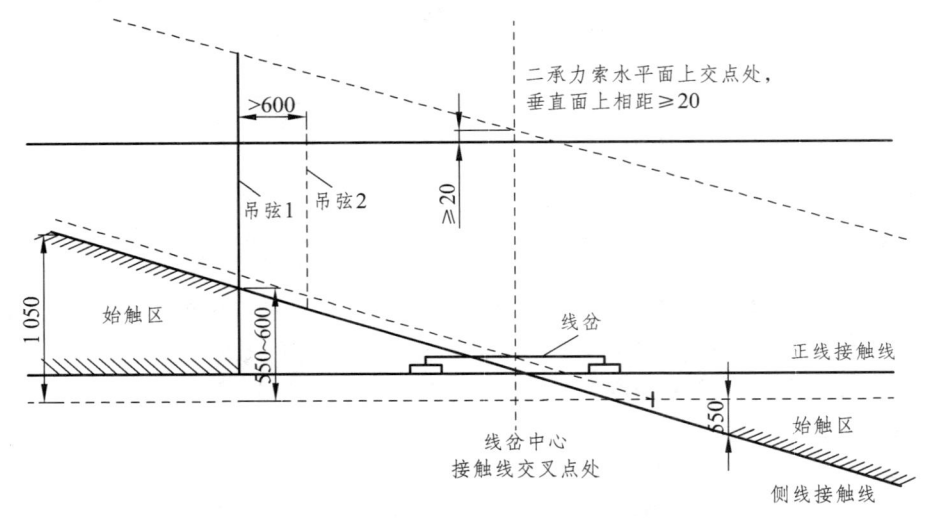

图 8-8　始触区示意图

（7）18 号道岔定位柱 2 立于两轨中心线间距 1320 mm 以外，并保证任何一条线路中心线与另一条线路的接触线距离不小于 1225 mm。

（8）对正线道岔非标定位线岔，定位柱 1 立于两轨中心线间距 0～300 mm 附近；两接触线应相交于两轨中心线间距 300～600 mm 之间，定位点处侧线抬升 80 mm 以上。

（9）一侧为下锚支时，在两线间距 500 mm 处，下锚支接触线比工作支接触线抬高不少于 80 mm，下锚支过线岔后不得直接下锚，须延长一跨下锚。

（10）在两线间距 800 mm 以内时，两接触线必须位于受电弓同一侧。

（11）两支接触线在距线岔 100 mm 处安装双吊弦，在距两支接触线交点 1500～2000 mm 处，工作支一侧设置一组电连接。

（12）非标准定位时，两接触线尽量相交于道岔导曲线两内轨轨距为 735～935 mm 处（即两线路中心距离为 500～700 mm）。

（13）标准定位的道岔柱位于道岔处两线间距为 360～380 mm 处，标准定位拉出值正线为 300 mm、侧线为 400 mm（允许 350～400 mm）。

（14）侧线支腕臂设置在岔尾方向，且为抬高支腕臂，抬高为 300 mm，以不磨正线承力索或腕臂为宜。

（15）道岔有一支是正线的道岔，选用 1450 型限位定位器；当拉出值拉不够时，选用 1250 型限位定位器。当两支均为侧线时，选用 1250 型限位定位器。

（16）道岔处有一支为正线时，选用 700 型限制管（长 1710 mm）；两支均为站线时，选用 500 型限制管（长 1510 mm）。

（17）对于复式交分道岔，采用交叉布置方式时，两接触线应相交于道岔对称中心轴正上方；对于交叉渡线，两接触线应相交于两渡线中心线的交点正上方处；且侧线接触线高出正线（或较重要线）接触线 10~20 mm，非工作支抬高量在两线间距 500 mm 处不低于 80 mm。上述两种线岔允许横向和纵向偏差均为 50 mm。

（18）18 号道岔接触网标准定位柱位置在理论岔心前 5~10 m 处。

第三节　无交叉线岔

无交叉线岔就是在道岔处，正线和侧线两组接触悬挂无相交点。我国自广深（广州—深圳）线开始，逐渐在（准）高速线路的正线道岔中使用无交叉线岔。无交叉线岔的优点是正线和侧线两组接触线既不相交、不接触，也没有线岔设施，故既不会产生刮弓事故，也没有因线岔形成的硬点，提高了接触悬挂的弹性均匀性，从而消除了高速行车时打弓、钻弓及刮弓的可能性。

无交叉线岔应达到以下两点要求：

（1）机车受电弓沿正线高速行驶通过线岔时，不与侧线接触线接触，因而不受侧线接触悬挂的影响。

（2）机车从正线驶入侧线时（或从侧线驶入正线），要使受电弓平稳过渡，不出现钻弓和打弓现象，且接触良好。

一、无交叉线岔的结构

无交叉线岔的道岔布置如图 8-9 所示。无交叉线岔的道岔柱位于正线和侧线两线间距为 660 mm 处，正线拉出值约为 330 mm，侧线相对于正线的线路中心 999 mm，距侧线线路中心 333 mm，侧线接触线在过线岔后抬高下锚，O 点为道岔岔心，O' 点为理论岔心，D 点为道岔柱的位置。

图 8-9（b）为立面图，用来表示垂直方向上接触线的布置。不相交的正线和侧线，两支接触线在线岔过渡区不在同一水平面上。图中虚线为接触线正常高度水平线，正线接触线在理论岔心方向比定位点处略低，在辙岔方向以 4/1000 的坡度升高。而侧线相反，在理论岔心方向抬高后去下锚，在其辙岔方向以 -3/1000 的坡度降低。在定位处，两承力索高度也存在高度差，远离支柱的一支（不论该支是正线还是侧线）抬高量为 300 mm（相对于水平支承力索）。

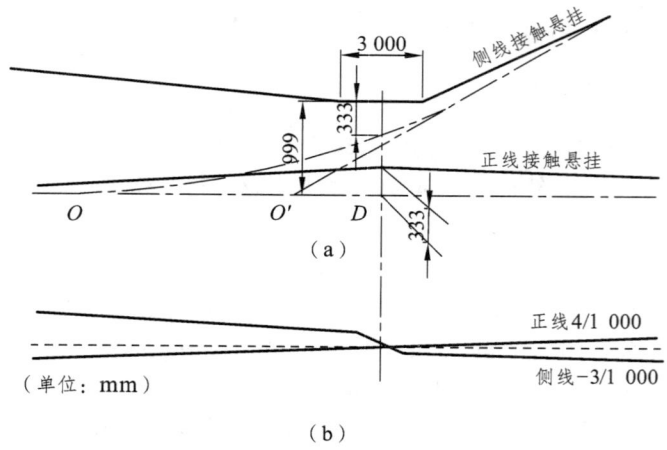

图 8-9 无交叉线岔的道岔布置

二、无交叉线岔的工作原理

如图 8-10 所示为机车通过无交叉线岔时的过渡状态示意图。无交叉线岔的最大优点是保证机车能从正线高速通过，在平面布置时，应使侧线接触线位于正线线路中心以外 999 mm 处。机车受电弓一半宽度为 673 mm，考虑受电弓左右摆动最大值不大于 300 mm，即运行机车受电弓在侧线侧可能触及的尺寸限界为 673 + 300 = 973（mm），其值小于 999 mm；如果受电弓向侧线反向摆动 300 mm，则 673 − 300 = 373（mm），其值大于定位点拉出值 333 mm，因此机车从正线通过岔区时，与区间接触网一样正常受流，而与侧线接触悬挂无关。

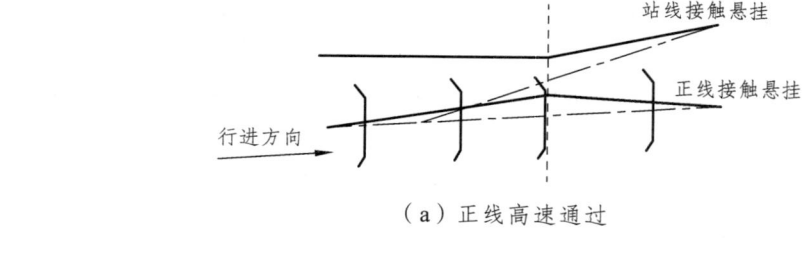

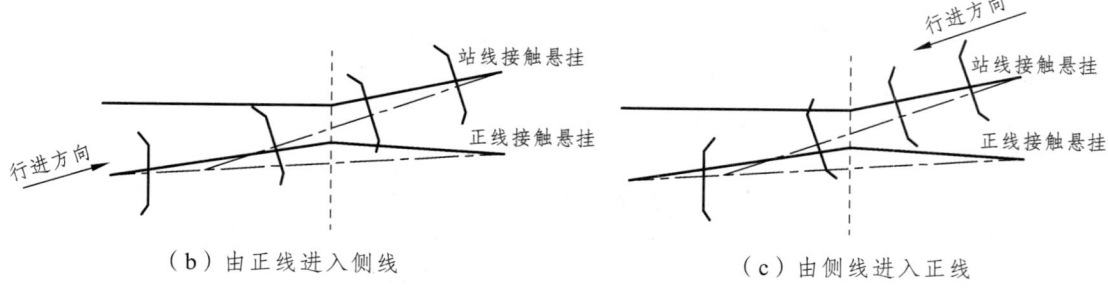

图 8-10 机车通过无交叉线岔时的过渡状态示意图

在悬挂布置时，已充分考虑了受电弓工作长度和摆动量，因此在机车正线通过时，可以保证侧线接触线与正线线路中心线的间距始终大于受电弓的工作宽度一半加上受电弓横向摆动量的和，因而，正线高速行车时，受电弓滑板不可能接触到侧线接触线，从而保证了正线高速行车的绝对安全，并且在道岔处不存在相对硬点。

当机车从正线进入侧线时，在线间距 126～526 mm 之间为受电弓与侧线接触线的始触区，如图 8-9（b）所示。此时，因侧线接触线被抬高下锚，侧线接触线高于正线接触线，过岔时，侧线接触线比正线接触线高度以 –3/1000 坡度降低，因而，受电弓可以顺利过渡到侧线接触悬挂。

在机车由正线向侧线过渡时，由于侧线接触线比正线接触线有较大的抬高，因此，受电弓不会接触侧线接触线而从正线接触线上受流。随着机车的前进，由于在定位点处受电弓中心与正线接触线之间的距离较小，受电弓经过等高区后逐渐滑离正线接触线，而此时侧线接触线逐渐降低至正常高度。因而，受电弓可以顺利过渡到侧线接触悬挂。

当机车从侧线进入正线时，在线间距 806～1306 mm 之间为受电弓与正线接触线的始触区，如图 8-9（c）所示。此时，因正线接触线比侧线接触线高 4/1000 的坡度，过岔后，渡线被抬高下锚，正线接触线高度又低于侧线，因而，受电弓可以顺利过渡到正线接触悬挂。

在机车从侧线向正线开始过渡时，由于侧线低于正线，所以仍由侧线供电，受电弓进入正线接触悬挂的始触区，受电弓滑板的侧面与正线接触线开始接触。经过等高区以后，由于侧线接触线比正线接触线有抬高，随着机车的继续前进，受电弓将逐步脱离侧线接触悬挂而平滑地过渡到正线接触悬挂。

【任务实施】

一、任务描述

在掌握交叉线岔结构、特点的有关理论知识的基础上，理解交叉线岔检调的方法和要求，并完成操作。

二、实施步骤

1. 在线路上找出两接触线交叉点垂直投影的标准位置（标准定位时在道岔两内轨轨距为 630～1085 mm 的横向中间位置，允许误差 ±20 mm；非标准定位时，尽量在两内轨间距为 735～935 mm 处），用粉笔做出标记。
2. 将线坠挂在线岔交叉点处。
3. 利用棕绳、滑轮配合调整线岔定位点处拉出值（同增或同减），使线坠尖落在粉笔标记处。因为在任何情况下，线坠拉出值不能超过 350～400 mm，所以如果调不到位，可调整与线坠定位柱相邻支柱处定位拉出值，使线坠尖落到粉笔标记处。
4. 松动线岔限制管两端定位线夹螺栓，将限制管中心调到规定位置处。
5. 紧固各部螺栓，铁件涂油。
6. 用水平尺测量并调节吊弦长度，使线岔处两接触线相距 500 mm 处两工作支接触线等高，非工作支相对工作支抬高不小于 50 mm。
7. 检查电连接状态。

三、注意事项

1. 线岔调整时，定位线夹要端正，电连接线符合要求，电连接线夹安装端正，吊弦状态良好，否则会造成刮弓事故。

　　2. 线岔调整后，始触点处的等高或抬高必须符合要求，拉出值必须在 350～400 mm 范围内，最好是 375 mm，交叉角不能太大或太小，避免造成钻弓或剐弓。

　　3. 线岔调整后，线岔交叉点投影必须符合要求。调整时，车梯推扶人员应特别注意车梯掉道，以免造成伤亡。

【自我评估】

　　1. 标准定位单开线岔的定位柱设置在两股道线路中心线相距＿＿＿＿＿＿处，两接触线交叉点的垂直投影在道岔导曲线两内轨间距＿＿＿＿＿＿＿＿＿＿的横向中间位置。

　　2. 复式交分道岔标准定位时，两接触线应相交于＿＿＿＿＿＿＿＿＿＿。

　　3. 线岔处两接触线相交时，＿＿＿＿＿在下面，若两侧线接触线相交＿＿＿＿＿＿在下面。

　　4. 限制管和交叉接触线间保持＿＿＿＿＿＿＿的间隙，并在平均温度，限制管中心和两线交点＿＿＿＿＿＿＿＿。高于平均温度，限制管中心偏向＿＿＿＿＿＿＿＿＿＿，低于平均温度偏向＿＿＿＿＿＿＿＿＿＿，以防卡滞。

　　5. 线岔的安装，应能保证在（　　）温度时，上部接触线位于线岔中央。

　　A. 最高　　B. 最低　　C. 平均　　D. 接触线无弛度

　　6. 简述线岔的作用。

　　7. 线岔和道岔柱如何定位？

【评价标准】

内容	评 分 标 准	操作情况	扣分情况	备注
时间	规定时限 8 min，每超时 1 min 扣 1 分，超过 5 min 失格			
料具准备 10 分	要求工具符合要求，用前须做绝缘摇测，否则扣 10 分			
质量要求 60 分	1. 线岔的垂直投影测量不对扣 10 分			
	2. 测量接触线间距 500 mm 处两工作支导高或工作支相对非工作支的抬高不对扣 10 分			
	3. 测量拉出值不对每次扣 5 分			
	4. 测量时读数错误每次扣 10 分			
安全要求 20 分	备注：扣完配分失格			
	1. 作业中出现一般违章现象每次扣 5 分			
	2. 作业时用手及其他金属物件短接绝缘测杆有效部分扣 20 分			
	3. 测量前，工具未经有关试验使用扣 20 分			
	4. 测量时短接轨道电路每次扣 5 分			
文明作业 10 分	1. 作业时必配的个人工具、劳保用具、安全用具每缺一件扣 5 分			
	2. 作业中出现不文明语言或动作每次扣 5 分			
	3. 作业完毕，料具有一件不归位扣 2 分			
评分			扣分情况	

第九章　绝缘装置的维护与检调

第一节　绝缘子的维护

绝缘子是接触网中广泛应用的重要部件之一，绝缘子用于电气绝缘以隔离带电体和非带电体，使接触悬挂对地保持电气绝缘。

绝缘子质量及其性能的优劣对接触网的工作状态有着很大影响。绝缘子在使用中将承受高电压（包括过电压）、各种负载、振动等机械和电气方面的影响，同时环境污染、尘埃等都会影响绝缘子的工作状态。

一、绝缘子的类型

绝缘子主要由钢连接件和绝缘部件两部分组成。连接件为了方便和其他金具连接，有球头、球窝、单耳、双耳、圆管等多种类型。绝缘部件通过水泥黏结或者压接的形式和钢连接件相连。

（一）按结构分类

接触网常用的绝缘子按结构分成悬式绝缘子、棒式绝缘子及针式绝缘子三大类。

1．悬式绝缘子

悬式绝缘子使用最广泛，用量较多。悬式绝缘子一般由绝缘件（如瓷件、玻璃件）和金属附件（如钢脚、铁帽、法兰等）用胶合剂胶合或机械卡装而成。钢脚及铁帽与胶合剂接触的表面薄涂一层缓冲层，一般为沥青，钢脚顶部瓷件之间有弹性衬垫。瓷件表面一般上白釉，铁帽和钢脚表面全部热镀锌。铁帽下口边缘与绝缘件之间留有适当间隙，以避免材料膨胀时绝缘件受应力而损坏。

悬式绝缘子主要用于绝缘承受张力的场合，如用作线索下锚、水平拉杆、软横跨绳索、隧道内悬挂、锚段关节以及馈电线、并联线等处的对地绝缘。

目前所采用的悬式绝缘子其机械破坏负荷分为 40 kN、70 kN、100 kN、160 kN 四级。电气化铁路中主要使用 40 kN 和 70 kN 级悬式绝缘子。悬式绝缘子的结构如图 9-1 所示。

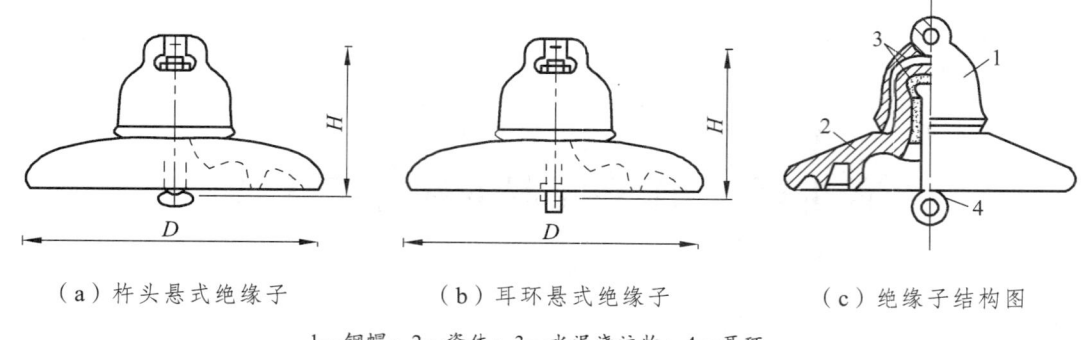

（a）杵头悬式绝缘子　　　（b）耳环悬式绝缘子　　　（c）绝缘子结构图

1—钢帽；2—瓷体；3—水泥浇注物；4—耳环。

图 9-1　悬式绝缘子

从悬式绝缘子的型号来看有老系列和新系列，老系列产品即 X 系列产品，新系列产品即 XP 系列产品。因为新系列产品具有尺寸小、质量轻、金属附件连接标准化等优点，因此老系列产品将逐渐被淘汰。

（1）老系列悬式绝缘子型号含义如图 9-2 所示。

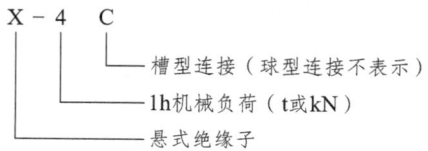

图 9-2　老系列悬式绝缘子型号含义

（2）新系列悬式绝缘子型号含义如图 9-3 所示。

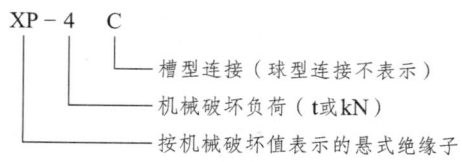

图 9-3　新系列悬式绝缘子型号含义

2．棒式绝缘子

棒式绝缘子是根据电气化铁路接触网的工作条件而专门设计制造的一种整体式绝缘子，其结构如图 9-2 所示。它受压性能较好，具有一定的抗弯强度，在需要承受压力和弯矩的场合多使用棒式绝缘子，主要用于斜腕臂、压管、平腕臂及隧道定位和隧道悬挂等场合。棒式绝缘子根据使用条件，分为隧道悬挂定位绝缘子和区间（站场）腕臂支持、压管支撑绝缘子。

棒式绝缘子按使用环境及条件又分为普通型、防污型和双重绝缘三种类型。双重绝缘的棒式绝缘子是用于 AT 供电的绝缘子。

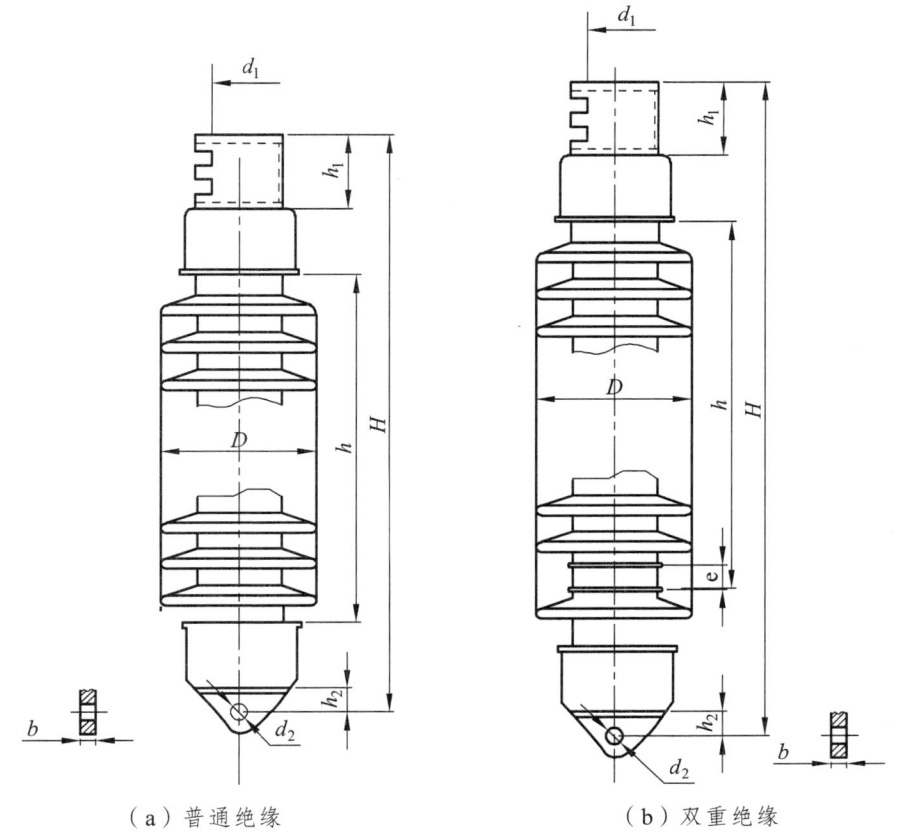

(a) 普通绝缘　　　　　　　　(b) 双重绝缘

图 9-4　棒式绝缘子的结构

目前采用的棒式绝缘子有 QX、QB、QXN、QBS、QBN 等几种型号。其型号表示方法如图 9-5 所示。

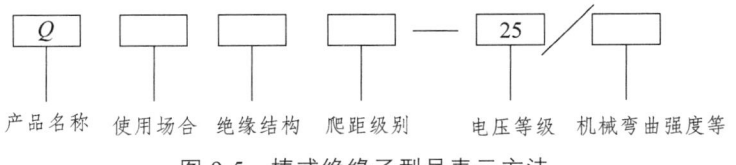

图 9-5　棒式绝缘子型号表示方法

符号含义如下。

产品名称：Q 表示交流电气化铁路用棒式瓷绝缘子。

使用场合：X 表示隧道悬挂；E 表示隧道定位；B 表示区间、站场腕臂支持。

绝缘结构：S 表示双重绝缘（单绝缘不表示）。

爬距级别：N 表示普通型，公称爬距 1200 mm；J 表示绝缘加强型，公称爬距 1400 mm；G 表示绝缘高度加强型，公称爬距 1600 mm。

机械弯曲强度等级：无标注为 4 kN；8、12、16 分别表示 8 kN、12 kN、16 kN。金属附件内径均为 62 mm。机械强度较高的棒式绝缘子主要用于机械负载较大的高速电气化铁路。

例如，型号 QBSN-25/8 表示交流 25 kV 电气化铁路接触网腕臂双重绝缘重污染区用棒形瓷绝缘子，弯曲破坏负载为 8 kN。

3．针式绝缘子

针式绝缘子多用于回流线、保护线及跳线处，它承受线索不同方向的负荷，将线索固定，并对地起电气绝缘作用，一般采用 P-10T 型针式绝缘子。针式绝缘子的结构如图 9-6 所示。

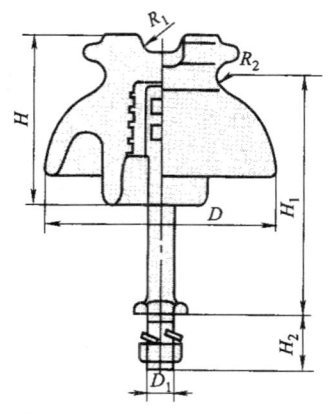

图 9-6　针式绝缘子的结构

（二）按材质分类

绝缘子按照材质分类主要有瓷绝缘子、钢化玻璃绝缘子与合成绝缘子三种。这几种绝缘子在电气化铁路中都有不同程度的应用。

1．瓷绝缘子

瓷绝缘子的绝缘材料是电瓷，即在瓷土中加入石英和长石烧制而成，表面涂有一层光滑的釉质。要求绝缘子质地紧密均匀，任何断面上不能有裂纹或气孔，表面涂釉后可防止水分的渗入。因为绝缘子不仅承受电气负荷而且要承受机械负荷，所以绝缘子的钢连接件和瓷体用高标号水泥黏结成一个整体，以保证绝缘子具有足够的机械强度。

瓷绝缘子具有良好的化学稳定性和热稳定性，几乎永不变质和老化，具有良好的电气性能和机械性能，而且成本低、价格便宜，有良好的绝缘性能，耐热性能好，运行经验丰富，是中国电气化铁路中主要采用的绝缘子类型。其缺点是质量过大，缺乏弹性，防污和可靠性方面有待提高，运营维护费用较大。

2．钢化玻璃绝缘子

钢化玻璃悬式绝缘子在电气化铁路中有所应用。钢化玻璃绝缘子由铁帽、钢化玻璃绝缘件和钢脚组成，并用水泥胶合剂胶合为一体。钢化玻璃绝缘子有如下特点。

（1）零值自破，便于检测。

钢化玻璃绝缘子具有零值自破的特点。即当绝缘子失去绝缘性能或机械过负荷时，伞裙就会自动破裂脱落，容易发现，可及时进行更换。无需登杆逐片检测，降低了工人的劳动强度。

（2）耐电弧和耐振动性能好。

在运行中，钢化玻璃绝缘子遭受雷电烧伤的表面仍是光滑的玻璃体，并有钢化内应力保护层，因此，它仍保持了足够的绝缘性能和机械强度。

（3）自洁性能好，不易老化。

钢化玻璃绝缘子不易积污和易于清扫，人工清扫的周期比瓷绝缘子长，因而可以降低维护费用。对典型地区线路上的钢化玻璃绝缘子定期取样测定运行后的机电性能，统计数据表明，35 年后的钢化玻璃绝缘子的机电性能与出厂时的基本一致，未出现老化现象。

（4）主容量大，成串电压分布均匀。

钢化玻璃的介电常数可达 7～8，使钢化玻璃绝缘子具有较大的主电容，成串的电压分布均匀，有利于降低导线侧和接地侧附近绝缘子所承受的电压，从而达到减少无线电干扰、降低电晕损耗和延长钢化玻璃绝缘子的寿命的目的。

限制钢化玻璃绝缘子推广使用的主要原因是其自爆率较高（0.02%~0.04%），会影响到线路运行的可靠性。

3．复合绝缘子

复合绝缘子是较为理想的新型绝缘子，其主要结构一般由伞裙护套、玻璃钢芯棒和端部金具三部分组成。芯棒一般采用玻璃纤维作增强材料、环氧树脂作基体的玻璃钢复合材料，具有很高的抗拉强度；芯棒外部的护套和伞裙一般由高温硫化硅橡胶或乙丙橡胶等有机合成材料制成，护套包覆在芯棒外表面，一方面提供良好的绝缘性能，另一方面保护芯棒免受大气侵蚀；端部金具一般是外表面镀有热镀锌层的碳素铸钢或碳素结构钢。复合绝缘子分为复合棒形悬式绝缘子和复合棒形柱式绝缘子，其外形如图 9-7 所示。

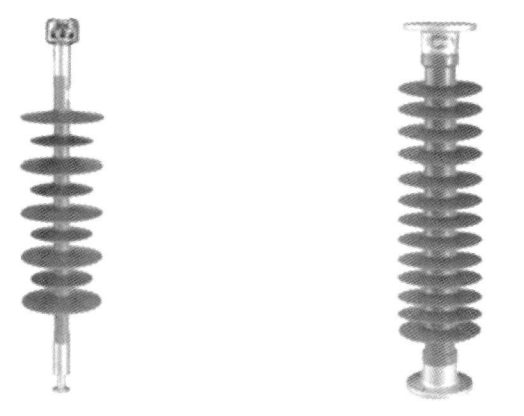

（a）复合悬式绝缘子　　（b）复合柱式绝缘子

图 9-7　复合绝缘子外形

（1）复合棒形悬式绝缘子型号的表示方法如图 9-8 所示。

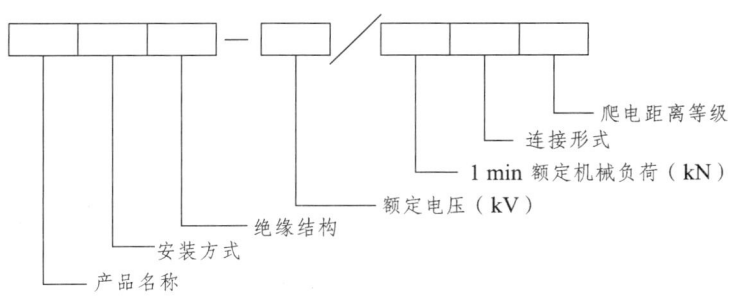

图 9-8　复合棒形悬式绝缘子型号的表示方法

含义如下。

产品名称：F 表示复合材料，Q 表示电气化铁路用绝缘子。

安装方式：X 表示悬挂、耐张式；D 表示隧道定位式。

绝缘结构：单绝缘无字母表示，双绝缘用 S 表示。

额定电压：工频单相交流电压 25 kV。

1 min 额定机械负荷：100 表示 100 kN，主要有 100、120、160 三级。

连接形式：球窝系列，QT—帽窝-球头；QH—帽窝-单耳。

单耳系列，HH—单耳-单耳；HY—单耳-圆管。

爬电距离等级：无字母表示最小公称爬电距离为 1200 mm；J 表示绝缘加强型，最小公称爬距为 1400 mm；G 表示绝缘高度加强型，最小公称爬距为 1600 mm。

（2）棒形柱式绝缘子型号的表示方法如图 9-9 所示。

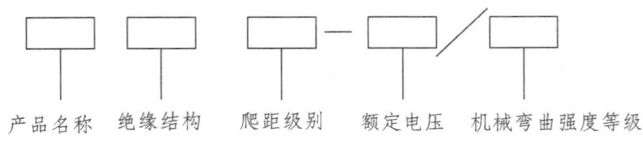

图 9-9 棒形柱式绝缘子型号的表示方法

含义如下：

产品名称：FQB 表示复合材料，电气化铁路腕臂用绝缘子。

绝缘结构：单绝缘无字母表示，双绝缘用 S 表示。

爬距级别：无字母表示爬电距离为 1200 mm；J 表示绝缘加强型，爬距为 1400 mm；G 表示绝缘高度加强型，爬距为 1600 mm。

额定电压：工频单相交流电压 25 kV。

机械弯曲强度等级：8、12、16（kN）。

（3）复合绝缘子的优点：

① 机械强度大，抗拉、抗弯、耐受冲击性能好。

② 自身重量较轻，只有瓷绝缘子质量的 1/10 左右，方便运输、安装。

③ 绝缘性能好，硅橡胶是憎水性材料，特别是在严重污染和大气潮湿情况下的绝缘性能十分优异，从而减少了防污清扫工作量。

④ 耐电弧性能好。

（4）复合绝缘子的缺点：

① 价格较为昂贵。

② 缺乏简便有效的现场检测技术，大面积使用时矛盾尤为突出。用于复合绝缘子检测的主要手段：用超声波检测绝缘子中存在的气隙和裂纹，用红外线检测局部绝缘缺陷带来的局部温升，其检测手段较复杂。

③ 抗弯、抗扭性能差，承受较大横向压力时容易发生脆断。伞盘强度低，不允许踩踏、碰撞。

④ 积污不易清扫，长期下去会逐步丧失憎水性。

⑤ 芯棒与护套、护套与伞盘、芯棒与金属端头、金属端头与伞盘多次形成结合面，任何一个界面空气未排干净就会留有气泡或水分，在强电场作用下会首先放电炭化，并逐步扩大直至形成贯穿通道而击穿。

复合绝缘子在电气化铁路中应用较广泛。目前这种绝缘子主要用于隧道内净空条件受限的场合；粉尘污染严重地区；用于减少接触悬挂集中性负载（如：分段绝缘器承力索的绝缘、锚段关节处、软横跨绝缘子）；在易受击打而破坏的场合代替瓷绝缘子和钢化玻璃绝缘子。在高速铁路应用中，接触悬挂中的绝缘子全部使用复合棒形悬式绝缘子，在个别重要站场或者重污秽区段，有全部取代瓷绝缘子应用的运行实例。

接触网绝缘子的受力情况复杂，对芯棒、金具的要求较电力系统高，应用中要考虑抗拉强度、抗弯、抗剪等机械性能。要求复合绝缘子强度安全系数不小于 5.0。

（三）按绝缘子表面泄漏距离分类

绝缘子表面泄漏距离是指绝缘元件表面的曲线长度，即两电极间绝缘表面的爬电距离，俗称"爬距"。泄漏距离是反映绝缘子绝缘水平的重要参数，相同电压等级的绝缘子，其爬距越大，耐污性能越好。绝缘子按表面泄漏距离又可分成普通型和防污型两种。

接触网绝缘水平应符合如下规定：接触网的绝缘泄漏距离，轻污区不应小于 960 mm，重污区不应小于 1200 mm；在实行 V 形天窗作业的复线电气化区段，上、下行正线间分段绝缘子串的绝缘泄漏距离可相应增大为 1200 mm 和 1600 mm；时速超过 300 km 的高速铁路，绝缘子选用泄露距离一般不小于 1400 mm。在有条件的车站，上、下行正线间绝缘子串宜分段设置。在无确切污秽资料的条件下，应按重污区的要求设计。

二、绝缘子的性能要求

绝缘子在接触悬挂中，不仅起电气绝缘的作用，而且还承受着一定的机械负荷。因此，要求绝缘子不但要有一定的电气绝缘性能，而且还要有一定的机械强度。

1. 绝缘子的机械性能要求

在接触网中绝缘子承受接触悬挂的负载，且经常受拉伸、压缩、弯曲、扭转、振动等机械力，在短路时又承受电动力，故在制造时其机械破坏负荷均应留有裕度，一般安全系数按 2.5～3.0 选取。

2. 绝缘子的电气性能要求

接触网绝缘子一般安设在户外，其表面破损、脏污受潮，受到各种机械力的作用以及绝缘子正常工作时承受着工作电压和各种过电压等，均会导致绝缘性能下降，产生沿表面的气体放电现象，通常称为沿面放电，这种沿面放电发展到表层空气绝缘击穿时，称为闪络。绝缘子闪络会引起牵引变电所继电保护装置动作跳闸而中止供电。由于闪络后空气绝缘恢复，绝缘子绝缘部件尚未受到破坏，可维持使用，所以跳闸后往往能自动重合闸成功，恢复供电。但闪络后不及时处理则会引起绝缘老化，发生裂纹、渗水，使内部绝缘性能下降而引起再一次闪络。因而，绝缘子闪络后应及时清扫、更换。

绝缘子的电气性能常用干闪电压、湿闪电压和击穿电压表示。

（1）干闪电压：绝缘子表面清洁和干燥的情况下，使其表面闪络所需的最低电压。

（2）湿闪电压：雨水降落方向与水平面呈 45° 角淋在表面清洁的绝缘子表面时，使其表面闪络的最低电压值。

（3）击穿电压：绝缘子绝缘元件被击穿损坏而失去绝缘作用的最低电压。绝缘子一旦被击穿，应立即进行更换。

三、绝缘子的防污

绝缘子表面污秽的主要原因有：环境污染；货物装载运行中煤、炭、化学粉尘；内燃电力混合牵引时内燃机排放的烟尘；列车闸瓦磨损产生的金属屑等。因接触网绝缘子表面污秽而造成闪络的事故频繁发生，而接触网中绝缘子安设高度又比一般输电线路低，污染就更严重，绝缘子污闪问题已成为影响接触网供电可靠性的重要因素。

目前，为了解决污闪问题主要采取如下措施。

（1）采用防污绝缘子。

采用防污绝缘子，对减少绝缘子污闪事故效果显著。如双伞/三伞形绝缘子、钟罩形绝缘子、草帽形绝缘子和钢化玻璃绝缘子都具有良好的防污闪性能。各绝缘子结构分别如图9-10所示。

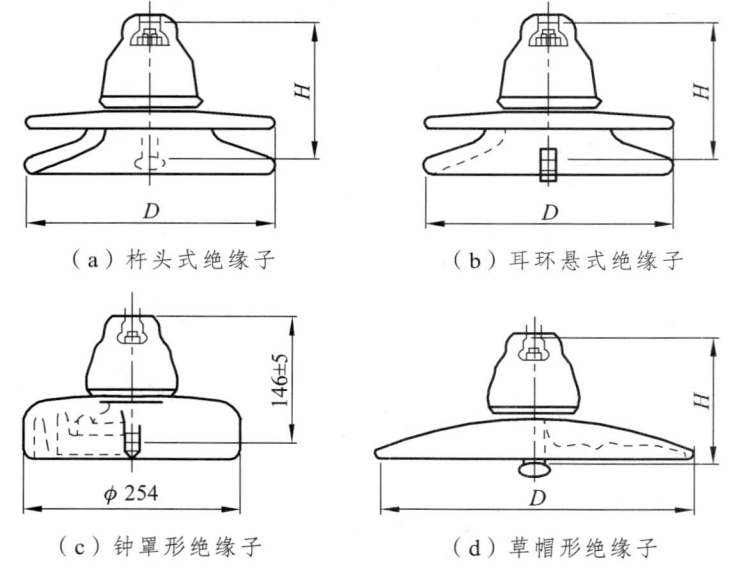

（a）杵头式绝缘子　　　　（b）耳环悬式绝缘子

（c）钟罩形绝缘子　　　　（d）草帽形绝缘子

图 9-10　防污绝缘子结构

① 钟罩形绝缘子。

钟罩形绝缘子有着较长的伞下棱，可以实现较大的爬电距离，伞下的内腔不易受潮，有较高的污秽耐受电压，更适合在沿海、多雾潮湿和盐碱地区的输电线路上使用。

② 双伞、三伞形绝缘子。

这两种形状的绝缘子因伞下平滑无棱并呈开放型，因此其风雨自洁性能好，自然积污率低，再加上较大的爬电距离，使绝缘子具有良好的污耐压水平，在多粉尘的环境下使用更能发挥伞形结构的优越性。这种伞形的绝缘子被称作"空气动力型"绝缘子，它们适用于各种运行条件，尤其是重污秽、高海拔和沙漠干燥地区的输电线路。

③ 草帽形绝缘子。

草帽形绝缘子的伞盘直径特别的大，伞下光滑无棱，流线型结构，自洁性很好，积污量小，使用特点是将其穿插在线路绝缘子悬垂串的上部和中部，特大的盘径结构可以抑制冰溜和鸟粪造成的线路污闪情况发生。

（2）采用半导体釉绝缘子。

半导体釉绝缘子是一种具有特别釉层的瓷绝缘子，其表面采用具有半导体性质的金属氧化物釉层替代普通釉层。半导体釉绝缘子的釉层有一定的导电性，因而表面泄漏电流比普通绝缘子大，使绝缘子表面温度略高于周围环境温度，具有烘干作用，使瓷表面不易形成导电液薄膜；此外釉层还能缓解干区电场集中的现象，使干区不易出现局部电弧，整个绝缘子串的电压分布会变得比较均匀。因此，采用半导体釉绝缘子，可以大幅度延长绝缘子清扫周期。但半导体釉绝缘子也存在局限性：半导体釉老化后会失效，在天气比较寒冷的地区烘干效果不明显，预防污闪作用不大，泄漏电流较大、半导体釉面易腐蚀等。

（3）采用新型复合绝缘子。

（4）采用憎水性涂料。

在绝缘子表面涂憎水性涂料，如有机油、有机硅脂、地蜡等，使绝缘子表面在潮湿天气下不易形成连续水膜，减小泄漏电流，提高污闪电压。但是这些涂料使用寿命不长，运行维护的工作量大，因此只在特别严重的污秽地区才使用。

（5）增加绝缘子爬距。

采用增加绝缘子的片数等方法来增加绝缘子爬距（绝缘子的表面泄漏距离），但这种方法只适用于污区不大的情况，否则很不经济，因为增加绝缘子片数必须相应提高支柱高度。

（6）合理安排清扫周期。

根据大气的污秽程度以及污秽的性质，在容易发生污闪的季节定期进行清扫，可以有效提高绝缘子的绝缘可靠性，减少或防止污闪事故。

四、绝缘子的使用与检查

（1）绝缘子连接件不允许机械加工和热加工处理（如切削、电焊等）。

（2）绝缘子在安装使用前应严格检查，当发现绝缘子瓷体与连接件间的水泥浇注物有辐射状裂纹及瓷体表面破损面积超过 300 mm^2 时，应禁止使用该绝缘子。

（3）悬式绝缘子串的连接，要注意弹簧销子不能脱落，绝缘子串接（3 个以上）后不准有严重的塌腰现象。棒式绝缘子在使用中应注意与配套部件的型号（腕臂型号）统一，且不准使棒式绝缘子承受弯曲力。

（4）绝缘子本体线性良好，弯曲度不超过 1%。绝缘子表面无明显放电痕迹，无环状或贯通性裂纹。绝缘子裙边距接地体的距离应不小于表 9-1 的规定。

表 9-1 绝缘子裙边距接地体的距离

绝缘子类型	距接地体的距离/mm	
	正常值	困难值
瓷质绝缘子	≥100	≥75
有机合成材料绝缘子	≥50	

（5）绝缘子瓷体易碎，安装、运输中应特别注意。为了保证绝缘子性能可靠，应对每个绝缘子按具体情况进行定期或不定期的清扫和检查。特别是在雨、雪、雾、霜天气以及混合牵引区段，更应经常观察绝缘子的状态，及时清扫，防患于未然。绝缘子脏污后的清扫工作，是在停电时间内集中进行，应注意防止损坏瓷体表面。

五、绝缘子的常见故障

绝缘子的事故可以分为以下 3 种情况。

1. 绝缘闪络

在接触网上安装运行的众多绝缘子中，只要有一处发生闪络，就会造成馈线开关跳闸、接触网停电。一般情况下，个别绝缘子发生闪络的同时，有可能排除造成闪络的脏污、潮湿等因素形成的绝缘降低，馈线开关会自动重合闸成功，一般不影响电力机车的正常运行。另一种情况是如果闪络的电弧经路上阻抗很小（这种情况在污秽严重或有短路金属物时可能出现），短路电流很大，高温电弧会烧坏绝缘子或烧坏与绝缘子连接的承力索等接触网零部件，造成接触网对地绝缘破坏，这时重合闸失败，接触网停电。还有一种更为严重的情况，即如果造成的闪络是大面积的（这种情况往往是在污秽严重地区有毛毛雨或雾时），多处绝缘子的闪络此起彼伏，严重破坏了接触网的绝缘和设备，一般会造成比较严重的后果。

2. 绝缘子击穿

绝缘子击穿大都发生在悬式绝缘子上，绝缘子的击穿事故往往造成绝缘的损坏而无法恢复、接触网停电、列车运行中断。绝缘子击穿虽然后果比闪络严重，但发生的概率比闪络要小得多，它不受外界条件的影响，主要取决于绝缘子的内部质量。

3. 机械破损

棒式绝缘子和悬式绝缘子一般分别承受压力和拉力，如果运行中绝缘子的受力发生改变，或由于其他原因导致绝缘子的机械破损，都会导致绝缘子的泄漏距离降低而使其绝缘能力下降，进而引发事故。

【任务实施】

一、任务描述

在掌握绝缘子的有关理论知识的基础上，理解绝缘子的使用注意事项，了解清扫绝缘子的步骤和方法，并完成操作。

二、实施步骤

1. 核对线路。
2. 验电、装设接地线。

3. 逐片清扫绝缘子，首先用湿毛巾清擦一遍，然后用干净的干毛巾抹去水痕。

4. 清扫绝缘子时，检查绝缘子瓷裙、瓷釉、钢帽、钢脚、灌注水泥和弹簧销子连接是否良好，检查防振锤及线夹夹口处导线是否有断股。

【自我评估】

1. 说明 XP-7、QBN1-25、QX-25A 等绝缘子型号的含义。
2. 说明钢化玻璃绝缘子的特点。
3. 说明复合绝缘子的特点。
4. 悬式绝缘子、棒式绝缘子、针式绝缘子各应用于何种场合？

【评价标准】

项目及配分	考核内容及评分标准	扣分因素及扣分	得分
时间	规定时限 10 min，每超时 1 min 扣 1 分		
料具准备 10 分	要求料具齐全，规格型号相符合，每缺或错一件扣 3 分		
质量要求 60 分	1. 绝缘子清扫不干净扣 15 分		
	2. 绝缘子、金具外观检查造成损伤者扣 20 分		
	3. 绝缘子及金具连接情况异常扣 10		
	4. 缺少弹簧销或开口销扣 20 分		
	5. 螺栓松动扣 10 分		
安全要求 20 分	备注：扣完配分失格		
	1. 作业中出现一般违章现象每次扣 5 分		
	2. 作业时出现严重违章扣 20 分		
	3. 工具使用错误每次扣 5 分		
	4. 接头线夹内接触线滑脱扣 20 分		
文明作业 10 分	1. 作业时必配的个人工具、劳保用具、安全用具每缺一件扣 3 分		
	2. 作业中出现不文明语言或动作每次扣 10 分		
	3. 作业完毕，料具有一件不归位扣 5 分		
合计			

第二节 绝缘器的检调

接触网是一种特殊形式的供电线路，为了保证供电的可靠性和灵活性，并缩小停电事故发生的范围，要对接触网进行电气分段。被分段的接触网在电气方面是独立的，并用隔离开关连接。当某区段发生事故或停电进行检修时,可以打开相应分段的隔离开关使该区段无电,而不致影响其他各段接触网的运行。

一、接触网的供电分段

接触网的供电分段有横向电分段与纵向电分段之分。图9-11所示为复线区段有牵引变电所的车站站场分段与供电方式示意图。

1. 横向分段

接触网线路(或线群)之间所进行的电分段称为横向电分段,它用于复线上下行股道间、车站、站场各股道间的接触网电分段。如站场内因各股道的作用不同进行分段。在图9-11中,该车站有6个股道,在横向分为三个供电分区,即第5股道和第7股道、第I股道和第3股道、第II股道和第4股道。

设置隔离开关的原则是既要保证供电的可靠性,又要保证供电的灵活性;还应保证既可以向整个站场供电,也可以分别向站场各网组供电。

横向电分段由分段绝缘器和隔离开关、悬式绝缘子(用于软横跨)来实现。

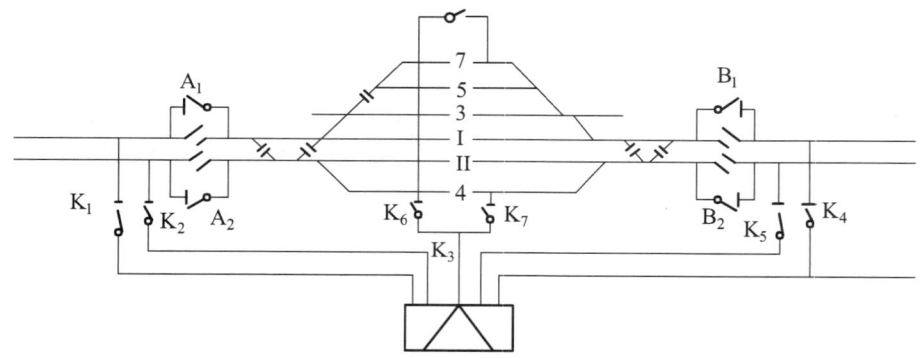

图9-11 复线区段有牵引变电所的车站站场分段和供电方式示意图

2. 纵向分段

接触网沿线路方向所进行的电分段称为纵向电分段,用于沿线路方向接触网之间的电分段,如沿线路方向各供电臂之间的电分段、站场和区间衔接处所进行的电分段。站场和区间的接触网应是各自独立的,因此在它们的连接处必须进行分段。区间接触网一般不进行电分段,但遇有大型人工建筑物(长大隧道及长大下承桥)时,应将这些建筑物的接触网单独分段。

在交流电气化铁道区段同相电之间,是靠绝缘锚段关节或分段绝缘器实现电分段的,而不同相电则采用分相绝缘器,它们都是接触网上的重要电气设备。

二、分段绝缘器

分段绝缘器又称分区绝缘器,是接触网电气分段的常用设备。当某一侧接触网分段发生故障或因施工、检修需要停电时,可打开分段绝缘器处的隔离开关将该部分接触网断电,而其他部分接触网仍能正常供电,从而提高了接触网运行的可靠性和灵活性。利用分段绝缘器进行分段的处所主要有:同一车站内不同车场之间及复线区段车站内上下行之间,货物线及有货物装卸作业的站线,机车整备线,电力机车车库线、专用线等处。这些处所由于受线路条件等因素的制约,难以布置绝缘锚段关节,因而设置分段绝缘器。分段绝缘器由于材质及结构上均存在一定的问题,虽经不断改进,但仍为薄弱环节,应合理使用,尽量少设。

分段绝缘器的种类很多,常用的有高铝陶瓷分段绝缘器、菱形分段绝缘器、消弧分段绝缘器。分段绝缘器在结构上既能保证机车受电弓平滑通过,又能满足供电分段的要求。

1．C-1200型高铝陶瓷分段绝缘器

C-1200型高铝陶瓷分段绝缘器结构如图9-12所示。

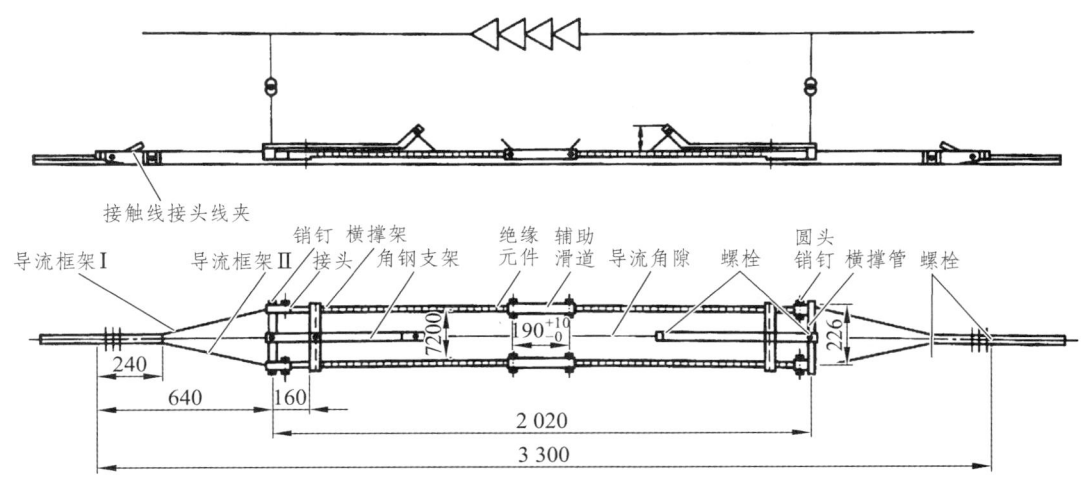

图9-12　C-1200型高铝陶瓷分段绝缘器结构

高铝陶瓷分段绝缘器是用四根绝缘元件将接触线两端进行电气分开,绝缘元件是以玻璃钢为芯体,外面套装高铝陶瓷护套,表面上涂有硅油或硅脂。分段绝缘器上方的承力索通过四片悬式绝缘子隔离开,从而使接触网的接触悬挂在此处电气绝缘。

C-1200型高铝陶瓷分段绝缘器具有以下特点。

(1)高铝陶瓷护套的材料不易老化。

(2)绝缘元件比滑道高,工作时不与受电弓滑板接触,改善了绝缘元件工作条件。

(3)绝缘元件泄露距离长,提高了绝缘性能和防污染能力,增强了工作的可靠性。

(4)受电弓通过导流角隙时,利用拉弧工作原理,使导流角隙起导流和灭弧作用,并在此设置辅助滑道,保证机械上平稳过渡。

(5)可满足70 km/h行车速度的要求。

高铝陶瓷分段绝缘器的缺点是高铝陶瓷护套在被受电弓冲击时易破碎,受电弓滑板通过导流角隙易拉弧,因此不适合在通行速度较高的线路上使用。

2．菱形分段绝缘器

菱形分段绝缘器的结构如图9-13所示。

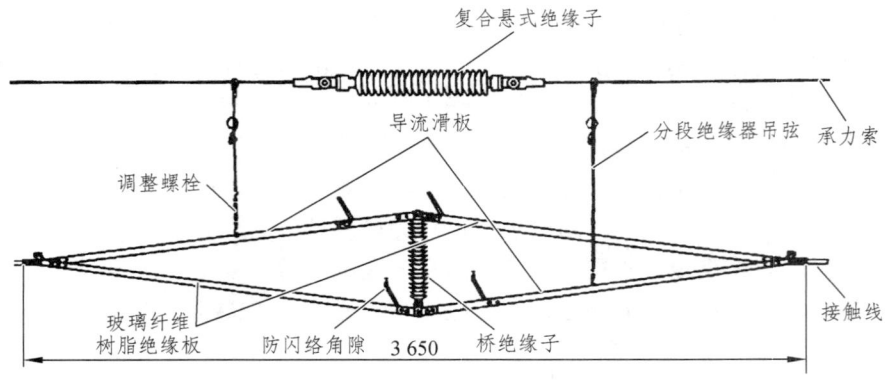

图 9-13　菱形分段绝缘器

受电弓通过分段绝缘器时,受电弓滑板与导流板和绝缘元件同时接触。分段绝缘器绝缘元件采用玻璃纤维树脂绝缘棒,具有较高的机械强度、绝缘强度和耐磨性。导流板用磷青铜制成,具有较好的导电性和耐磨性。桥绝缘子一般采用加强型玻璃纤维棒并覆盖硅橡胶或聚四氟乙烯护套,结构上起支撑和绝缘作用,桥绝缘子伞裙下沿比滑道平面高。受电弓通过桥绝缘子下方时,为防止在两导流板转换时拉弧,特设防闪络角隙,以保护桥绝缘子,角隙为 220 mm,角隙材质为不锈钢。整个分段绝缘器的泄漏距离为 1200 mm。

菱形分段绝缘器具有结构简单、质量轻、便于安装维护、防污性能好的特点,可适应 160 km/h 的行车速度。但这种分段绝缘器在总体设计上存在消弧能力差的缺陷,不适用于高电位差的电气化区段。

3．消弧分段绝缘器

随着中国电气化铁道运行速度的提高和复线电气化干线的发展,需要灭弧效率高、运行速度高、寿命长、方便维护的分段绝缘器。我国从瑞典 AF 公司引进了 AF 分段绝缘器并对其进行了国产化,国产化后称为 XTK 消弧分段绝缘器,其结构如图 9-14(a)所示。由铜导流板构成长三角形,分散了受力,减少了硬点;接头线夹高出两侧导流板 3~5 mm,避免接头与受电弓接触;中间两根绝缘滑道;承力索采用无裙边的聚四氟乙烯光棒绝缘子,有较好的自洁能力。

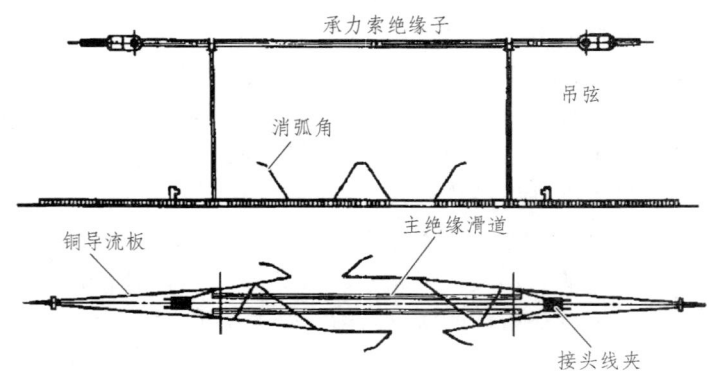

(a) XTK 消弧分段绝缘器

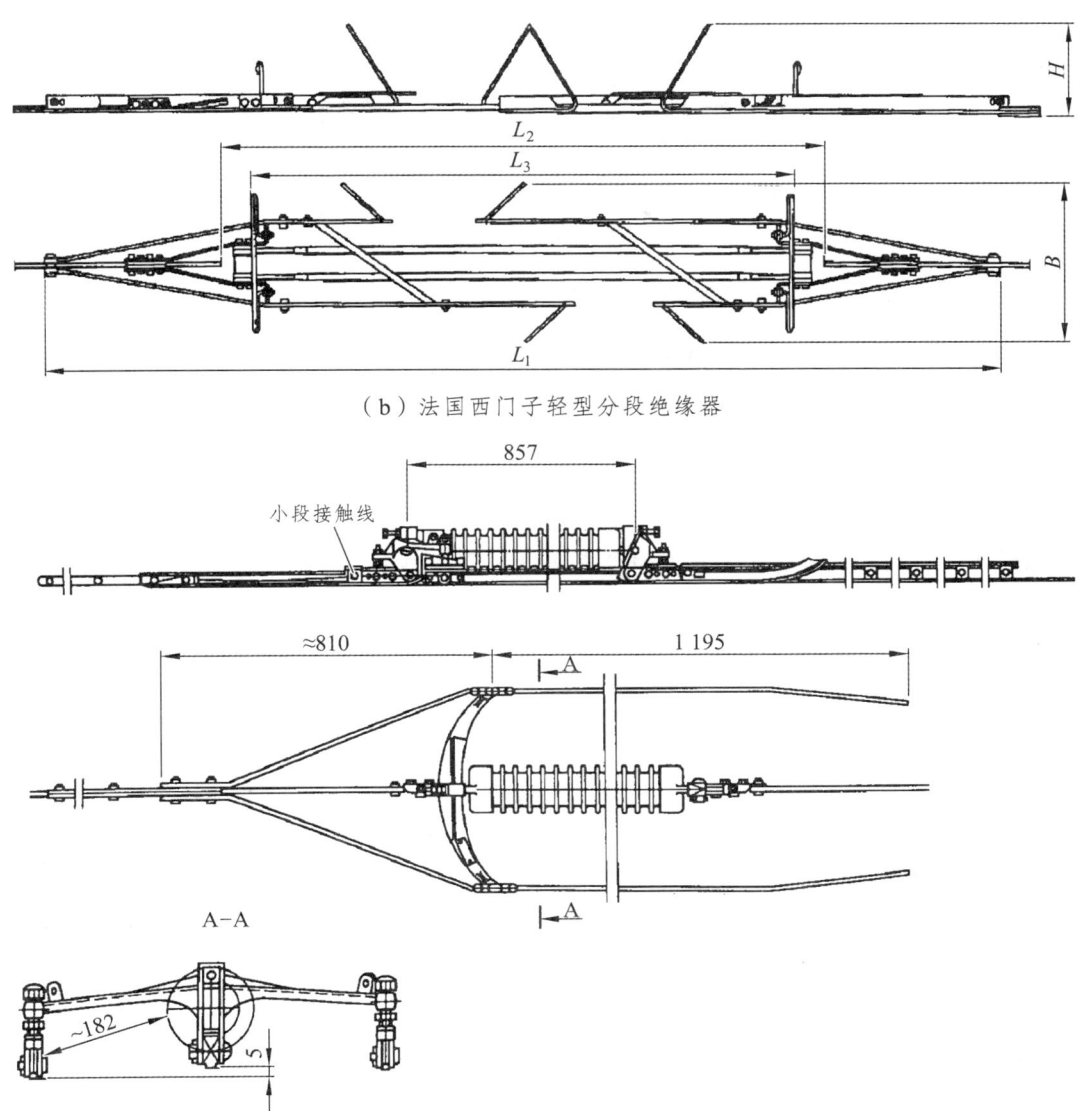

(b) 法国西门子轻型分段绝缘器

(c) Re200C 分段绝缘器

图 9-14 其他分段绝缘器

XTK 消弧分段绝缘器适用于 200 km/h 运行速度的电气化线路,具有良好的消弧性、耐弧性和自洁性,特别适用于大电位差、易拉弧区段,尤其在受电弓安装了碳滑板或带有润滑脂的铜滑板以及污染严重的区段,更显出它的优越性。

此外,还有引进的其他分段绝缘器,如法国吉斯玛公司 JG 系列分段绝缘器;法国西门子轻型分段绝缘器;德国 Re200C 型分段绝缘器等。图 9-14 所示为其中几种。

4. 分段绝缘器的检调要求

(1) 检查绝缘子串和绝缘元件是否脏污,当绝缘子破损 300 mm^2 以上时应更换。

(2) 绝缘元件应完好,其表面放电痕迹应不超过有效绝缘长度的 20%。

（3）绝缘器工作面应平行于轨面，最大误差不超过 10 mm，否则应调整吊弦长度。

（4）绝缘器导线接头处过渡平滑。

（5）绝缘器安装高度应按照设计行车速度要求的抬高量确定，允许误差为 ±5 mm。

（6）绝缘器相对于两侧的吊弦点具有 5～15 mm 的负弛度。

（7）作业结束后应尽快合上隔离开关，恢复正常运行，尽量缩短绝缘器对地耐压时间。

三、电分相和分相绝缘装置

电气化铁道牵引供电系统是单相供电系统，电力机车是由单相电供电的，为了平衡电力系统中的各相负荷，牵引变电所对接触网要实施换相供电。在接触网需要分相供电的电分段处进行可靠绝缘即为电分相。电分相一般安设在牵引变电所出口处或两牵引变电所供电分区之间，安装分相绝缘装置来实现的。电分相根据其实现方法可分为器件式电分相和锚段关节式电分相。

器件式电分相是利用分相绝缘器对接触线进行分相绝缘，但只能是电气上绝缘，在机械上通过分相绝缘器连接起来，不能进行机械分段。锚段关节式电分相是利用绝缘锚段关节实现电分相，既可电气绝缘，在机械方面也可实现分段。

1．器件式电分相

1）玻璃钢分相绝缘器

早期分相绝缘器一般由 3 块（或 4 块）相同的环氧树脂玻璃层压布（俗称玻璃钢）绝缘件组成，每块玻璃钢绝缘件长 1.8 m、宽 25 mm、高 60 mm，底面做成斜槽，以增加表面泄露距离，其结构如图 9-15 所示。

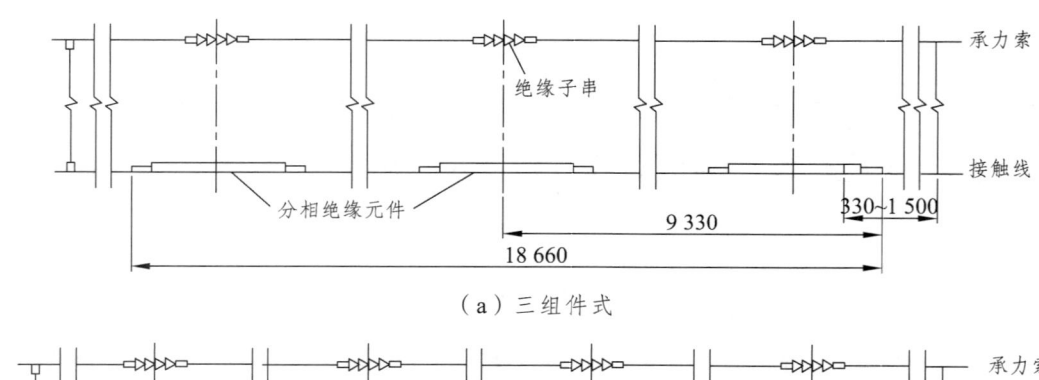

（a）三组件式

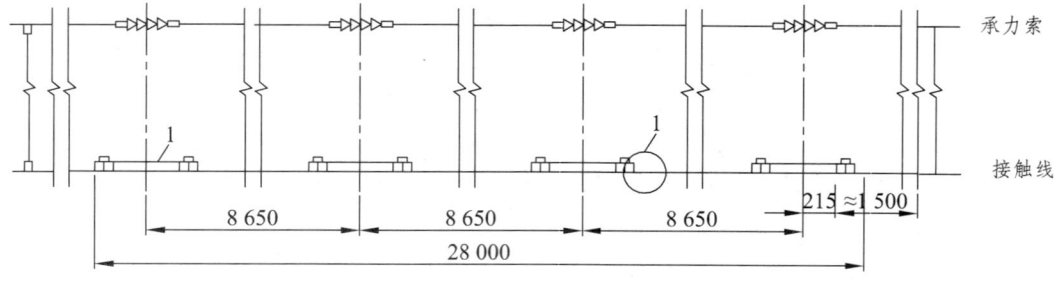

（b）四组件式

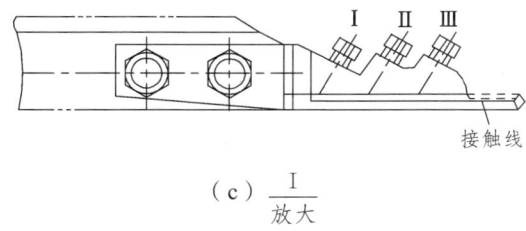

（c） $\dfrac{\text{I}}{\text{放大}}$

图 9-15 分相绝缘器结构图

要求接触线和绝缘件连接平滑可靠，不得形成硬点，应保持接触线原有张力，保证机车受电弓平滑通过。

两端部绝缘元件之间的不带电区段称为中性区段。电分相绝缘器两端的接触网为不同相供电，它应保证列车安全通过而不发生短接事故。因此，中性区段不宜过长，其长度以电力机车升起双弓时不短接不同相接触线为限，并且要求电力机车在通过电分相前，应断开电力机车主断路器，以断电惰行的方式通过中性区段。

分相绝缘器上方的承力索，通过与绝缘元件相对应的悬式绝缘子断开。分相绝缘器的设置应注意避开线路的大坡度，以利于电力机车惰行，同时还要考虑信号显示、调车作业、供电线径路及维修管理方面等条件。

2）XTK 电分相绝缘器

玻璃钢电分相绝缘器的主要问题是由于各种各样的原因，会经常烧损或烧坏绝缘件，破坏其绝缘性能。图 9-16 所示的 XTK 电分相绝缘器，它不仅是一块绝缘元件，而且两端设有引弧件，形成消弧角，具有较好的消弧能力，它采用优质绝缘材料和先进的制造工艺，电气绝缘性能好，并具有耐磨性能好、整体质量轻、安装方便、使用寿命长等优点。

根据所使用的导线类型不同，它可分为 T 型和 GL 型两种类型，其整机长度：T 型≥2200 mm，GL 型≥2300 mm，绝缘元件泄露距离为 1800 mm，二者主要区别在于与铜（铜合金）接触线、钢铝接触线连接的线夹不同。

在安装 XTK 电分相绝缘器时应注意技术要求，在调整好后，要能避免其产生硬点，具有良好的运行效果。

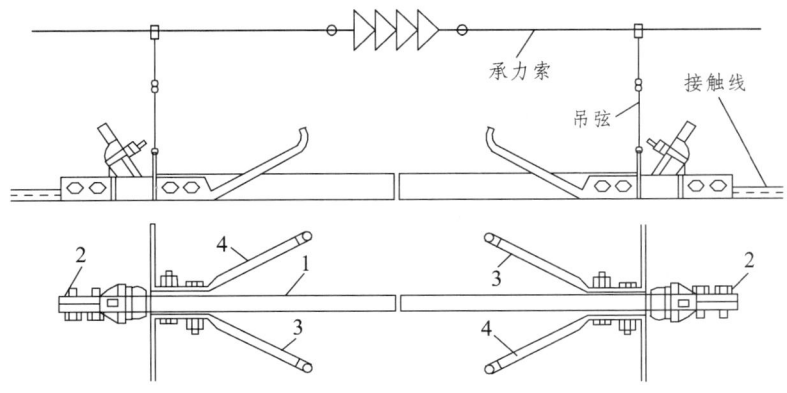

1—绝缘元件；2—接头线夹；3，4—导流角隙。

图 9-16 XTK 电分相绝缘器安装示意图

3）AF 分相绝缘器

中国还引进了瑞典 AF 分相绝缘器（国产化后为 BF-1 型分相绝缘器），如图 9-17 所示，其耐弧、耐污、耐漏电起痕、耐磨性及减少硬点等方面优于前两种产品。该种分相绝缘器设有金属滑道及引弧装置；虽然质量比 XTK 型要大，但是分相绝缘器与导线连接头高出金属滑道 3~5 mm，避免了受电弓与接头接触，长三角形布置的金属滑道分散了受力，减少了硬点；承力索绝缘子采用无裙边的聚四氟乙烯光棒绝缘子，有较好的自洁功能。

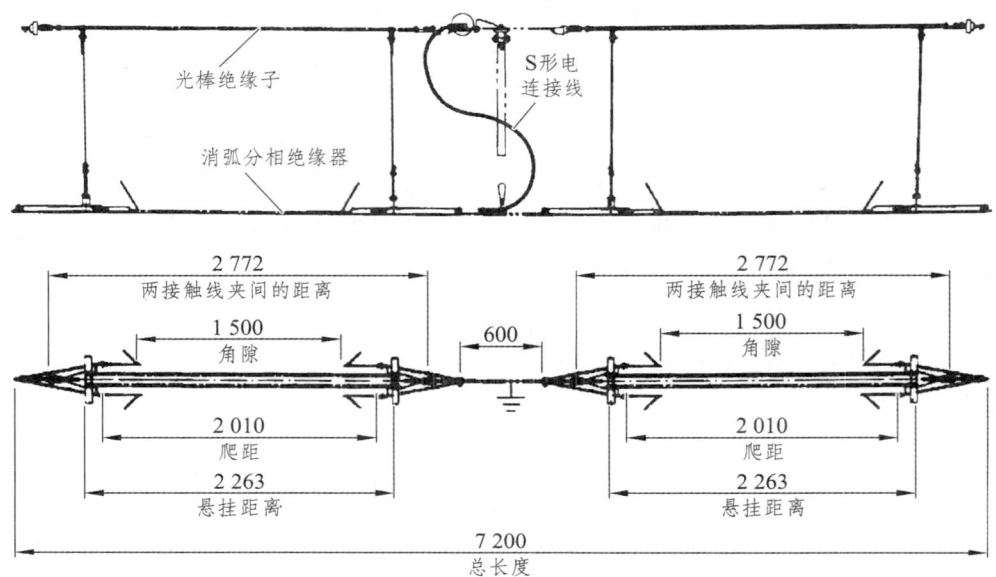

图 9-17 AF 滑道式电分相绝缘器

2. 锚段关节式电分相

采用器件式电分相在应用中存在多种问题：分相绝缘器硬点现象严重，不仅造成接触线磨耗增加，而且绝缘器绝缘部件表面易出现烧伤（甚至烧断）；停电检修困难，满足不了机车高速通过要求。运行速度大于 160 km/h 的准高速和高速电气化铁道，多采用带中性段的锚段关节式电分相，以保证受电弓平稳，设备运行及受流质量良好。

接触网常用的锚段关节式电分相有七跨式、八跨式和九跨式 3 种，在不同线路均有采用，其基本结构由两个绝缘锚段关节和一个中性锚段组成。中性锚段不带电，也不接地，列车通过时起到过渡作用。绝缘锚段关节可以采用四跨结构或五跨结构（四跨结构简单，但五跨结构接触线坡度较小，运行状态更好）。两绝缘锚段关节重叠区域有 1 跨和 2 跨两种情况（重叠区域的多少会影响到电分相中性区的长短），因此形成了不同类型的锚段关节式电分相。在中性区和列车行进方向的锚段间设有隔离开关，在机车停于无电区且和来车方向锚段间满足绝缘条件时，通过闭合隔离开关，可使机车恢复供电，开出无电区。

下面以七跨锚段关节电分相为例，说明锚段关节式电分相的结构特点。图 9-18 为七跨锚段关节电分相结构示意图（直线区段）。在七跨锚段关节中，加入一个七跨长的中性线，中性线在中间五个跨距内是绝缘的。该中性线从左侧第二根支柱起为工作支，到第六根支柱后变为非工作支，其中有 3 个跨距处于工作状态，有 100~150 m 长度的中性区。

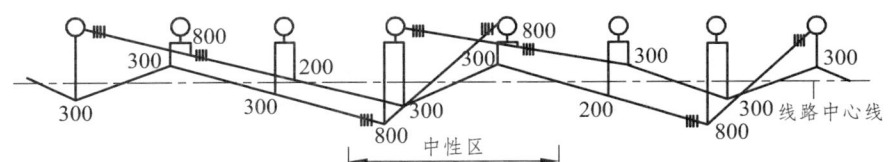

图 9-18 七跨锚段关节电分相结构示意图（直线区段）

锚段关节式电分相在使用中存在如下缺点：结构复杂，检修工作量大，一旦发生接触网故障，抢修难度大；中性区长，对列车运行速度影响大，在坡道设置时，对牵引吨数和线路坡度会有严格的限制，分相区越长，对地形的适应性越差；两个空气间隙的存在要求重联机车牵引的受电弓间距必须限制，否则，可能造成相间短路；受电弓在中性锚段和带电锚段过渡时，由于电位差的存在，可能产生电弧，会影响到过渡区内的接触线寿命。

3．电分相线路标志

为了防止受电弓通过电分相装置时拉弧烧损绝缘装置甚至烧断线索，要求电力机车乘务员按照操作规程规定退级、关闭辅助机组、断开主断路器，断电惰行通过电分相装置后恢复机车运行。在电分相两端均设置有线路标志，以提示机车乘务员操作。线路标志设置位置如图 9-19 所示。标志牌应具有逆反射功能。采用锚段关节式电分相时，标志牌的位置从无电区绝缘子处算起。

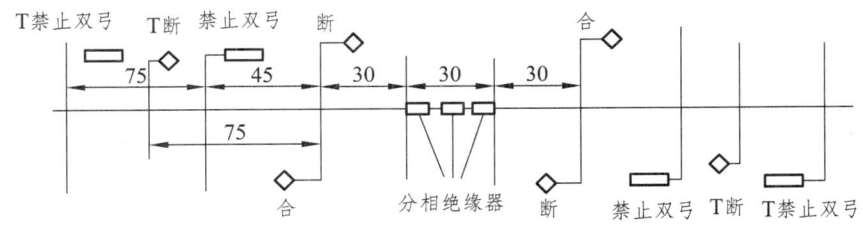

（a）器件式电分相标志牌位置示意图

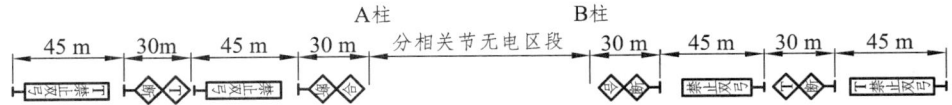

（b）关节式电分相标志牌位置示意图

图 9-19 电分相标志牌位置

四、自动过分相

电力机车通过电分相的传统操作是依赖机车乘务员在车上手动切换，当电力机车通过分相区时，机车乘务员必须按照线路上设置的断合标志进行操作。接近分相区时，先将机车操纵手柄回零（也称降流过程），关闭辅助机组，再断开主断路器；通过分相区后，再以相反的顺序操作。这样可以保证受电弓在无电流情况下进出分相区，从而保护受电弓和接触网。

随着高速铁路的发展，列车通过电分相的时间间隔越来越短。这种手动操作通过分相区的方式存在很多问题：一是影响行车速度；二是耗费司机精力，增加劳动强度，而且过多地分散了司机行车的注意力，对行车安全极为不利，且稍有疏忽或操作不当，或瞭望不及时，就会拉电弧烧损分相绝缘装置，甚至造成断线，直接危及设备及行车安全；三是对高坡重载区段，手动过分相会引起列车大幅降速，延长咽喉区段的运行时间，降低线路运营能力。因此，传统的手动切换通过电分相的方式已无法适应电气化铁路的发展，尤其无法满足高速电气化铁路的需要，发展自动过电分相技术势在必行。

目前主要采用以下装置实现自动过电分相：地面自动转换电分相装置、柱上断载自动转换电分相装置及车载断电自动转换电分相装置。

1. 地面自动转换电分相装置

地面自动转换电分相装置原理如图9-20所示，电分相处设置JY1、JY2两处绝缘，一般由锚段关节式电分相实现，两绝缘间是中性区。在JY1、JY2两端各跨接一个真空负荷开关QF1、QF2。当机车从U相驶来，到达位置传感器CG1处时，开关QF1闭合，中性段接触网由U相供电，机车通过JY1时，JY1两端等电位。待机车到达CG3时，QF1断开，QF2迅速闭合，使中性段由U相供电转为由V相供电，机车乘务员不用进行操作；待机车驶离CG4处时，QF2断开，中性段失电恢复原状。反向来车时，由控制系统自动识别，控制两台真空负荷开关以相反顺序轮流断开和闭合。机车过中性段时，仅有0.1~0.13 s的断电时间。所有开关设备均安设在牵引变电所内。

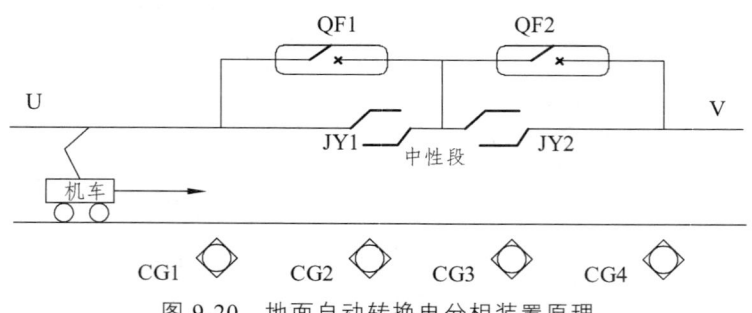

图9-20 地面自动转换电分相装置原理

地面自动转换电分相装置的优点在于：接触网无供电死区；无须司机操作；机车上主断路器无须动作，自动切换时接触网中性段瞬间断电时间很短，而且时间与列车速度无关，可适用于0~350 km/h速度范围，在行车中可能出现的限速、停车等情况下机车均能正常工作。

这种自动过电分相装置的缺点主要有：

① 真空负荷开关大负荷分断且动作频繁，对开关、操作机构的电气寿命、机械寿命要求较高，主接线应考虑在线备用及检修备用，使主接线较复杂。

② 过分相区后合闸时的电流冲击较大，机车要采取限制合闸冲击电流措施，同时列车产生冲动影响旅客舒适性。

③ 投资较大，要建立分区所，运营维护成本高。

2. 柱上断载自动转换电分相装置

柱上断载自动转换电分相装置原理如图9-21所示。

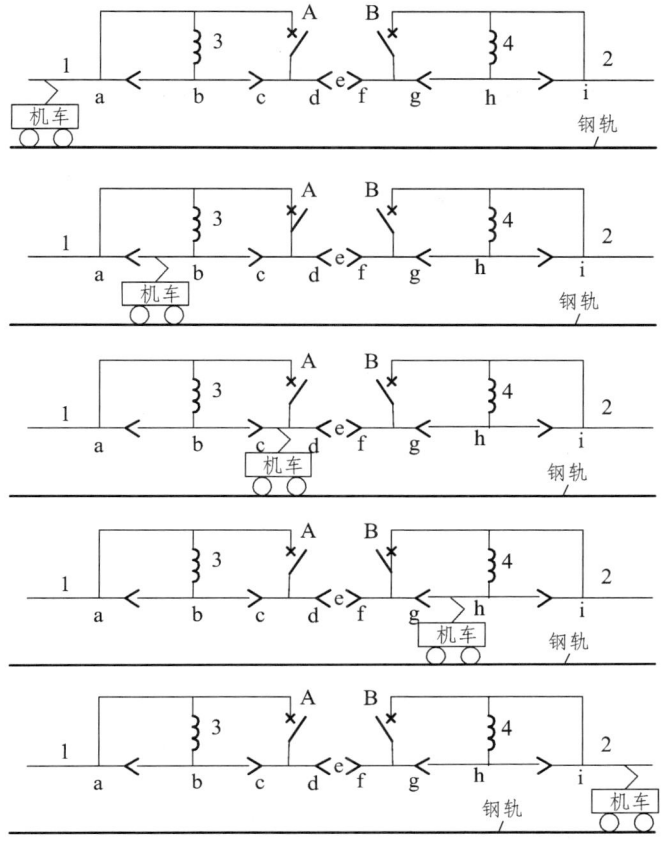

图 9-21　柱上断载自动转换电分相装置原理图

图中采用 6 个分断绝缘器，每两个为一组，将接触网分隔成 5 段。当机车到达 a 之前，分断绝缘器 a 和 c 中间部分通过电磁线圈 3 与 a 端处于同电位。机车从 a 点进入 b 点后，受电弓通过电磁线圈 3 取流，从而使真空开关 A 闭合，cd 段带电。机车从 c 进入 cd 段后，受电弓通过真空开关 A 取流，电磁线圈 3 电流为零，使真空开关 A 断开，机车失电进入滑行阶段。当机车从 g 点进入 gh 段时，受电弓通过电磁线圈 4 取流，真空开关 B 闭合，fg 段有电（对机车运行无意义）。机车驶离 i 点后，电磁线圈 4 电流为零，真空开关 B 打开，结束一次自动过电分相过程。

柱上断载自动转换电分相装置的优点在于：比地面自动转换电分相装置结构简单，真空开关设备安设在支柱上，无须设置分区所，供电死区（c-d-f-g）比现有的分相区短，无须机车乘务员操作，机车上的主断路器不需要分断。

这种自动过电分相装置的缺点在于：过电分相后机车电流有很大冲击，造成机车主断路器跳闸导致机车冲动；靠近分相两端易产生明显的电弧；分相区接触网分段较多，接触网结构复杂，硬点严重；机车向一个方向行驶时，两台真空开关只有一台开关动作是必需的，另一台开关动作是多余的，造成机械电气磨损；存在一定长度的供电死区，断电时间较长且与机车速度有关。

3．车载断电自动转换电分相装置

车载断电自动转换电分相装置主要由 4 个部分组成：

① 地面感应装置，也称地感器。它安装在电分相区域中的相应位置，用于判断电力机车

与分相装置的相对位置。

② 车载感应接收装置,也称信息接收器。它安装在电力机车上,用于接收地面感应信息。

③ 主电路设备。它用来实现过电分相时分合主电路电源。

④ 控制设备。它用来实现自动化及智能化。

车载断电自动转换电分相装置是通过在轨道上埋设磁性感应装置对分相区进行定位。以机车运行方向为基准,1号、3号地面感应器埋设在轨道右侧,2号、4号地面感应器埋设在轨道左侧。其地面感应器布置如图9-22所示。

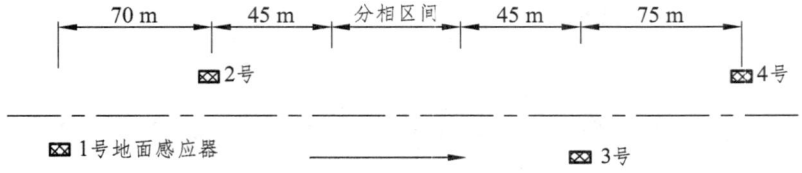

图9-22 地面感应器布置图

图中,1号地面感应器是机车过电分相的预备信号(单线反向时是4号地面感应器),当机车接收到该信号时,机车控制装置做好过电分相的各种准备工作(相当于传统过电分相时机车乘务员看到"禁止双弓"标志牌)。2号地面传感器是过电分相时的断电信号,当机车接收到该信号时,机车控制装置会立即执行过电分相的全部动作(相当于传统过电分相时机车乘务员看到的"断"标志牌)。3号地面感应器是通过电分相后的自动恢复信号(它同时也是反向运行时的立即断电信号),当机车上感应器接到该信号时,机车控制装置会立即自动合上主断路器等系列动作(相当于传统过电分相时机车乘务员看到的"合"标志牌)。

车载断电自动转换电分相装置的优点在于:地面投资小,地面感应器采用免维护材料,安全可靠;机车主电路设备只需要分断辅助机组小电流,不用切断牵引电流,对主电路设备的电气寿命影响小;过分相后通过控制设备逐渐增大牵引电流,列车冲动小,改善了乘车的舒适性;过分相的自动控制与列车速度无关,可适应低速、常速、准高速和高速的要求。

这种自动过电分相装置的缺点在于:断电区较长,断电时间的长短和通过速度有关;该设备需要对通过的列车进行改造,不同制式的列车控制部分有所不同,在采用微机控制的机车(如SS_8、SS_9、SS_{4B}等)上,控制系统容易实现,但是在采用模拟控制的相控机车(如$SS_{4改}$、SS_{3B}、SS_6、SS_{6B})需要对机车设备进行一定改造,对采用调压开关进行控制的机车(SS_1、SS_3)则难以实现。

采用自动过电分相代替传统的手动过电分相,大大减轻了机车乘务人员的劳动强度,能有效避免人为操作不当而导致烧坏分相绝缘器、变电所跳闸而中断供电等事故,提高了过电分相区的安全度,并较大地减小了速度损失,有利于高速运行。

【任务实施】

一、任务描述

在掌握分段绝缘器结构和特点的基础上,理解分段绝缘器的检调方法,并完成操作。

二、实施步骤

1. 检查并清扫承力索分段绝缘子。

2. 检查分段绝缘器主绝缘。主绝缘脏污或表面有放电痕迹时，用丙酮或酒精擦拭干净；主绝缘严重磨损、老化、烧伤时应进行更换。
3. 检查分段绝缘器导流板、接头线夹及各部零件状态，各部螺栓应按标准力矩紧固。
4. 检查分段绝缘器过渡是否平滑，如不平滑，用平锉打磨。
5. 检查分段绝缘器接头处接触线磨耗情况。
6. 分段绝缘器中心对线路中心的偏移值超过 100 mm 时，通过调整定位拉出值来满足要求，并用线坠或激光测量仪复查。注意定位拉出值及相邻两跨拉出值均不能超标。
7. 分段绝缘器两侧距轨面高度的差值超过 10 mm 时，通过安装在分段绝缘器导流板上的两根吊弦进行调整，并用水平尺复查。
8. 分段绝缘器的负弛度超出 5～15 mm 范围时，通过调整分段绝缘器两端相邻吊弦或安装在分段绝缘器导流板上的两根吊弦来满足要求，注意分段绝缘器两侧距轨面的高差及定位坡度均不能超标。

【自我评估】

1. 接触网电气分段有哪些类型？为什么要进行电气分段？
2. 在什么地方安装分段绝缘器？
3. 常用的分段绝缘器有哪些类型？
4. 为什么机车通过分相时要切断主断路器？分相区段长度要考虑什么因素？
5. 常见的自动过电分相有哪几种类型？比较其优劣。

【评价标准】

项目及配分	考核内容及评分标准	扣分因素及扣分	得分
时间	规定时限 10 min，每超时 1 min 扣 1 分		
料具准备 10 分	要求料具齐全，规格型号相符合，每缺或错一件扣 3 分		
质量要求 60 分	1. 绝缘器应位于受电弓中心，一般情况下误差不超过 100 mm。测量结果不正确扣 20 分		
	2. 滑道应平行于轨面，最大误差不超过 10 mm。测量结果不正确扣 20 分		
	3. 绝缘器相对于两侧的吊弦点具有 5～15 mm 的负弛度。测量结果不正确扣 10 分		
	4. 绝缘器导线接头处过渡平滑。测量结果不正确扣 10 分		
安全要求 20 分	备注：扣完配分失格		
	1. 作业中出现一般违章现象每次扣 5 分		
	2. 作业时出现严重违章扣 20 分		
	3. 工具使用错误每次扣 5 分		
	4. 接头线夹内接触线滑脱扣 20 分		
文明作业 10 分	1. 作业时必配的个人工具、劳保用具、安全用具，每缺一件扣 3 分		
	2. 作业中出现不文明语言或动作，每次扣 10 分		
	3. 作业完毕，料具不归位，每件扣 5 分		
合计			

第十章　隔离开关的检调

隔离开关没有专门的灭弧装置，不能用来切断负荷电流和短路电流，常与断路器配合使用。隔离开关必须在接触网上有电压而无负荷时才允许分合闸，即接触网上无电力机车取流的情况下方可动作。隔离开关常用来连通或切断接触网中各供电分段间的空载线路，增加供电的灵活性，如货线装卸和故障查找等，以满足检修和不同供电方式运行的需要。

第一节　隔离开关的作用

一、隔离电源，保证安全

隔离开关的主要用途是保证检修装置时工作的安全。在需要检修的部分和其他带电部分之间，用隔离开关构成足够大的明显可见的空气绝缘间隔。隔离开关的断口在任何状态下都不能发生火花放电，因此它的断口耐压一般比其对地绝缘的耐压高出10%~15%。必要时应在隔离开关上附设接地刀闸，供检修时接地用。

二、倒闸操作

倒闸操作即用隔离开关将电气设备或线路从一组母线切换到另一组母线上。
以图10-1为例，图中QS_{11}为母线隔离开关，QS_{12}为线路隔离开关，QF_1为断路器。

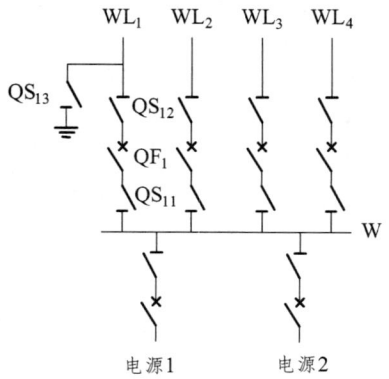

图10-1　单母线接线图

倒闸操作要注意两点：
（1）断路器与隔离开关间的操作顺序。

倒闸操作时,要保证隔离开关"先通后断"(在等电位状态下,隔离开关也可以单独操作)。即接通电路时,先合隔离开关,后合断路器;切断电路时,先断开断路器,后断开隔离开关。断路器与隔离开关间的操作顺序必须严格遵守,绝不能带负荷分断隔离开关,否则将造成误操作,产生电弧,从而导致严重的后果。

(2)母线隔离开关与线路隔离开关间的操作顺序。

要保证母线隔离开关"先通后断",即接通电路时,先合母线隔离开关,后合线路隔离开关;切断电路时,先断开线路隔离开关,后断开母线隔离开关。以避免万一断路器的实际开合状态与指示状态不一致时,误操作发生在母线隔离开关上,产生的电弧会引起母线短路,使事故扩大。

三、分、合小电流

隔离开关没有灭弧装置,不能开断或闭合负荷电流和短路电流,但具有一定的分、合小电感电流和电容电流的能力。例如可使用隔离开关拉合电压互感器、避雷器电路;拉合母线和直接与母线相连设备的电容电流;拉合励磁电流小于 2 A 的空载变压器(电压 35 kV、容量为 1000 kV·A 及以下;电压 110 kV、容量 3200 kV·A 及以下);拉合电容电流不超过 5 A 的空载线路(电压 10 kV、长度 5 km 及以下的架空线路;电压 35 kV、长度 10 km 及以下的架空线路)等。

第二节　对隔离开关的基本要求

(1)分开后应具有明显的断开点,易于鉴别设备是否与电源侧隔开。

(2)断开点之间应有足够的绝缘距离,以保证在过电压及相间闪络的情况下,不致引起击穿而危及工作人员的安全。

(3)有足够的动热稳定度、机械强度、绝缘强度。

(4)跳、合闸时的同期性好,要有最佳的跳合闸速度,以尽可能降低操作过电压。

(5)结构简单,动作可靠。

(6)带有接地刀闸的隔离开关必须装设联锁机构,以保证隔离开关的正确操作。

第三节　隔离开关的类型和结构

一、隔离开关的类型

隔离开关按安装地点不同可分为户内式和户外式;按绝缘支柱数目可分为单柱式、双柱式和三柱式;按极数可分为单极、双极和三极;按触头运动方式分为水平回转式、垂直回转式、伸缩式和直线移动式;按操作机构可分为手动式、电动式和液压式;按有无接地刀闸可分为带接地刀闸和不带接地刀闸;按使用情况分为经常操作和不经常操作的。

接触网采用电力系统中的 35 kV 单极隔离开关和电气化铁路专用耐污型单极隔离开关,在

AT 区段，因为要同时断开接触悬挂和 AF 线，多用双极隔离开关。安装在车站货场装卸线、机车整备线和库线等处的隔离开关，因为需要经常操作，所以选用带接地刀闸的 GW4-35D 型或 GW4-25/630TD 型隔离开关。当开关打开的同时，接地刀闸将接通停电侧刀闸，以保证装卸货物的人员和检修机车的人员的安全。安装在绝缘锚段关节、分相电分段和馈电线等处的隔离开关，因为不需要经常操作，所以选用不带接地刀闸的 GW4-35 型或 GW4-25/630T 型隔离开关。

隔离开关型号中各符号的含义：G—隔离开关，W—户外型，4—设计序号，35、25—额定电压为 35 kV、25 kV，D—带接地刀闸，630—额定电流，T—铁路专用。

二、隔离开关的结构

常用的单极隔离开关的结构如图 10-2 所示。隔离开关主要由绝缘部分、导电部分、支持底座或框架、传动机构和操动机构等组成。每台隔离开关有两个绝缘瓷柱，分别装在底座两端的轴承座上，用交叉连杆连接，可使两绝缘瓷柱同时旋转一定角度。导电部分由瓷柱顶部的载流板和闸刀触头组成，载流板和闸刀触头的接触部分在两绝缘瓷柱中间位置。隔离开关分合闸时，操作操动机构，经传动杆和交叉连杆使两绝缘瓷柱可同时转动 90°角，与此同时，固定在绝缘瓷柱上的载流板与闸刀触头也一起转动 90°角，实现了隔离开关的分合闸。带接地刀闸的隔离开关操作机构上有两个手柄，用两根传动杆分别连接在主动绝缘瓷柱上和接地刀闸的传动轴上，这两个手柄是联锁的，以保证按规定的顺序（地分—主合；主分—地合）动作，以免发生误操作。

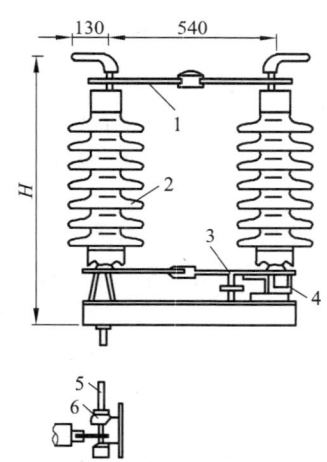

1—导电刀闸；2—绝缘瓷柱；3—交叉连杆；4—底座；
5—传动杆；6—操动机构。

图 10-2 单极隔离开关的结构

第四节 隔离开关的安装

隔离开关一般装设在大型建筑物（如长大隧道和长大桥梁）两端、车站装卸线、专用线、电力机车库线、机车整备线、绝缘锚段关节、分段绝缘器、分相绝缘器等需要进行电分段的地方。高速铁路和普速铁路不同的是，将馈线隔离开关移到上网点的接触网支柱上。普速铁路中，上网隔离开关设置在变电所内。这种设置的主要目的是方便馈线电缆的停电检修，当 27.5 kV 采用 GIS 设备时，多采用这种方式，这种设置增加了接触网专业维护的设备量。

隔离开关安装时，腕臂柱安装在支柱顶部，软横跨柱安装在支柱的 1/2 高度处，导电刀闸通过电连接线与接触网连接，如图 10-3 所示。

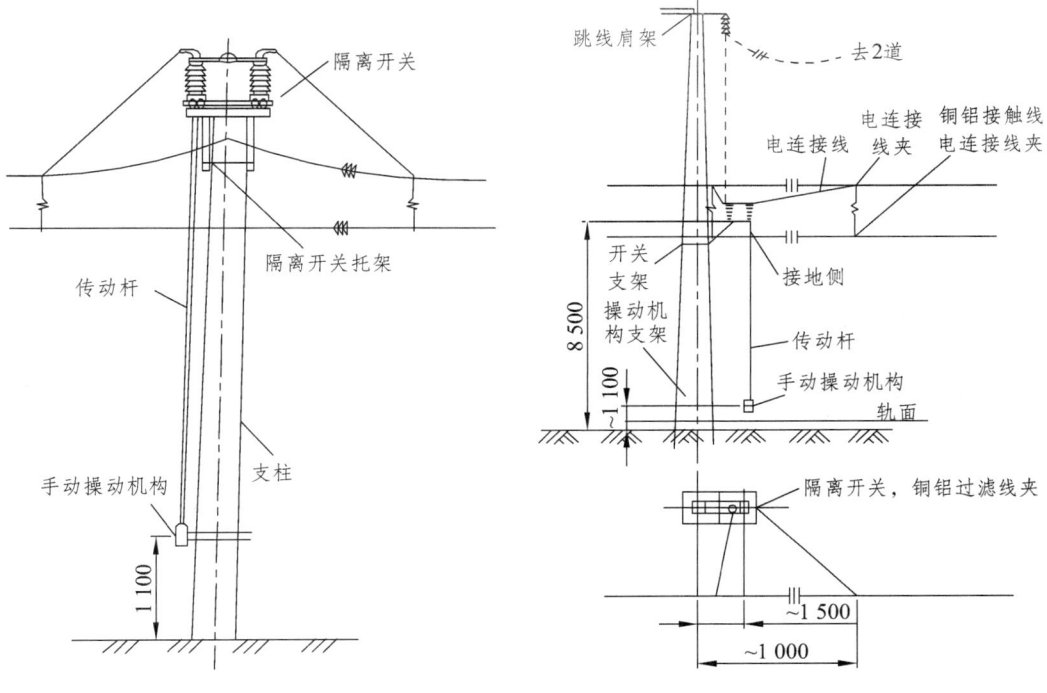

（a）隔离开关在钢筋混凝土柱上的安装　　（b）隔离开关在软横跨柱上的安装

图 10-3　隔离开关安装图

第五节　隔离开关的操作

从事隔离开关倒闸作业的人员，其安全等级应不低于三级。隔离开关触头外露，作业人员可以清楚地观察到它的开、闭状态，检修后应恢复原状。

凡接触网及电力作业人员进行隔离开关倒闸时，都必须有电力调度的命令。对车站、机务段、厂矿等有权操作隔离开关的单位，在向电力调度申请倒闸命令之前，要令人应向单位主管负责人办理倒闸手续。遇有危及人身或设备安全的紧急情况时，可以不经电力调度批准，先行断开断路器或有条件地断开隔离开关，并立即报告电力调度，但在闭合时必须有电力调度员的命令。

在进行隔离开关倒闸作业时，先由操作人向电力调度提出申请，经电调审查后发布倒闸作业命令，操作人受令复诵，电力调度员确认无误后，方可给命令编号和批准时间。倒闸人员必须戴好安全帽、绝缘手套，穿好绝缘靴，接到倒闸命令后，要迅速准确地进行倒闸，一次开闭到位，中途不得停留和发生冲击。

每次倒闸作业，发令人要将命令内容等记入"倒闸操作命令记录"（见表 10-1）中。要令人要填写"隔离开关倒闸命令票"，如图 10-4 所示。操作完成后，操作人要立即填写"隔离开关倒闸完成报告单"，如图 10-5 所示。

表 10-1　倒闸操作命令记录

命令号	月日	命令内容	发令人	受令人	操作卡片	批准时间	完成时间	报告人	倒闸完成报告单	电力调度员

```
              隔离开关倒闸命令票              第_____号
1. 把_____车站（或区间）第_____号隔离开关_____闭合或断开；
2. 再将_____车站（或区间）第_____号隔离开关_____闭合或断开。
   发令人_____         受令人_____
   批准时间：_____时_____分        日　期：_____年_____月_____日
```

图 10-4　隔离开关倒闸命令票

```
              隔离开关倒闸完成报告单            第_____号
1. _____车站（或区间）第_____号隔离开关已于_____时_____分
   _____闭合或断开；
2. _____车站（或区间）第_____号隔离开关已于_____时_____分
   _____闭合或断开。
   倒闸操作人_____     电力调度员_____
   完成时间：_____时_____分        日　期：_____年_____月_____日
```

图 10-5　隔离开关倒闸完成报告单

电力调度员要及时发布完成时间和命令编号，并记入"倒闸操作命令记录"中，至此倒闸作业方告结束。

操作人员进行倒闸操作时还应遵守以下规定：

（1）须有两人在场，一人监护，一人操作。

（2）操作人员必须戴好安全帽，穿好绝缘靴，戴好绝缘手套，借助操作棒，确认隔离开关及其传动装置正常、接地线良好、线路上确无电力机车取流的情况下，方可按规定程序操作。如发现有不良状态时，既不准操作，也不能自行修理，应立即报告电力调度员派人前来检修。

（3）严禁带负荷操作隔离开关。

（4）操作隔离开关要准确、迅速，一次开闭到底，中途不得停顿或发生冲撞。操作过程中，人体各部不得与支柱及其机构接触。雷电时期，禁止操作。

（5）操作使用的绝缘工具要存放在阴凉干燥、不落灰尘的容器内，每隔 6 个月送供电段做绝缘耐压试验，每次使用前要进行简单漏气试验。

（6）各隔离开关传动机构必须锁住，钥匙存放固定地点，专人保管并有标签注明开关号码。相邻支柱的隔离开关及同一根支柱上的各台隔离开关，其钥匙不得相互通用。

第六节　隔离开关的检调标准

隔离开关检调时,首先要确定编号及分合闸位置,检调后应恢复原状。经常操作的隔离开关,检修周期为 3~6 个月,不经常操作的隔离开关,检修周期为 9~10 个月。检调标准如下。

（1）各部分零件连接牢固,铁件无锈蚀,操作机构灵活可靠。

（2）开关瓷柱转动灵活,水平转角 90°,误差为 1°,合闸时,刀闸应能顺利入槽,与触头接触紧密良好,呈水平状态,两闸刀中心线为一直线,止钉间隙 1~3 mm。

（3）触头入槽后,用 0.05 mm×10 mm 的塞尺检查。对于面接触的塞入深度,在接触表面宽度为 50 mm 以下时,不应超过 4 mm;在接触表面宽度为 60 mm 及以上时,不应超过 6 mm。对于线接触,应塞不进去。

（4）绝缘瓷柱清洁,无裂纹和放电痕迹,破损面不大于 300 mm^2,用 2500 kV 兆欧表测绝缘电阻与前一次比较不应有明显降低,测接地电阻不得大于 10 Ω。

（5）开关引线距绝缘子、接地体和各带电部分不小于 300 mm,引线张力不大于 500 N;跨越相邻承力索时,间距应大于 400 mm。带接地刀闸的开关,在开、合过程中接地闸刀与两主闸刀的瞬时空气间隙之和不小于 400 mm。

（6）开关应加锁,锁头无锈蚀,开闭方便。

（7）除铜件外的金属部件应除锈涂漆,铜件应涂工业凡士林油。

【任务实施】

一、任务描述

在掌握隔离开关的有关理论知识的基础上,理解隔离开关的检调要求,并完成操作。

二、实施步骤

1. 核对施工检修申请单与工作票是否符合规定。
2. 要令申请,向电调申请允许作业命令。
3. 电调下达准许作业命令后进行验电接地。
4. 确认牵引变电所小车位置处于冷备用状态,确认隔离开关在合闸状态。
5. 进行隔离开关检调。
6. 检查隔离开关在分合闸时动静刀头是否有烧伤痕迹以及绝缘子状态。
7. 检查分闸、合闸时动静刀头是否到位。
8. 检查消弧棒合闸情况下间隙是否符合要求。
9. 检查隔离开关分合闸过程中动静刀头和消弧棒之间关系是否正确。
10. 观察隔离开关在合闸过程中消弧棒是否有撞击现象。
11. 检查各部分螺栓有无松动和放电情况。
12. 合闸位置时,用 0.05 mm×10 mm 的塞尺检查刀片密合情况（塞入深度 20 mm）。
13. 清洁动、静刀头和绝缘子（户内）。
14. 涂抹专用油脂。
15. 在保养过程中操作机构箱要对所有接线端子进行紧固。

16. 操作机构箱的大小齿轮每年进行一次加油（牛油）。
17. 操作机构箱的大齿轮的固定螺母应按 8 N·m 力矩进行检查。
18. 操作机构箱的大小齿轮配合松紧适当，不可过紧或过松。
19. 联系总调度所进行远动分合闸操作（或手动的信号），现场确认开关是否到位。
20. 工作结束，工作负责人对人员、工器具及材料进行清点。
21. 拆除接地线，作业人员撤离现场。
22. 消令登记。
23. 填写相应的报表。

【自我评估】

1. 隔离开关操作倒闸作业必须_____进行，一人_____，一人_____，其安全等级不得低于三级。
2. 雷雨天气是否允许在室外进行隔离开关的倒闸作业？
3. 能否带负荷进行隔离开关倒闸作业？
4. 隔离开关操作的安全要点是什么？

【评价标准】

项目及配分	考核内容及评分标准	扣分因素及扣分	得分
时间	规定时限 10 min，每超时 1 min 扣 1 分		
料具准备 10 分	要求料具齐全，规格型号相符合，每缺或错一件扣 3 分		
质量 60 分	1. 合闸后，静、动刀片到位；刀片无烧伤、腐蚀等痕迹。不符合要求扣 15 分		
	2. 用 0.05 mm×10 mm 的塞尺检查刀片密合程度，塞入深度超过 20 mm 扣 20 分		
	3. 手动机构的连杆操作时必须通畅，无碰套环及其他部件情况，不符合要求扣 10		
	4. 各部件螺栓紧固情况良好，不符合要求扣 20 分		
	5. 绝缘子外表面清洁，无烧伤、裂纹、破损、老化现象，不符合要求扣 10 分		
	6. 隔离开关消弧棒在分合闸过程中与动静刀头配合到位，分闸后保持 150 mm 以上的距离，不符合要求扣 20 分		
安全要求 20 分	备注：扣完配分失格		
	1. 作业中出现一般违章现象每次扣 5 分		
	2. 作业时出现严重违章扣 20 分		
	3. 工具使用错误每次扣 5 分		
	4. 接头线夹内接触线滑脱扣 20 分		
文明作业 10 分	1. 作业时必配的个人工具、劳保用具、安全用具每缺一件扣 3 分		
	2. 作业中出现不文明语言或动作每次扣 10 分		
	3. 作业完毕，料具有一件不归位扣 5 分		
合计			

第十一章　电连接的检调

电连接的作用是将接触悬挂各导线之间、各分段之间，或各股道接触悬挂之间的电路连接起来，保证电路的畅通，通过电连接实现并联供电，增大载流截面，减小阻抗，减少电能损耗，提高供电质量。在电气设备与接触网之间，用电连接线进行可靠的连接，使设备充分发挥作用，避免出现烧损事故，完成各种供电方式和检修的需要。

第一节　电连接的制作

电连接线用导电性能好的材料制成，在架设铜接触线和铜合金接触线区段，采用软铜绞线 TRJ-95、TRJ-120。电连接线的线径选择主要依据承力索的截面面积确定：当承力索为 95 mm^2 及以下导线时，电连接线用 TRJ-95；承力索用 120 mm^2 导线时，电连接线用 TRJ-120。在钢铝接触线区段，采用 LJ-150 多股铝绞线。为减少电连接线与接触线连接处的硬点，保持接触网弹性，要求电连接线做成螺旋弹簧状，以适应线索间顺线路方向发生移动时的拉伸；当电连接在连接处意外烧损时，还可放开几圈继续使用，以节约材料。

电连接应做成弹簧形状，在承力索和接触线之间盘成 3～5 个圈，圈距为 50 mm，铜电连接线的弹簧圈内径为线径的 3～5 倍，铝电连接线的弹簧圈内径为线径的 5～8 倍，弹簧圈底圈与接触线的距离为 200～300 mm。

第二节　电连接的分类

电连接根据使用位置可以分为：横向电连接、股道间电连接、道岔电连接、锚段关节电连接、隔离开关电连接和避雷器电连接。

一、横向电连接

横向电连接是承力索和接触线之间的电气连接，其作用是实现接触线和承力索并联供电，避免承力索的电流经吊弦流向接触线将吊弦烧坏。横向电连接的结构如图 11-1 所示。

在载流承力索区段，每隔 200～250 m 安装一组电连接。当隧道内为简单悬挂、隧道外为链形悬挂时，在隧道口的承力索与接触线间应安装横向电连接。

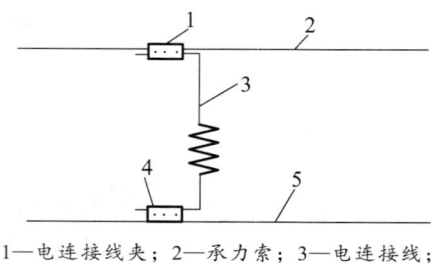

1—电连接线夹；2—承力索；3—电连接线；
4—接触线电连接线夹；5—接触线。

图 11-1　横向电连接的结构

二、股道间电连接

股道间电连接用于多股道接触悬挂间的电气连接。它的作用是将各股道接触悬挂并联起来，当电力机车启动取流时，多股道接触悬挂并联供电，可向电力机车提供所需的大电流，并可减少电能损耗和电压损失。股道间电连接的结构如图 11-2 所示。

股道间电连接安装在设计指定的位置上，在停车较少的小站仅在车站中部安装一组电连接；在停车较多的大站，由于电力机车启动时的启动电流较大，电连接应尽可能安装在电力机车启动位置的附近，一般在车站的两端各安装一组电连接。股道间电连接线的水平部分不宜过紧，但又不要太松，以保证承力索在温度变化时能自由伸缩，一般有 200 mm 的弛度即可。

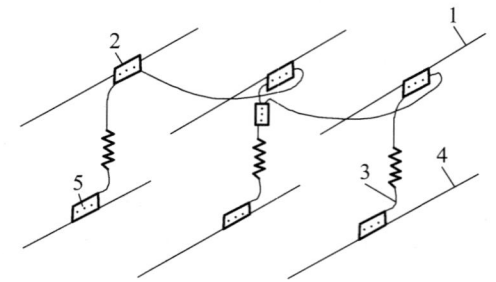

1—承力索；2—电连接线夹；3—电连接线；
4—接触线；5—接触线电连接线夹。

图 11-2　股道间电连接的结构

三、道岔电连接

道岔电连接用于道岔两支接触悬挂间的电气连接。它的作用是使道岔处两接触悬挂连接起来，使之等电位。

在道岔上方，两工作支接触线相交处，除安装线岔外，均应安装电连接（交叉渡线的菱形交叉处，仅安装线岔不安装电连接）。道岔电连接一般安装在线岔工作支侧两承力索间距为 400～500 mm 处，其在两承力索间的水平部分做成圆弧形，垂直部分做成弹簧状，其结构如图 11-3 所示。

四、锚段关节电连接

锚段关节电连接用于锚段关节处两支接触悬挂间的电气连接。它的作用是使锚段关节处两接触悬挂连接起来，使电连接线处等电位。

锚段关节电连接安装在绝缘锚段关节和非绝缘锚段关节转换柱的锚柱侧，距转换柱 10 m 的地方，其连接方式与道岔电连接基本相同，在锚段关节两转换柱处各装一组。锚段关节电连接的结构如图 11-4 所示。

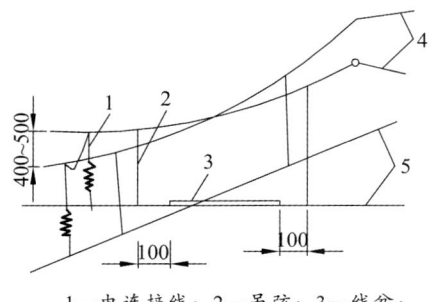

1—电连接线；2—吊弦；3—线岔；
4—承力索；5—接触线。

图 11-3　道岔电连接的结构

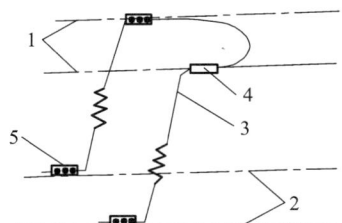

1—承力索；2—接触线；3—电连接线；
4—电连接线夹；5—接触线电连接线夹。

图 11-4　锚段关节电连接的结构

五、隔离开关电连接

隔离开关电连接用于接触悬挂与隔离开关之间，即隔离开关引线。它的作用是将电分段的锚段与锚段之间、股道与股道之间的接触悬挂通过隔离开关连接起来。

在绝缘锚段关节处的隔离开关电连接，电连接引线的一端直接和锚段关节电连接相连，另一端则与转换柱内侧距转换柱 5 m 处所要绝缘的另一接触悬挂连接。站场分段绝缘器处的隔离开关电连接，安装在距分段绝缘器外端不小于 1.5 m 处。隔离开关电连接的结构如图 11-5 所示。

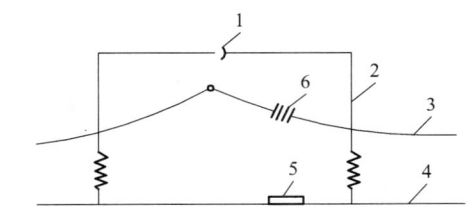

1—隔离开关；2—电连接线；3—承力索；4—接触线；
5—分段绝缘器；6—悬式绝缘子串。

图 11-5　隔离开关电连接的结构

六、避雷器电连接

避雷器电连接用于避雷器与接触悬挂之间。它的作用是当接触网上有大气过电压时，接触网能通过避雷器和电连接接地放电。

避雷器电连接线的一端用电连接线夹固定在棒式绝缘子下面的连接板上，另一端固定在线路方向距避雷器 10 m 的接触网上，其结构如图 11-6 所示。

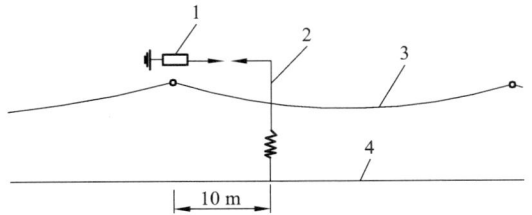

1—避雷器；2—电连接；3—承力索；4—接触线。

图 11-6　避雷器电连接的结构

第三节　电连接检修的技术要求

（1）在锚段关节处装设 2 组电连接器、线岔处装设 1 组电连接器；在链形悬挂与简单悬挂的衔接处、加强线（载流承力索）的终端、车站电力机车经常启动处的股道之间，应装设电连接。其他电连接的设置位置和数量应符合设计要求。

极限温度条件下，交叉跨越的线索间距不足 200 mm 的处所应加装等位线，等位线应与被连接线索材质相同，截面面积不小于 10 mm^2。

（2）电连接线均要用多股软线做成，其额定载流量不小于被连接的接触悬挂、供电线的额定载流量，且不得有接头。

电连接线应留有一定的裕度，适应接触线和承力索因温度变化伸缩的要求。

对于压接式的电连接线夹，电连接线不应有压伤和断股现象；对于并接式电连接线夹，电连接线应伸出线夹外 10~20 mm。

（3）电连接线夹的材质和规格必须与被连接线索相适应。

电连接线夹与接触线、承力索、供电线之间的连接必须牢固，线夹内无杂物并涂导电介质。接触线电连接线夹在直线处应处于铅垂状态，在曲线处应与接触线的倾斜度一致。

电连接线夹处接触线高度不应低于相邻吊弦点，允许高于相邻吊弦点 0~10 mm。

（4）电连接线夹与导线接触面应平整、光洁；电连接线应完好，无松股、断股等现象；铜接触线与铝连接线连接时应采用铜铝过渡措施。

（5）不同材质的承力索、接触线与电连接线夹连接时，导线与线夹接触面均应用细钢丝刷清除表面氧化膜，并用汽油清洗，清洗长度不应少于连接长度的 1.2 倍，导线接触面涂电力复合脂；电连接线夹螺栓受力均匀，安装时逐个拧紧，其螺栓的拧紧扭矩符合设计要求。

（6）多股道的电连接在平均温度时，应垂直于正线，如无正线时应垂直于较重的一条线路；任意温度安装电连接时，全补偿链形悬挂承力索与接触线采用同材质应垂直安装，不同材质应按吊弦计算偏移值安装或按设计提供的吊弦安装曲线安装；半补偿链形悬挂同吊弦安装。

（7）隔离开关电连接线距瓷裙的间距不得小于 150 mm，与接地部分的间距不得小于 400 mm。电连接线跨越带电导线的高度不小于 400 mm。

【任务实施】

一、任务描述

在掌握电连接的有关理论知识的基础上，理解电连接的检调标准和方法，并完成操作。

二、实施步骤

1. 测量电连接线夹处接触线高度。
2. 检查电连接线有无松股，有无松弛，是否变形，有无机械损伤、断股或电弧烧伤断股。
3. 检查电连接线夹与接触线、承力索、供电线之间的连接是否牢固，线夹内有无杂物，螺纹卡子卡持是否牢固、正确。检查接触线电连接线夹在直线处是否处于铅垂状态，在曲线处是否与接触线的倾斜度一致。

4. 检查电连接线是否过紧或过松，电连接预留量能否满足偏移量的要求。
5. 检查螺纹卡子是否在线槽中。
6. 检查卡子插入深度是否符合要求：每套电连接线夹的螺纹卡子均应保证卡子从一端插入后，在另一端露头 1～3 mm，不得大于 3 mm。
7. 检查压接的偏斜程度：压接的电连接线夹在线夹底部会出现单侧窄小直面，此直面的高度不得大于 2 mm。
8. 检查电连接线夹上下对正性：检查电连接安装处每一组承力索电连接线夹与接触线电连接线夹上下是否对正。

【自我评估】

1. 电连接有哪些类型？
2. 各类电连接分别有什么作用？
3. 各类电连接分别用于什么地方？
4. 对电连接的结构有什么要求？

【评价标准】

项目及配分	考核内容及评分标准	扣分因素及扣分	得分
时间	规定时限 10 min，每超时 1 min 扣 1 分		
料具准备 10 分	要求料具齐全，规格型号相符，每缺或错一件扣 3 分		
质量要求 60 分	1. 电连接线夹处接触线高度是否符合要求，不符合要求扣 20 分		
	2. 电连接线是否断股、松股、松弛、变形，是否有机械损伤，不符合要求每项扣 10 分		
	3. 线夹连接处是否紧固，线夹是否端正，不符合要求每项扣 10 分		
安全要求 20 分	备注：扣完配分失格		
	1. 作业中出现一般违章现象每次扣 5 分		
	2. 作业时出现严重违章扣 20 分		
	3. 工具使用错误每次扣 5 分		
	4. 接头线夹内接触线滑脱扣 20 分		
文明作业 10 分	1. 作业时必配的个人工具、劳保用具、安全用具每缺一件扣 3 分		
	2. 作业中出现不文明语言或动作每次扣 10 分		
	3. 作业完毕，料具有一件不归位扣 5 分		
合计			

参考文献

[1]　于万聚. 高速电气化铁路接触网[M]. 成都：西南交通大学出版社，2003.
[2]　李伟. 接触网基础知识[M]. 北京：中国铁道出版社，2012.
[3]　张建斌，冯锦俊. 接触网结构与计算[M]. 北京：中国铁道出版社，1996.
[4]　吉鹏霄. 电气化铁路接触网[M]. 北京：化学工业出版社，2006.